전희영 대본집

화양연화

삶이 꽃이 되는 순간

전희영 대본집

화양연화

삶이 꽃이 되는 순간

2

첫사랑, 그리고 첫 신념.

〈화양연화〉의 주요 테마이기도 했던 이 두 단어는 서로 많이 닮아 있는 것 같습니다. 지키기 어렵고, 다시 돌아가기 어렵고, 혹여 다시 돌아가겠다고 해도 무모하고 치기 어린 행동이라는 세상의 핀잔을 피하기 어려우며 무엇보다 쉽게 잊히지 않는다는 점에서 그렇습니다. 저에게 '첫 작품'인 〈화양연화〉도 크게 다르지 않은 것 같습니다.

조금은 무겁고 예민한 소재를 다루고, 오래된 시와 소설을 말하고, 잘 알려지지 않은 노래들을 담아낸 것도 어찌 보면 '처음'이어서 가능했던 무모하고 치기 어린 행동이었을 겁니다. 방송이 나가는 동안 사랑의 열병을 앓는 사람처럼 격렬한 감정의 동요를 겪었던 것도, 끝나고 한참이나 지났지만 여전히 애틋하고 그리운 것도 영락없는 '첫사랑'의 모습들이고요. 그리고 무엇보다, 함께 한 최고의 배우분들과 스태프분들, 아끼고 사랑해주신 많은 시청자분들을 아주 오래오래 잊을 수 없을 것 같습니다.

드라마는 제목을 따라간다는 속설이 있습니다. 〈화양연화〉라는 어렵고

낯선 제목을 고수한 이유는 '인생에서 가장 아름다운 순간'이라는 예쁜 뜻 때문이었습니다. 비슷한 의미의 '전성기', '황금기' 같은 말들과는 달리 그 자체로 아름답기도 하고, 과거에 대한 향수와 아직 오지 않은 날들에 대한 설렘이 함께 느껴지는 말이라 더욱 좋았습니다. 게다가 '첫사랑'은 누구에게나 '화양연화'일 테니, 이 드라마의 제목으로 더할 나위 없었습니다. 아무쪼록 드라마뿐만 아니라 이 대본집을 통해서도 '화양연화'라는 말이 가진 좋은 뜻과 기운이 많은 분께 전달되었으면 좋겠습니다.

시공간의 제약이 없는 대본집을 통해서, 피치 못할 사정으로 방송본에 담지 못했던 장면들과 대사들을 다시 살리고 방송본보다 조금 더 차분히 감정을 따라가는 흐름이었던 원본을 보여드릴 수 있게 되어 감사한 마음입니다. 방송과 비교해보는 재미는 물론, 방송에서 보지 못했던 씬들을 글로 읽으며 영상을 상상해보는 것도 특별한 즐거움이 될 거라고 생각합니다. 그리고 이것이 대본집이 주는 미덕인 것도 같고 고마운 팬들에 대한 보은(報恩)인 것도 같습니다.

*

방송국 어딘가에서 자고 있던 대본을 세상 밖으로 꺼내 주시고 잘 먹이고 입혀서 근사한 생명체로 만들어주신 손정현 감독님, 이 자리를 빌려 다시 한번 감사의 인사를 드립니다. 그리고 김태엽 감독님, 문석환 대표님, 오광희 대표님, 황혜연 PD님, 유슬기 PD님 외 본팩토리와 스튜디오 드래곤 식구들, 〈화양연화〉의 일등공신인 스태프들께도 감사드립니다.

더할 나위 없이 완벽한 재현과 지수를 만들어주신 유지태, 이보영님! '얼굴 작고 말도 안 되게' 사랑스러웠던 작재작지 박진영, 전소니님! 그리고 함께 해주신 것만으로도 영광이었던 모든 배우분들께도 진심으로 감사드립니다.

열 작가 부럽지 않았던 최고의 파트너 김형림 작가와 백과사전 뺨치는 해박한 지식과 깊은 인사이트로 작품을 함께 완성해주고도 모든 공을 내게로 돌리던 '영원한 내 편!!' 에게도 감사의 인사를 전합니다. 묵묵히 응원과 사랑을 보내준 가족들 역시 너무너무 고맙습니다.

그리고 〈화양연화〉의 또 다른 주인공.
우리를 울고 웃게 했던, '음악이고 책이고 영화고 좋은 것들이 넘쳐나고 좋은 사람들이 가득했던' 우리들의 90년대에게도 인사를 전하고 싶습니다. 덕분에 이만큼 크고 아름다운 세상이 됐다고. 고맙고 참 많이 그립다고.

〈화양연화―삶이 꽃이 되는 순간〉을 함께 한 분들 모두가 백만 년 동안 화양연화이기를 진심으로 기원합니다.

전희영

한때 유행처럼 지인들과의 술자리에서 이런 농담들을 하곤 했지요.
인생에서 제일 돌아가고 싶은 시절이 언제야?
저는 이렇게 답했습니다.

"글쎄... 제일 돌아가고 싶은 시절은 모르겠는데 돌아가고 싶지 않은 시절은
있어. 이십대 초반 대학 시절. 그 시절로는 다신 돌아가고 싶진 않아."

모든 게 서툴렀거든. 아니 사실은 힘겹고 버거웠거든. 사랑도 연애도 글
쓰기도 운동도 불투명한 미래도... 그리고 나 하나 조차도.

〈화양연화〉를 한참 촬영 할 때 즈음엔 우리 배우들이 이런 질문을 던졌
습니다.

"감독님도 촬영하시면서 옛사랑이 생각나세요?" (유지태 배우의 혹치고 들
어왔던 질문)
"감독님도 운동권이셨어요?" (박진영 전소니 배우가 동시에 혹치고 들어왔던

질문)

"아, 예... 그... 그러네요 하하."
"에이 내가 운동권이었으면 지금 여기 이렇게 니들하고 촬영을 하겠니? 난 그저 술자리에 흐르는 정이 좋았을 뿐이야."

그리고 이제 〈화양연화〉를 마치고는 이렇게 얘기합니다.

'우리가 그 시절 사랑했던 모든 것들. 하나도 헛됨이 없어라!'

첫촬영을 시작한 1월 6일부터 방송 끝나는 6월 15일까지 강추위가 엄습해도, 코로나 광풍이 몰아쳐도 마음은 참 행복한 시절이었습니다. 숨 막힐 정도로 아름다운 열연을 해주신 유지태 이보영 박진영 전소니를 비롯한 배우님들. 아름다운 영상을 만들어준 우리 스텝들 지면을 빌어 다시 한번 애정한다고 고백합니다.

이제 드라마작가로서 첫발을 내딛은 우리 전희영 작가님 앞길에도 무한 축복을 빌어봅니다.

〈화양연화〉 대본집 발간을 축하하며
손정현 올림

차례

일러두기

1. 이 책의 편집은 전희영 작가의 드라마 대본 집필 방식을 최대한 따랐습니다.
2. 드라마 대사는 글말이 아닌 입말임을 고려하여 한글맞춤법과 다른 부분이라 해도 그 표현을 살렸습니다.
3. 이 책은 작가의 최종 대본으로 방송되지 않은 부분이 포함되어 있습니다.

다시,
화양연화를 꿈꾸며

'당신의 화양연화는 언제입니까?'

이 물음에 선뜻 대답할 수 있는 세대가 있을까.
20대는 늘 아픈 청춘이고, 30대는 답할 시간도 없이 바쁘다. 40대가 되어
야 살아온 날들을 돌아볼 수 있을 것 같은데 '불혹'은커녕 '풍전등화'가 따
로 없고 사춘기 이후로 수십 년째 '질풍노도'다.

많은 것을 이루었기에 변화와 유혹에 어느 때보다 격렬하게 갈등하고, 지
친 몸과 아직은 생생한 감성 사이에서 뼈아프게 갈등한다. 젊음을 소모하
며 일해 온 대가로 돌아오는 건 어딘가 아프고 고장 난 몸과 마음, 사랑하
는 사람들과의 예고 없는 이별뿐이다. 20대와 30대라는 꽃 시절 내내 청
춘을 바치며 숨 가쁘게 달렸건만 여전히 냉혹하고 불확실한 현실들과 마

---

* 화양연화(花樣年華) : 인생에서 가장 아름답고 행복한 시간

주해야 하는, 어쩌면 가장 눈물겨운 세대다.

그럼에도 불구하고 아직도 심장은 뜨겁게 뛰고, 수십 년을 지나왔건만 계절의 눈부신 변화는 늘 가슴을 설레게 한다. 중년이라고 하기엔 아직 이른, 청춘이라 하기엔 너무 늦어버린 나이. 어쩌면 그들은 '나이 든 청춘' 이다.

이 드라마는 열정적으로 사랑하고 격렬하게 갈등하는 현재의 주인공들과 그들이 지나온 빛나는 20대 시절의 이야기를 통해 날마다 흔들리는 나이 든 청춘들, 그리고 그들처럼 사랑하며 성장해갈 어린 청춘들에게 '지금 사랑하는 자, 모두 청춘!!' 이라고 말하는 이야기다.

누군가를 사랑하는 지금, 이 순간이 당신들의 화양연화라고...
지치고 고단한 모든 청춘에게 건네는 러브레터다.

1   첫사랑과의 재회, 그 불안한 행복

〈건축학개론〉 같은 첫사랑을 나눈 두 사람이 25년이 지난 후 〈사랑과 전쟁〉 같은 일상에 찌든 얼굴로 재회한다면? 〈8월의 크리스마스〉의 남자 주인공이 '사랑을 간직하고 떠난' 게 아니라 살아남아 25년 뒤 40대 아줌마가 된 그녀를 다시 만난다면?

여기, 어느덧 40대 중반이 된 남녀가 있다. 처음 만난 순간으로부터 26년이 지난 뒤 어느덧 한 아이의 엄마, 아빠가 된 그 여자 그 남자가 하필이면 광기와 이기주의로 얼룩진 사교육의 현장에서 학교폭력의 가해자와 피해자로 마주친다.

중년도 청춘도 아닌, 남자도 여자도 아닌... 그저 사람일 뿐인 이상한 나이. 남아있는 날들에 대한 기대도, 지나온 날에 대한 추억도 흐릿해져 가는 가운데 26년 만에 다시 만난 첫사랑이 황폐해져 가던 일상을 흔들어 놓는다.

이 드라마는,
중년도 청춘도 아닌 이들의 쓸쓸함과 그리움, 순정과 회한에 대한, 그리고 아직은 꺼지지 않은 사랑에 대한 이야기이며 나이 든 청춘들의 어제와 오늘을 공유하는 추억소환 감성 멜로다.

2 하나의 연인, 두 개의 사랑

2020년 현재. 학교 폭력의 가해자와 피해자의 학부모로 만난 두 사람. 동시에 대기업 사주와 해고 노동자로 만난 두 사람. 도저히 함께할 수도, 어울리지도 않을 것 같은 두 사람이 있다.

1993년 과거. 골수 과격파 운동권인 법학과 91학번 한재현. 검사장 아빠를 둔 금수저 음대 피아노과 93학번 윤지수. 도저히 함께할 수도, 어울리지도 않을 것 같은 두 사람이 있었다.

입장과 처지는 바뀌었지만 1993년의 ㄱ들과 2020년의 ㄱ들 모두 세상의 편견과 방해를 훌쩍 뛰어넘어 운명 같은 사랑을 나눈다. 그리고 이 두 사람의 사랑이 26년의 간격을 두고 마치 평행우주처럼 반복된다.

설국이 되어 버린 기차역에서 눈물겹게 재회한 순간부터, 그들이 지나온 청춘의 전부였고 생의 완벽한 화양연화였던 20대를 떠올린다. 그 파릇파릇하고 싱그러운 사랑의 모습이 그때와 꼭 닮아 있는 현재의 시간들과 나란히 펼쳐지며 두 사람의 두 번째 화양연화로 다가간다.

90년대 청춘 멜로의 상징이었던 관록 있는 배우들의 사랑 이야기와 지금의 청춘을 대표하는 젊은 남녀 배우의 풋풋한 사랑이 어우러져 나이 든 청춘들은 물론 어린 청춘들에게도 뭉클한 공감과 가슴 벅찬 설렘을 안겨주는 드라마가 될 것이다.

3   우리가 지나온 또 다른 90년대

—   마지막 운동권의 시대

군부독재가 끝나고 모두가 열망하던 문민정부가 들어섰다. 세상은 민주적이고 평화로워진 것 같았다. 그러나 여전히 노동자들의 환경은 열악하고, 사회적 약자와 서민들의 삶은 팍팍했다.

누군가는 목소리를 내야 했고 앞장서 싸워야 했다. 그리하여 90년대 대학가에도 여전히 최루탄과 화염병이 난무했다. 응원해주는 사람도, 훈장 같은 이력이 남는 것도 아니었다. 다들 취업전선에서 격렬히 싸우는 동안 사회의 부조리는 물론 세상의 편견과도 싸워야 했다.

90년대 운동권의 상징인 재현으로 인해 90년대 보통 사람의 상징인 지수가 '매번 싸워도 늘 지는 약자들'의 편에 서게 된 것 처럼. 그때 목숨처럼 믿던 신념들, 치열한 고민과 갈등들은 한낱 가방끈 긴 먹물들의 치기나 허위의식이 아니라, 보다 나은 세상을 향한 의미 있는 발걸음이었음을 이야기하고자 한다.

── 화려한 씨네필의 시대

1994년 〈서편제〉가 한국 영화 최다 관객수를 기록하고 〈보디가드〉, 〈스피드〉, 〈쥬라기 공원〉 등 헐리우드 오락영화들도 큰 성공을 거두었다. 동시에 오즈 야스지로와 타르코프스키, 왕가위와 이와이 슌지 등 그 어느 때보다 다양한 장르와 개성을 가진 영화들이 선보였다.

100석도 안 되는 작은 단관에서 상영을 해도 골목 끝까지 줄을 서던 시절. 영화잡지와 PC통신을 무기로 당당히 세상으로 나온 치열하고 열정적인 씨네필들의 시대였다.

이 드라마는 영화를 매개로 추억을 만드는 두 주인공을 통해 『스크린』, 『로드쇼』, 『키노』와 같은 영화잡지들과 '개봉박두'와 '절찬상영중'이 새겨진 영화광고를 기억하는 90년대 키드들에게 건네는 '추억은 방울방울'이다.

── 잔혹한 시절이 남긴 상처

1994년 다리가 끊어졌고 이듬해 백화점이 무너졌다. 3년 후, IMF가 터졌다. 살아남은 것이 기적 같은 90년대 잔혹사. 잔인한 시절을 견디고 살아낸 이들의 눈물겨운 후일담과 함께 잘 살아왔다고, 수고했다고 토닥토닥 위로해 주는 이야기가 될 것이다.

IIIII   **한재현** (유지태)

추억팔이 같은 건 안 해.
넌.. 한 번도 추억이었던 적이 없으니까.
심장에 매달린 돌덩이고, 목에 걸린 가시인데
어떻게 추억이 돼.

형성유통 부사장. 형성그룹 회장의 사위이자 외동딸 장서경의 남편.
경제지뿐만 아니라 패션 잡지에서까지 매년 러브콜을 보내는, 재계를 대표하는
매력적인 '꽃중년 기업가'다. 그러나 실상은 '가위손'이라고 불릴 정도로 능수능
란하게 정리해고를 일삼는 가혹하고 냉혈한 '갑'이다.

명문대 법학과를 수석 입학할 정도의 스마트한 머리와 빠르고 과감한 판단력으
로 형성그룹에 입사한 후 승승장구했다. 한때 젊음을 바쳐 학생운동을 했지만,
지금은 까칠하고 회의적이고 이재에 밝은 속물이 되어 버렸다. 와이프 덕분에
무임승차한 재벌가 머슴이라는 세간의 곱지 않은 시선과 끝까지 자신을 경계하
며 충견 정도로 이용하는 장인에 대한 오기가 지금의 그를 만들었다.

때로는 비굴하게, 때로는 비겁하게 '소리장도(笑裏藏刀)'하며 살아남았고, 이제

는 살아남는 정도가 아니라 그 모든 것을 내 것으로 할 수 있을 것 같은데... 견고하고 단단하게 쌓아 올린 반격의 성벽에 조금씩 균열이 일기 시작한다.

이 모든 게 단 한 순간도 잊지 못했던 그 이름... 윤지수 때문이다!

||||| **윤지수 (이보영)**

　　　　가진 것도 없고 볼품없는 날들이었지만
　　　　마음은 가벼웠어요.
　　　　앞을 생각하는 것만으로도 바빠서
　　　　추억팔이 같은 건 할 시간도, 필요도 없었고.

곱고 단아한 얼굴이지만 서러운 세월의 흔적이 남아있다. 서늘한 눈빛과 고집스럽게 다문 입술에서 안쓰러운 강인함이 느껴진다. 잘 웃고 잘 우는 소녀 같은 면모와 불의에 타협하지 않는 강단 있고 꼿꼿한 성격을 모두 가졌다.

아빠 없이도 혼자 열심히 공부하는 착한 아들을 위해, 마트 캐셔, 피아노 레슨, 피아노 연주 알바 등 각종 아르바이트를 마다 하지 않을 뿐 아니라 요양원에 계신 아버지까지 돌보는 슈퍼워킹맘이다. 게다가 넉넉지 않은 살림에도 어려운 사람을 보면 그냥 지나치는 법이 없다.

몸이 열 개라도 부족한 지수지만, 천성적으로 착하고 밝은지라 얼굴 한번 찡그리는 적이 없다. 하나 있는 아들은 전화 한번 살갑게 받아주지 않지만 낯선 곳에서 혼자 공부하면서도 1등을 놓치지 않는데 어떻게 감사하지 않을 수 있을까.

• 소리장도(笑裏藏刀) : 웃는 마음속에 칼이 있다는 뜻. 네이버 국어사전.

그런 지수에게 어느 날 청천벽력 같은 소식이 날아들고
그곳에서 26년 동안 단 한 번도 잊은 적이 없던 재현 선배와 재회한다.

||||| **과거 재현** (박진영)

    조직이든 집회든.. 제발 얼쩡거리지 마.
    온 국민이 목숨 걸고 싸워야 하는 시대도 아니고.
    절실한 것도 신념도 아니잖아, 너한텐.

연희대학교 법학과 91학번.
동아리 '철학연대', '영화혁명' 회장이자 총학생회 사회부장.

입학하자마자 법대 킹카로 손꼽히며 주목을 받았지만, 최루탄 연기가 가실 날이
없던 잔혹한 시절 누구의 설득도 강요도 없이 자연스럽게 학생운동에 가담했고,
뜨거운 신념과 냉철한 판단력으로 운동권 핵심 멤버로 자리 잡았다.

학교 정문 앞에서 시위가 있던 어느 날. 아수라장 속에서 대차게 넘어진 그녀를
구해준 게 화근이었다. 경찰도, 학교도, 선배도.. 아무것도 무서운 게 없던 재현
이 시도 때도 없이 움찔움찔 놀라게 된다. 선배랑 사귀고 말 거라며, 옆도 뒤도
안 보고 무섭게 직진하는 윤지수 때문이다.

총학생회 사회부장으로, 운동권 짱 먹는 선배로서 어렵게 쌓아왔던 카리스마가
지수 앞에서는 자꾸만 무너진다. 자신의 주변을 맴도는 지수... 투명인간 취급
을 하고 칼날 같은 말들로 상처도 주었지만, 사실은 지수가 자신이 속한 어두운
세계에 들어오는 게 싫다. 선하디선한 지수만은 세상의 부조리 따위 모르고 살
아도 되지 않을까 싶다.

과거 지수 (전소니)

> 난 포기 안 해요! 난 죽어도 선배랑 사귈 거니까!!
> 나한텐... 선배가 신념이고 세상이에요.

연희대학교 음대 피아노과 93학번.
신입생 중에서도 단연 손꼽히는 미모의 주인공.
검사장 아빠와 음대 출신 엄마 사이에서 태어나 철딱서니 없는 부잣집 공주님일
것 같지만, 가냘픈 외모와 달리 당차고 씩씩하며 원하는 걸 위해 직진하는 행동
파. 한번 마음에 담으면 절대 한눈팔지 않는 순정파다.

시위현장에서 자신을 구해준 선배를 찾아다닌 끝에 정체를 알았다. 부잣집 도련
님 같은 외모와는 다르게 운동권에서도 짱 먹는 선배란다. 게다가 매몰차기 짝
이 없는 재현의 반응에 좌절하고 있었는데 생각지도 못한 곳에서 우연히 다시
만난다. 역시 보통 인연은 아닌 게 틀림없다.

카리스마 짱인 운동권 선배와는 다른 로맨틱한 면모까지 알게 된 후 재현이 좋
아 죽을 지경이다. 신념 같은 건 모르지만 선배가 하는 것이면 옳은 일이라고 생
각했고, 그래서 함께 할 수도 있다고 생각한다. 봄 햇살 같은 지수의 지극정성
이, 학생운동밖에 모르는 얼음왕자 재현의 마음을 자꾸만 녹이게 된다.

장서경 (박시연)

대기업 형성그룹의 무남독녀. 재현의 아내.
화려하고 시원시원한 이목구비에 누가 봐도 곱게 잘 자란 부잣집 아가씨다. 까
탈스럽고 이기적인 성정에 찍은 건 반드시 가져야 하는 강한 소유욕을 가지고
있다. 갑질과 성질의 화신이긴 하지만 의외로 착하고 순진한 면이 있다. 특히,
유일하게 사랑하는 남자인 재현에게는.

IIIII   **장산** (문성근)

재현의 장인이자 서경의 아버지. 유통과 제조 분야의 대기업인 형성그룹의 회장.
이기적이고 고집스럽고 부지런한 구두쇠. 장사를 위해 불법이든 합법이든 가리
지 않는다. 남한테는 십 원 한 장 거저 주는 법이 없고, 제 가족만 살뜰히 챙긴다.

IIIII   **주영우** (이태성)

재현의 과 후배이자 지수의 대학 동창.
전공과는 전혀 상관없는 LP 바를 운영하고 있다. 졸업 후 사법고시는 포기하고
중소기업에 입사하여 평범한 회사원으로 지냈다. 퇴직금을 받아 LP 바를 차렸
다. 26년 동안 한결같이 지수 뒤에 서 있는 중이다.

IIIII   **과거 영우** (병헌)

법학과 93학번.
순진하고 치기 어린 신입생 시절 재현에게 반해서 학생운동에 뛰어들었다. 그러
던 중, 재현을 찾아온 지수를 보고 첫눈에 반해 버린다. 연애에 있어 대쪽 같은
지수에게는 그야말로 남자 사람 친구 그 이상도 그 이하도 아니다. 지수에 대한
마음이 깊어질수록 재현에 대한 마음이 예전과 같지 않다.

IIIII   **이동진** (민성욱)

재현의 대학동창. 법학과 동기.
개인 변호사 사무실을 가지고 있는 이혼 전문 변호사다. 지독한 실리주의자에 현
실주의자. 돈 안 되는 일엔 애당초 발을 담그지 않는다. 이혼 전문 변호사를 택한
것도 그런 이유다. 재현이 지수의 등장으로 흔들리는 모습이 불안해 죽을 지경이
다. 왜 그렇게 돈 안 되는 것에 목숨 거는지 아무리 짱구를 굴려도 모르겠다.

||||| **과거 동진 (은해성)**

법학과 91학번. 재현의 절친.
신입생 오리엔테이션 때부터 재현과 죽이 맞았다. 죽고 못 사는 친구 사이지만
집안 형편이 좋지 않은 동진은 재현처럼 학생운동을 할 여유가 없었다. 대신 재
현에게 시험 족보도 챙겨주고, 리포트도 대신 써주고, 대리 출석도 해주는... 은
근히 해주는 게 많은 친구다.

||||| **양혜정 (우정원)**

지수의 고등학교 대학교 동창. 연희대 공대 화공과 93학번. 일명 공대 언니.
어릴 땐 과학자를 꿈꿨으나 현실은 그저 화학회사 다니는 직장인이다. 오랜 시간
보아 온 지수에 대해 안쓰러움이 크다. 언니가 없는 지수에게 언니 같은 존재.

||||| **과거 혜정 (박한솔)**

말은 싸하고 차갑게 해도 언제나 착하고 순한 지수 편이다. 동생 건드리는 애들
찾아다니면서 혼내주는 츤데레 언니 스타일.

||||| **윤형구 (장광)**

지수의 아버지.
26년 전 서울중앙지방검찰청 검사장까지 지냈다. 부와 권력을 모두 지닌 기득권
층이었으나 지금은 치매를 확진 받고 요양원에 입원 중이다.

기억이 없을 땐 한없이 순한 어린아이가 되어 지수에게 상냥하고 친절하지만, 기
억이 돌아오면 예의 강퍅하고 표독한 윤형구로 돌아와 지수에게 패악을 부린다.

IIIII   **이세훈** (김영훈)

지수의 전남편. 강남의 대형 로펌 변호사.
어려서부터 엄마의 기에 눌려 이리저리 휘둘리며 자라왔다. 돈이 차고 넘치는
엄마 덕에 갖고 싶은 건 늘 손에 쥘 수 있었다.

명예가 필요하다는 엄마의 욕심에 따라 사법고시를 패스했다. 좋지 않은 성적으
로 연수원을 마치고 갈 데 없는 세훈은 국선변호사를 택했다. 그곳에서 공무원
폭행죄로 잡혀 온 지수를 변호하게 되는데, 가냘프고 여린 얼굴로 꼿꼿하고 강
단 있게 소신을 말하는, 벼랑 끝에 선 천사 같은 지수에게 마음을 뺏겼다.

IIIII   **최선희** (김영아)

지수의 마트 동료.
해고된 비정규직 마트 캐셔 중 최고참으로 본의 아니게 시위를 이끌게 된다.

IIIII   **이영민** (고우림)

지수와 세훈의 아들. 비상할 정도로 똑똑해서 초등학교 때부터 영재학급을 놓치
지 않더니 어렵지 않게 유명 국제중학교에 입학한 수재. 엄마에 대한 애정이 깊
어 엄마에게 상처가 될 것 같은 일들은 모두 함구한다.

IIIII   **한준서** (박민수)

재현과 서경의 아들. 뼛속까지 로열패밀리. 차고 넘치는 재산 가운데서 하필이
면 못된 성질만 물려받았다.

||||| **성화진** (김주령)

재현의 대학 동기이자 운동권 동지. 졸업 후에도 계속 현장에서 노동운동을 이어가다가 어려운 생활 형편에 병을 키우고 만다.

||||| **과거 화진** (한지원)

입학할 때 장학금을 받았을 만큼 수재에 모범생. 누구보다 치열하게 운동에 가담했다. 재현을 짝사랑했지만 동지적 유대관계를 깨고 싶지 않아 속으로만 삼켰다.

||||| **강준우** (강영석)

재현의 비서이자 운전기사. 큰 키에 하얗고 여리한 얼굴의 훈남이다. 아버지만큼이나 크고 고마운 존재인 재현에게 충성하며 그의 손발이 되어주고 있다.

||||| **정윤기** (김호창)

형성 본사 전략기획실 부장. 재현이 전략기획실에 있을 때 재현의 직속 후배였다. 재현으로부터 회사 일을 배웠고 오랜 시간 재현을 보좌했다. 회사에 돌아온 재현을 따라 형성유통으로 자리를 옮겨 재현을 본격적으로 돕는다.

— **Cut to**

장면 전환의 기법으로 같은 장소에서 시간 경과를 나타낼 때나 한 장면에서 다른 장면으로 넘어갈 때, 두 장소를 번갈아 가며 보여줄 때 사용.

— **E**(Effect)

효과음. 주로 화면 밖에서의 음향이나 대사에 의한 효과를 말함.

— **F**(Filter)

전화 수화기 너머 필터를 거쳐 들려오는 목소리나 마음속으로 하는 이야기.

— **F/B**(Flashback)

영화나 텔레비전 드라마 등에서 과거 회상을 나타내는 장면 또는 기법.

— **INS**(Insert)

화면과 화면 사이에 다른 화면을 끼워 넣는 것.

— **NA**(Narration)

해설. 장면 밖에서 들려오는 설명체의 대사.

— **OL**(Over Lap)

앞 화면에 뒤의 화면 또는 음성이 포개어지는 기법.

26

9부

나는 너한테 돌아갈 거야

S#1 지수의 집 앞 (밤)

재현과 지수, 지수의 집 앞에 와서 선다.
두 사람 마주보며 눈인사 하고, 지수는 들어가려고 하는데

지수	들어갈게요.
재현	(끄덕이는) 그래. 잘 자라.
지수	(역시 끄덕이고) 네. 조심해서 가세요.
재현	(미소)
지수	(돌아서서 가는)
재현	(지켜보는데)
지수	(가다 멈추고 돌아보며) 라면 먹고 갈래요?
재현	...!!!

S#2   편의점 안 (밤)

편의점 테이블에 나란히 앉아 컵라면 먹는 재현과 지수.
잘 먹는 지수를 재밌다는 듯 보는 재현.

지수   (계속 먹으며) 이제 라면은 안 먹어요?

재현   많이는 안 먹지.

지수   역시, 그 동네 분들은 안 먹는구나. 인생의 낙이 반으로 줄었
       겠네.

재현   (피식) 그런가.

지수   (재현 라면 슬쩍 보고는) 남길 거예요?

재현   아니. (하며 후루룩 먹는)

Cut to.

컵라면 그릇들 치우고 편의점 커피 마시며 앉아 있는 두 사람.
유리로 된 창밖을 물끄러미 보고 있다.

재현   편의점에서 라면 먹고 커피 마시고, 꼭 요새 애들 데이트 같네.

지수   (피식)

재현   (농담인 듯 아닌 듯) 말도 요새 애들처럼 하면... 오늘부터 1일
       인 건가?

지수   ...!!!

재현   (지수 보면)

지수   우리.. 돌 맞을지도 몰라요.

재현   (천천히 끄덕이는)

지수	돌 맞는 건 무섭지 않은데 우리가 돌을 맞으면 같이 맞는 사람들이 있으니까.
재현	내가 다 맞으면 되지.
지수	(못 말린다는 듯) 선배가 무슨 아이언맨도 아니구... 그 돌 다 맞고 어떻게 버텨요.
재현	버틸 수 있어.
지수	(보면)
재현	니가 있으니까. 니가 나한텐 아이언맨 수트니까.
지수	(뭉클하지만 장난치는) 내가 그 수트면 돌은 내가 다 맞는 거 아닌가?
재현	(웃는) 그렇게 되나?

S#3   어딘가의 계단 (밤)

두 사람, 들어가지 않고 계단에 앉아서 또 얘기한다.
밤을 샐 것처럼 얘기하고 또 하는.

지수	정신 말짱하실 때가 20프로, 순하고 인자한 어르신일 때가 50프로, 나머지는 그냥 말할 기력도 없는 병든 노인... 뭐 그래요.
재현	니가 많이 힘들겠구나.
지수	나.. 피아노 처음 가르쳐준 것도 아빠였어요. 섬집 아기.
재현	아버님도 피아노를 치셨나?
지수	한 손으로. 더듬더듬.
재현	(미소 지으며 끄덕이는)

지수	아빠를... 살면서 한 번도 이해한 적이 없었는데 요즘엔 이해
	가 가요. 50년 가까이 호랑이로 살다가 새끼 고양이가 된 거니
	까... 가끔씩 정신 돌아와서 보면 얼마나 기가 막히실까 싶고.
재현	(끄덕이는)
지수	그래서 나한테 막 집어던지고 소리치시는 것두 이해가 가요.
	이해가 간다고 그냥 맞고만 있는 건 아니지만. 나두 막 승질이
	나니까요.
재현	(웃는)

S#4   공원 정자 (밤 — 새벽)

날이 조금씩 밝아오고 있는데
정자에 앉아 아직도 얘기 중인 두 사람.

재현	라디오 틀어 놓고 옛날 노래들 듣는 게 유일한 취미셔.
지수	어머님, 미인이셨는데...
재현	저번엔 라디오가 고장 나서 내가 라이브로 불러 드렸어.
지수	(눈에 졸음이 가득한데도 궁금한) 진짜요? 무슨 노래요?
재현	사랑하기 때문에.
지수	(미소) 그랬구나... 잘 했어요?
재현	잘 하긴. 그냥 막 불렀지. 음정 박자 다 무시하고.
지수	(잠이 온다) 나두 노래 불러줘요.
재현	(웃는) 나, 노래 못해.
지수	거짓말.. 내가 아는데 선배 노래 잘 하는 거.

재현	옛날에나 그랬지. 다 까먹었어.
지수	(점점 정신이 몽롱해지는) 진짜요?
재현	응...
지수	(눈이 감기는) 그랬구나. 잘 했네...

하며 지수, 재현의 어깨에 툭 머리를 떨군다.

잠이 들어 버린 지수.

재현, 그런 지수를 보다 피식 웃고

그러다가, 어찌해야 되나 고민스러운 얼굴이다.

안 되겠다는 듯 끙끙대며 자신의 양복 상의를 벗는다.

간신히 벗어서 지수의 몸에 덮어준다.

지수, 조금 더 편한 얼굴로 자고

재현, 가만히 지수의 얼굴에 귀를 갖다 대면

쌕쌕 숨 쉬는 소리 들린다.

재현, 미소가 번지고 몸은 불편하지만 마음은 뭉클해진다.

그런 두 사람 위로 조금씩 날이 밝는다.

S#5   지수의 집 앞 (새벽)

지수와 재현, 집 앞에 서고

지수	힘들었죠? 나 머리 무거운데.
재현	(미소) 머리 가볍던데?
지수	(생각하다가 인상 쓰는) 칭찬 아닌데, 그거.

재현   (미소) 얼른 들어가.

지수   (끄덕이며) 이제 진짜 갈게요.

재현   (끄덕이는)

지수, 돌아서 집으로 들어가면
재현, 들어가고 나서도 한참을 서 있다.

S#6   복도 (새벽)

재현, 지수집 문 앞에 서는데 불이 안 켜진다.
손을 들어서 흔들어보지만 센서등이 고장난 듯하다.
걱정스러운 눈으로 어두운 집 앞과 복도를 한참 서성이는데...

S#7   지수의 집 외경 (아침)

외경 위로 초인종 소리.

S#8   지수의 거실 (아침)

부스스한 얼굴로 거실로 나온 지수, 현관으로 나가며

지수   누구세요?

강비서(E)   저, 강비섭니다.

지수   …??

지수, 문을 여는데 강비서가 씨익 웃고 있다.

지수   (놀라는) 무슨 일이세요?

강비서   (현관문 위를 가리키며) 집 안에 선을 연결해야 돼서요. (씨익)

S#9   지수의 현관문 앞 (아침)

지수, 나와서 문 위를 보는데 방범용 CCTV가 설치되어 있다.

기가 막힌데, 열쇠수리공이 올라온다.

강비서   아, 여기요!

지수   (이건 또 뭔가 싶은데)

수리공   (다가와 최신식 도어락 보여주며) 이거 맞죠?

강비서   네, 맞습니다. (지수에게) 현존하는 최고 사양 도어락입니다.
          바이오 인식, 파손감지기능, 방염방수방진!! 도둑들 전지현,
          김수현.. 떼로 와도 못 엽니다. (씨익)

지수   (난감한)…!!!

S#10   재현의 사무실 / 현관문 앞 (아침)

재현, 일하고 있는데 벨소리 들리고. 지수다.
이하, 드르륵― 전동드라이버 소리 들리는 문 앞의 지수와 교차.

재현   응. 지수야.
지수   여기 오신 분들이 말을 안 들어요. 선배가 말하세요. 도로 가
         져가라고.
재현   경찰이 와서 끌어내기 전까진 안 갈 거야, 그 사람들.
지수   선배...
재현   (OL) 그거 다 나 때문에 하는 거야. 너 때문이 아니라. 내가 발
         뻗고 자고 싶어서.
지수   (무슨 마음인지 알겠어서 더 말을 못하는)

S#11   재현의 사무실 (낮)

재현, 의자를 한껏 뒤로 눕힌 채 눈을 감고 있다.
어제 잠을 못 자서 자려는 것인데
이때, 전화벨 울린다. 재현, 눈 감고 받는데

강비서(F)   부사장님, 일 다 끝냈습니다.
재현   그래. 그럼 어디 가서 좀 놀다가 내가 전화하면 와. 먼저 전화
          하면 알지? 극혐!

하고는 뚝 끊어버리고 다시 잠을 청한다.

S#12   거리 (낮)

지수, 걷는데
그 앞으로 군인과 여학생 커플이 다정하게 걷는 모습이 보인다.
그 모습, 예쁘다는 듯 보다가 떠올리는.

S#13   재현의 집 앞 (밤) — 과거

<자막> 1995년 5월

지수, 집 앞에서 기다리는데 재현모와 재현부가 온다.
90도로 인사하고 고개 드는 지수, 눈물이 그렁그렁하다.

S#14   재현의 집 (밤) - 과거

지수, 재현부와 재현모 앞에 무릎을 꿇고 있다.

지수   (그렁그렁) 너무 죄송합니다. 저 때문에 선배가 끌려가신 거예요.

재현모   그게 왜 학생 탓이에요. 어차피 군대는 가야 되는 거고...

지수   그래두요. 그렇게 갑자기 헌병한테 끌려가는 건 아니었을 텐데. 저희 아버지가 손을 쓰신 것 같아요.

재현모 (원망하는 마음도 드는) 그리 싫어하시는데 둘이 도망까지 갔으
         니.. (한숨)

지수   (머리를 숙이며) 정말 죄송합니다.

하는데 재현부, 조용히 일어나 방으로 들어간다.
그 모습을 본 지수, 더욱 눈물을 쏟는데

재현모 (그건 또 안쓰러운) 울지 말아요. 진짜 괜찮다니깐. (다가가 일
         으켜 세우려는) 이제 그만 일어나요. 다리 저리겠다.

지수   (고개를 못 들고) 너무 죄송해서요 (눈물 뚝뚝)

하는데 재현부가 소포상자를 들고 나온다.

재현부 (지수 앞에 놓으며) 훈련소에서 어제 도착한 겁니다. 재현이 짐
         들.

하면 지수, 놀라서 본다.

재현부 잘 지내고 있다는 거니까 너무 걱정 말아요. 남들 다 하는 거
         니까 (안쓰러운) 울 일도 아니고.

지수, 그렁한 눈으로 상자 안을 보는데
같이 있을 때 입었던 옷가지들 슬리퍼 등이 보인다.
먹먹하게 보다가 떠올리는.

F/B) 8부 #9. 헌병한테 끌려가던 재현의 모습.

지수, 끌려갈 때의 재현이 생각나서 또 눈물이 난다.

지수   선배가 그날... 아무 것도 없이 저 옷만 입고 들어갔어요. 돈도
                없이 신발도 그냥 저 슬리퍼에... 맨발로...

하다가 손으로 얼굴을 가리고 엉엉 우는 지수.
그 모습에 재현부와 재현모도 눈을 훔친다.

S#15   재현의 방 (밤) — 과거

재현부, 문을 열면 지수가 조심스럽게 들어온다.
작은 방에 책상 하나 있고 벽에는 각종 상장들이 붙어 있다.

재현부   이 쬐그만 데서 중학교 고등학교 공부 다 하고, 대학도 과외
              하나, 학원 하나 안 다니고 들어갔으니까...
지수   (미소) 역사적인 장소네요. (벽에 붙은 상장 보며) 상도 엄청 많
              이 받았네요~
재현부   (미소) 지 엄마나 나나 학교 한번 안 갔는데도 노상 반장을 했
              지요.
지수   (상장 보며 엄마 미소) 너무 자랑스러우시겠어요. 제가 다 이렇
              게 자랑스러운데..
재현부   (미소)

지수	(갑자기 또 그렁) 이렇게 최고로 잘난 아들을 못 보시는 거니까... (울먹)
재현부	(못 말린다는 듯 웃는)

S#16   백양로 (낮) - 과거

햇볕 뜨겁게 내리쬐는데
지수와 혜정, 같이 올라가고 있다. 삐질삐질 땀이 나는데

혜정	이 더운데 뭐 하러 학교 나와. 에어컨 빵빵한 집에 있지.
지수	에어컨이 빵빵해서.
혜정	(인상) 죽을래?
지수	선배는 이 더위에 훈련받고 엄청 힘들 텐데 나만 시원하게 있을 수 없어.
혜정	(하) 진짜 열녀 났네, 열녀 났어~
지수	(시무룩) 혜정아...
혜정	아, 왜??
지수	시간이 너무 안 가. 20일 밖에 안 지났는데 20년도 넘은 것 같아.

이때, 들리는

화진(E)	너, 양심없니?

지수와 혜정, 돌아보는데 화진과 영우, 동진이다.

동진   뭘 또 양심까지 가냐.

화진   (지수 보며) 재현이, 너 때문에 군대 끌려갔어. 할 것도 많고 계
          획도 많았던 애가 아무것도 못하고 갑자기.

지수   (앙다물며) 죄송해요...

화진   게다가, 어디 있든 계속 찾아내서 잡아가는 거 우연이야?

영우   (찔리는 게 있는)...!!

화진   유학이나 곱게 갈 것이지 왜 도망은 나와서 재현이까지 끌어
          들이냐고.

영우   (마음이 괴로운)

혜정   언니 누구신지 대충 아는데요. 언니가 재현선배 부모님이에요?
          아니, 부모님도 괜찮다고 했다는데 왜 언니가 뭐라 그래요?

지수   혜정아..

화진   그러니까. 얘 무슨 공주님이야? 재현이 부모님들까지 괜찮다
          그러고. (동진 영우 보며) 저 새끼들은 찍소리도 안하고.

동진/영우   (움찔)

화진   누가 얘한테 싫은 소리 하는데? 정신 차리라고 누가 얘기할
          거냐고?! 재현이 인생에서 빠지라고 누가 말 할 거냐고!!

지수   (그렁해지는) 제가 왜 선배 인생에서 빠져야 돼요?

화진   둘이 안 맞잖아!

영우   (혼자 마음이 복잡하다)

화진   둘이 같이 있어서 좋은 일, 뭐 있었는데??

영우   (화진을 막으며) 선배, 그만해요. 지수가 일부러 그런 거 아니
          잖아요. (지수에게) 윤지수, 너도 그만해.

지수	(앙다무는)
동진	그래, 그래~ 이렇게 모이기도 힘든데... 내려가서 돈까스에 맥주나 드링킹 하자고. 군대 간 놈은 간 놈이지 뭐 어쩌라고? 아, 뭐 그놈만 군대가??
혜정	난 콜!!

하면 화진과 지수, 어이없어 뭐라고 말하려고 하는 순간
동진과 영우, 각각 화진과 지수의 입을 막는다.
그 모습에 혜정, 피식 웃고 입이 막혀진 채로 화진과 지수도 웃는다.

S#17   거리 (낮)

지수, 걷는 와중에 미소가 번진다.

S#18   재현의 사무실 (낮)

재현, 일하고 있고 강비서 그 앞에 서 있다.
강비서, 영양제를 건넨다.

강비서	이제 밤새시면 꼭 좋은 거 드셔야 됩니다.
재현	(피식 웃으며 받고. 마시면서) 너, 내가 못 마땅하지?
강비서	(놀라는) 네?
재현	회사일도 아니고 집안일도 아니고. 남들이 손가락질 할 일을

자꾸 너를 시키니까.

강비서 아, 그거요...

재현 몸도 힘들고 마음도 불편할 거 같은데.

강비서 (진지하게) 대한민국에서 제가 1등일 겁니다.

재현 (보면)

강비서 부사장님 어떻게 살아 왔는지 아는 걸로는.

재현 ...!

강비서 윤지수씨도 사모님도 회장님도 아니고. 제가... 부사장님 어떻게 살아왔는지 제일 많이 아니까. 저는 부사장님 편입니다. 묻지도 따지지도 않고. (씨익 웃는)

재현 (고맙고 힘이 되는데) 너 많이 컸다.

강비서 저 원래 키는 좀 큰 편인데..

재현 까불 줄도 알고.

강비서 (90도로 숙이며) 죄송합니다!!

재현 (피식 웃는)

그 위로 피아노 소리 「유모레스크」.

S#19   학원 레슨실 (저녁)

드보르작의 「유모레스크」를 치고 있는 초등학생 유빈(8세).
지수, 유빈 옆에 앉아 레슨 중이다.

S#20   학원 앞 (저녁)

문 앞에서 서성이는 별이(8세). 음악을 듣고 있는 것 같은데...

S#21   학원 문 앞 (저녁)

유빈, 문을 열고 나오며 따라 나온 지수에게

유빈   안녕히 계세요.
지수   그래. 내일 보자.

하고 보는데, 문 옆에 서 있는 별이가 보인다.

지수   유빈이 친구니?
유빈   쟤 내 친구 아닌데요.
지수   (별이 보며) 그럼 학원 온 거야?
별이   ....
유빈   쟤 학원 안 다녀요.
지수   (당황하는)
별이   학원 안 다녀도 니보다 잘 쳐.
유빈   웃기네. 학원도 안 다니는데 어떻게 치냐?
별이   칠 수 있어.
유빈   니 집에 피아노도 없잖아~
별이   그래도 친다고.

지수   (가만히 보다가) 그럼, 한번 쳐볼까??

별이, 고개를 끄덕이고 유빈은 짜증나는 얼굴이다.

S#22   학원 레슨실 (저녁)

별이, 피아노를 치고 있다. 좀 전에 유빈이 친 「유모레스크」.
유빈이보다 훨씬 잘 친다. 유빈, 짜증나는 얼굴로 보고 있고
지수, 서서 지켜보다가 미소가 번진다.

유빈   (뾰루퉁) 선생님... 저 엄마가 밥 먹으러 오래요.
별이   (멈추고)
지수   그래. 들어가, 유빈아.
유빈   (입 잔뜩 나온) 안녕히 계세요. (꾸벅 인사하고 나가는)
지수   근데 별아. 이거 어떻게 친 거야? 정말 한 번도 안 배웠어?
별이   (끄덕)
지수   그럼 다른 곡도 칠 수 있어?

별이, 고개 끄덕이고는 「엘리제를 위하여」를 친다.
지수, 점점 미소가 번진다.

지수   이것도 학원에서 들었니?
별이   아빠 차에서 들었어요.
지수   (미소) 아빠가 음악을 좋아하시는구나.

별이	아빠 차 뒤로 갈 때 나는 소리에요.
지수	(흠칫) 아.. 그렇구나. (어색하게 미소)
별이	쓰레기 치우는 차라 되게 커서 위험하대요. 이 소리가 안 나면.

지수, 미안해지기도 하고 짠하고 예쁘기도 하다.

S#23   철거촌 몽타주 (낮) — 과거

<자막> 1994년 9월

#'기찻길 옆 꼬마학교' 라는 팻말 보이고...
골판지, 색상지 등으로 열심히 꾸미는 지수와 화진.
#기찻길 옆 낡은 집(철거예정인)에 간판을 붙이는 재현.
#책상 걸상 다섯 세트 정도 보이고 칠판도 놓여있고
그럴 듯한 공부방이다. 뿌듯하게 보는 재현, 지수, 화진, 영우 등
#초등학생 아이들 대여섯 명 정도 책상에 앉아 있고
재현, 국어를 가르치고 있다.
#화진은 수학을 가르치고, 영우는 영어를 가르치고
#초딩과 유치원생 정도의 어린 아이들 앉아 있고
지수, 음악과 멜로디언을 가르친다.

S#24   기찻길 옆 도로 (저녁) — 과거

재현과 지수, 기찻길을 따라 걷고 있다.

지수   기찻길 옆 꼬마학교.. 오래오래 갔으면 좋겠다.

재현   오래 가진 못할 거야. 길어야 두 달.

지수   (안타깝게 보다가) 선배 덕분에 없던 꿈이 생겼어요.

재현   ...?

지수   그냥.. 어릴 때부터 한 거고 재능도 있다 하고 좋은 대학 가기도
        좋아서 전공한 건데, 졸업하고 뭐 할진 생각 안 했거든요.

재현   (보면)

지수   아이들 가르치고 싶어요. 그냥 피아노 학원 말고. 우리 기찻길
        학교처럼 재능은 있는데 못 배우는 아이들, 무료로 막 레슨도
        하고 놀기도 하는 피아노 학교.

재현   (미소 번지는데 내색 않고 툭 던지듯) 기특하네.

지수   (씨익 미소)

기찻길에 두 사람의 그림자가 길게 늘어진다.
하나는 크고, 하나는 작은데...

S#25   달동네 길 (저녁)

위의 그림자에서 다시 올라가면 지수와 별이다.
꼬불꼬불 달동네 길을 지수와 별이가 손을 잡고 가고 있다.

지수   피아노, 진짜로 배운 적 없어?

별이   네.

지수   그럼 악보도 못 보고?

별이   (끄덕)

지수   근데 그냥 들으니까 어떻게 쳐야 될지 알겠어?

별이   네.

지수   (미소) 별이, 학원 안 다닐래?

별이   엄마가 돈 없대요. 먹고 죽을래도.

지수   (어이없어서 피식) 이 시간쯤 오면 선생님이 봐줄 수 있어.

별이   돈 없는데.

지수   그냥 봐줄게. 네가 치는 거 듣고 싶어서 그래.

별이   (무표정 속에 조금씩 미소가 삐져나온다)

지수   (그런 별이를 예쁘게 보는데)

별이   다 왔어요..

그 말에 지수, 보는데. 언덕 끝에 있는 작고 초라한 집이다.

지수   그래, 들어가.

하면, 꾸벅 90도 인사를 하고 뛰어 들어가는 별이.
안쓰럽기도 하고 예쁘기도 하다.

S#26　　달동네 일각 (저녁)

내려오던 지수, 가다가 우뚝 멈춰 선다.

방금 뭔가를 본 것 같은데.. 하고 뒤돌아 올라가면

또 다른 언덕 끝에 초록색 대문의 주택이 보인다.

낡고 인적은 없지만 벽에 담쟁이가 자라는 작고 예쁜 집이다.

초록색 대문에는 '임대 문의 010-000-0000' 가 붙어있다.

눈을 반짝거리며 보는 지수.

S#27　　재현의 집 외경 (아침)
S#28　　재현의 집 부엌 (아침)

식사하고 있는 재현과 서경. 침묵이 이어지다가 입을 떼는 재현.

재현	서경아. 우리 해야 될 얘기...
서경	(OL) 재현씨 오늘 시간 좀 내줘.
재현	(보면)
서경	나도 그놈의 해야 될 얘기가 있어서.
재현	....
서경	저녁에 거기서 보자. 우리가 시작된 곳.
재현	(착잡한)

서경, 묵묵히 밥 먹으며 떠올린다.

S#29   거리 (낮) − 서경의 회상

재현, 가는데 뒤에서 따라오는 서경.

서경   그러니까 뭘 잃어버렸냐구요.

재현   (대꾸도 안하고 가는)

서경   나는 다 말했는데 왜 재현씨는 말 안 해요?? 불공평하게.

재현   (멈추고 돌아보며) 장서경씨가 뭘 잃어버렸는지는 확실히 알겠
       네요.

서경   (환하게) 기억나요?

재현   정신머리.

서경   (큭−웃음을 터뜨리는)

재현   (어이없다는 듯 보는데)

서경   나는, 그쪽 아주 맘에 드는데. 사귑시다, 우리.

재현   (기가 막히다)...!!

S#30   놀이공원 (낮) − 서경의 회상

회전목마 앞에 서 있는 서경과 재현.

서경   이것만 못 타요 난.

재현   ....

서경   여기서 젤 무섭다는 롤러코스터도 눈 뜨고 양손 다 들고 타는
       데.. 애만 못 타겠다구.

재현	왜 그러는데요?
서경	(잠시 있다가) 엄마가, 여기에 날 놓고 가버렸어요.
재현	(측은한)...!
서경	(눈에 물기가 반짝) 고작.. 일곱살짜리 계집애였는데. 내가 독한 거 다 엄마 닮은 거예요.

하는데 재현, 서경의 손목을 끌고 간다.
회전목마 출입구로 들어가서 목마 앞에 서는데

재현	부딪쳐야 깨집니다.
서경	뭐가요?
재현	트라우마.
서경	(헛웃음) 내가 이게 진짜 무서워서 안타겠어요? 시시하니까 안타는 거예요. 내가 애도 아니고...

하며 휙 돌아서는데 그런 서경을 잡는 재현.
억지로 서경을 마차에 앉힌다.

재현	여기 앉아서 본 마지막 사람. 이제 서경씨 엄마 아니게 해주겠다구요.

하며 나가 버린다.
서경, 멍하니 앉아 있는데 천천히 회전목마가 돌고
떨리는 눈으로 고개 들어 보는데 밖에서 재현이 서경을 보고 서 있다.
서경의 눈빛이 흔들리는데

한 바퀴 두 바퀴 몇 바퀴를 돌아도 사라지지 않고 서 있는 재현.
서경, 눈물이 뚝 흐른다. 회전목마, 다시 돌아가는데

S#31   놀이공원 (저녁) — 현재

돌아가던 회전목마, 다시 재현이 있던 자리로 오는데
현재의 재현이다. 재현, 착잡한 얼굴로 보고 있고
서경, 회한에 어린 눈으로

서경   (앙다물며) 이럴 거면 그냥 그때 사라져버리지.

재현   (마음 아픈)

서경   뭐야 이게... 결국 또 버려지라구?

재현   (대답 못하는)

서경   (일부러 쎈 척하며) 그때로 다시 돌아가자. 세휘도 버리고, 성
       질도 안 부리고 자기만 볼게. 내가 그게 안 되는 게 아니야~
       그냥 안 한 거지.

재현   (그런 서경이 안쓰러운)

서경   좀 지루해지기도 했고, 자기한테 자극을 줘야겠다 싶어서 새
       로운 거 재밌는 거 찾아다닌 건데... 이제 그런 것두 다 별루
       야. 다 재미없어.

재현   (착잡) 미안한데, 서경아. 깨진 유리창을 다시 붙이는 것 같
       을 거야.

서경   (절망어린 눈으로 보다가 이 악무는) 나야말로 미안한데.. 나는
       절대 안 끝내. 깨진 유리창, 왜 못 붙여? 내가 깼으니까 내가

붙이겠다고. (앙다물며) 티 안 나게 잘 붙일 수 있어.

하고 돌아서는 서경. 재현, 착잡한 얼굴이다.

S#32   형성그룹 본사 앞 / 차 안 (다음날 아침)

본사 건물로 재현의 차가 들어선다.
창밖을 향한 재현의 시선에 1인 시위 노인(권필호, 75세)이 보인다.
노인의 피켓이 클로즈업되면
'살인기업 형성의 만행을 고발한다!
파렴치한 장회장 일가 사죄하라!' 문구가 보인다.
굳어진 재현의 얼굴이 보이면서
노인 앞을 미끄러지듯 재현의 차가 지나간다.

재현	언제부터 저러고 계신거지?
강비서	네? 누구..
재현	이세훈이 소송을 맡았다는...
강비서	(백미러로 힐끗) 아, 저 분이요? 부사장님 수감되시기 얼마 전부터였으니까 4년이 좀 넘은 것 같습니다. 그리고...
재현	...?
강비서	전에 부사장님한테 계란 던진 사람이 저 분입니다.
재현	...!!

S#33   재현의 사무실 (낮)

정윤기, 들어오는데 재현이 창밖을 보고 있다.
등 뒤에서 꾸벅 절하는 정윤기, 재현에게 다가서지만
재현, 말없이 창밖만 응시한다.

정윤기   부사장.. 님?

재현   ....

정윤기   검찰 건으로 말씀하신 거 제가 좀 알아 봤는

재현   (OL) 저 분이 그 친구 아버님이라는 거 알았나?

정윤기   (재현 옆에 와서 같은 곳을 보며) 그 친구요?

재현   (마음에 빚이 있는) 권혁수.

정윤기   아, 권혁수... 요...

재현, 복잡한 얼굴로 떠올리는.

S#34   형성그룹 전략기획실 재현의 사무실 (낮) — 재현의 회상

<자막> 5년 전

'전략기획실 실장 한재현' 명판이 보이는 가운데
몇 년 더 젊은 모습의 재현과 정윤기(당시 차장) 보이고
권혁수(32세, 형성철강 노조 부위원장)와 노조원 1,2
그 앞 소파에 불편하게 앉아 있다.

정윤기	약속도 없이 이리 찾아오시면 저희도 곤란합니다.
권혁수	(강단있게) 작년 노사협상 때 기본급 20%, 상여금 50% 인상, 파견업체 노동자 50% 정규직 채용 다 합의했는데 1년이 지나도 지켜진 게 없습니다. 올해 협상은 아직 시작도 못 했구요.
재현	(덤덤히 보는)
권혁수	몇 번이나 면담요청을 드렸는데 아무런 대답도 없으시니까...
정윤기	대답을 안 드린 것이 저희 대답인데...
재현	(OL) 합의안에 합의이행에 대한 전제가 있었을 텐데요?
권혁수	(울컥) 경영상황이 악화되면 합의를 백지화한다는 거요?
재현	(맞다는 듯 보면)
권혁수	수요예측도 제대로 안하고 호주 철광산에 무리하게 투자하다가 회사가 어려워진 건데... 그게 저희 탓입니까?
노조원1	(거드는) 그거 결정할 때 우리랑 상의도 한 번 없었구유...
재현	(차갑게) 투자 관련 의사결정은 경영진의 고유권한이지 노사 간 협의사안이 아닙니다.
권혁수	결정은 당신들이 하고 책임은 우리보고 지라는 건가요?
재현	철강 때문에 그룹 전체가 어렵습니다. 지금으로선 조선과 건설 경기가 살아날 때까지 참고 견디는 수밖에 없습니다.
권혁수	(격앙되는) 즐거움은 가장 늦게, 어려움은 가장 먼저 나누는 것이 형성의 경영 철학인가요?
재현	(굳은 얼굴로 일어서며) 알아서 생각하세요.
권혁수	(나가는 재현을 향해) 당신들이 쉽게 말하는 참는다!! 가 우리한텐 죽고 사는 생존의 문젭니다!
재현	(멈추고) 생존의 문제니까. (돌아서서 건조하게) 더더욱 스스로 결정하세요. 남이 결정하기 전에.

순간, 재현에게 사납게 다가서는 권혁수와 노조원.

정윤기, 그런 권혁수를 막아서느라 바쁜 가운데

굳어가는 재현의 얼굴이 클로즈업 된다.

S#35   세훈의 사무실 (밤) - 현재

재현의 얼굴, 사진으로 바뀌고

줌아웃 되면 신문기사 속 사진이다.

'형성그룹 한재현 부사장, 차명지분 관련 검찰 2차 소환'

헤드라인 아래 재현의 사진을 톡톡 두드리는 손.. 세훈이다.

세훈 앞에 지친 기색의 권필호(1인 시위 노인)가 앉아 있다.

세훈	한재현은 그 당시 형성그룹 전략기획실장이었습니다.
권필호	(끄덕이는)
세훈	제가 조사한 바로는 혁수씨가 한재현과 만난 직후에 노사협상 결렬을 선언하고 총파업을 결의 했습니다.
권필호	(끄덕이며)
세훈	그런데 총파업은 채 하루도 가지 않았습니다.
권필호	(씁쓸하게) 그랬지요.
세훈	지금까지의 제 결론으로는 혁수 씨가 회사 측에 이용을 당했던 것 같습니다.
권필호	(놀라는) 예?!
세훈	파업을 안 하게 된 결정적인 이유가 혁수 씨가 회사 쪽 제안을 새로 받아왔기 때문이었습니다. 원래 합의대로 임금을 인상하

권필호	(보는)
세훈	그걸로 노조원들을 설득해서 파업도 끝내고 경영진에 대한 고소 고발도 모두 취하했는데 그 뒤로 회사의 태도가 돌변한 겁니다.
권필호	(아프게 보는)
세훈	파업 주동자들은 일제히 정리해고를 당했고 단순 가담자들도 뿔뿔이 흩어져서 다른 계열사로 보내졌습니다.
권필호	(눈빛 떨리는)
세훈	그 과정에서 혁수씨만 제자리에 남았습니다. 심지어 작업반장으로 승진까지 했지만 떠난 사람들과 남은 사람들 모두 혁수씨를 어떻게 대했을지는...
권필호	(흐느끼기 시작하는) 우리 혁수 불쌍해서 어쩐대요...
세훈	(단호한) 죗값을 받아내야죠.
권필호	(눈물 훔치며 보면)
세훈	(서늘하게) 이 비극에 가장 큰 역할을 했던 사람한테.

위에 '고 다른 요구사항들도 수용할 거라는.'

S#36   재현의 차 안 / 형성그룹 본사 앞 (다음날 아침)

재현의 얼굴 클로즈업 되고
재현의 시선에 여전히 1인 시위 중인 권필호가 보인다.
권필호의 피켓 클로즈업되면 내용이 바뀌어 있다.
'살인기업 형성의 만행을 고발한다!
노조파괴 인격살인 한재현을 즉각 구속하라!'

권필호 앞을 스치듯 재현의 차가 지나가는 동안

굳은 얼굴의 재현, 가만히 눈을 감는다.

S#37   학원 레슨실 (저녁)

지수, 별이 레슨을 해주고 있는데

원장(E)   뭐하세요, 윤선생님??

지수, 돌아보면 원장이 굳은 얼굴로 서 있다.

S#38   원장실 (저녁)

원장 앞에 서 있는 지수.

원장   윤선생님 아주 무서운 사람이네.

지수   죄송합니다..

원장   주인 없다고 윤선생님 맘대로 아무 거나 다해도 됩니까? 아니, 막말로 레슨 말고 무슨 짓을 할지 어떻게 알죠?

지수   ...죄송합니다. 재능이 아주 많은 아인데 레슨 할 형편이 아니라고 해서.. 레슨비는 제가 드리려고 했구요.

원장   누구는 그런 선행 할 줄 몰라서 이러고 있는 줄 알아요? 재능의 기준을 뭘로 할 건데요??

지수	....
원장	가난하면 재능 있으니까 무료로 해주고 돈 많으면 재능 있어도 돈 받고, 뭐 그러자는 겁니까?
지수	죄송합니다. 제가.. 생각이 짧았습니다.

・

S#39   달동네 길 (저녁)

손잡고 별이를 데려다주는 지수.

지수	선생님이 방법을 찾아볼 테니까 조금만 기다려줄래?
별이	(끄덕끄덕)
지수	별이가 너무 아까워서 선생님이 경솔했던 것 같아.
별이	...경솔이 뭐에요?
지수	(어떻게 설명할까 생각하는) 마음이 너무 앞서 달려서 넘어지는 거?
별이	(생각하다가) 마음은.. 천천히 가야 되는 거예요?
지수	그러게.. 마음은 천천히 가야 되는데... (심란한) 마음이 한번 달리기 시작하면 잘 멈춰지지가 않거든.
별이	(미안한 얼굴로) 저도 그거.. 한 거 같아요.
지수	...?
별이	경솔이요...
지수	(보면)
별이	선생님이 피아노 가르쳐줄 거라고, 유빈이한테 먼저 자랑했어요.

지수	(미소) 그것두 별이 탓 아니고 선생님 탓이야. 자랑하고 싶은 게 당연한 건데 몰래 하려고 했던 게 잘못이지.

별이	(시무룩) 그럼 어떻게 해요?

지수	선생님이 빨리 피아노 학원 열어야지. (미소)

S#40	초록대문집 앞 (저녁)

초록대문집 앞에 서는 지수.
아직 붙어있는 '임대문의' 종이.
물끄러미 보다가 핸드폰으로 사진을 찍는다.
집 전체도 이리 저리 찍고 임대문의 종이도 찍고는

지수	딴 사람 눈에 띄지 말구 잘 숨어 있어.. 돈 들고 올 때까지.

하며 담쟁이 같은 걸로 임대문의 종이를 가려본다.
잘 가려지지는 않는다.

S#41	학원 외경 (다음날 낮)
S#42	원장실 앞 (낮)

지수 들어오는데 원장실에서 나오는 유빈과 유빈맘.

지수	안녕하세요, 유빈 어머니.

유빈   (꾸벅) 선생님, 안녕하세..

하는데 유빈맘, 유빈이를 휙 끌고 가버린다.

S#43   학원 앞 (낮)

짐 박스가 보이고
카메라 올라가면 착잡한 표정의 지수다. 그 위로

원장(E)   유빈 어머니가 윤선생님 대학졸업 안 한 거 아셨어요. 유빈이
             랑 별이가 같은 반 인 건 아시죠? 별이만 공짜 레슨 해준 게 결
             국 선생님 발목을 잡은 겁니다.

지수, 씁쓸한 표정인데 전화벨 소리 울리고 보면, 재현이다.
고민하다가 안 받고 고개 드는데
그 앞에 재현이 전화기를 들고 서 있다.

S#44   거리 (낮)

짐 상자를 끌어안고 가는 사람, 재현이다.
재현과 지수, 걷는데

재현   (조심스럽게) 그럼 이제.. 일이 없는 건가?

지수	아니요. 개인 레슨들 많아요.

재현   그걸로 다 되나?

지수   뭐가요?

재현   먹고 사는 거.

지수   되게 해야죠. (하다가 아차 싶은) 다 돼요. 영민이도 학교에 있
        으니까 돈 쓸 일도 없구. 그래서 이 학원 관둬도 아무 문제없
        어요.

재현   (생각이 많아지는)

S#45   지수의 집 앞 (낮)

지수, 들어가려는데 재현, 카드 한 장을 내민다.
지수, 물끄러미 보는데

재현   회사 카드 아니고, 내 개인카드야. 회사에서 추적 못하고. 한
        도도 없어.

지수   (가만히 보다가) 사람 테스트 하는 건가. 이래도, 이래도 안 받
        을래?

재현   뭐라도 해주고 싶어서 그래. 25년의 시간을 메울 수 있는 게
        돈 말고는 생각이 안 나서 나도 괴로워. 내가 이렇게 상상력
        이 없는 사람인 줄도 몰랐고.

지수   그럼 상상력을 키우세요. 그 돈으로 과외를 하든 학원을 다니
        든. (올라가 버린다)

재현   (착잡한)

S#46   지수의 집 거실 / 현관 (밤)

초인종 울리고 편안한 옷차림의 지수, 방에서 나온다.

지수   (뛰어 나가며) 혜정이니?

하고 문을 여는데 형성마트 배달원이다.
힘든지 헉헉 숨을 고르는데

지수   (의아한 얼굴로) 주문 안했는데...
배달원   (내역서 보고) 윤지수씨 아니신가요?
지수   맞는데요.
배달원   그럼 좀 비켜주세요.

하면 지수, 얼떨결에 비켜서는데
배달원 뒤로 박스 등 물품이 한가득이다.
지수, 기가 막힌데... 배달원, 물건을 들어 마루에 옮겨놓는다.
쌀, 생수, 휴지, 과일, 고기, 야채, 음료 등등
점점 산더미처럼 쌓인다.
이때 다가오는 혜정.

혜정   이게 다 뭐야? 내일 전쟁 난대니?
지수   (난감한 얼굴)

S#47   지수의 집 거실 (밤)

거실 반을 가득 채운 물건들이 보이고
지수, 난감한 얼굴이고 혜정은 기가 막힌 얼굴이다.

혜정   이게 집이야 마트야?

지수   좀 가져갈래?

혜정   뭔데 이거? 니가 이렇게 살 리가 없잖아. 봉지쌀 사다 먹는 짠
        순이가.

지수   (말 못하는)

혜정   너 어디 불우이웃으로 등록됐니? 이거 다 온정의 손길이야?

지수   ...재현 선배.

혜정   (굳는) 너 기어이...

지수   (혜정을 밀며) 일단 앉아봐. 맛있는 거 해줄게.

혜정   됐다. 여기서 어떻게 먹니? 심란하게.

지수   (시무룩)

혜정   나가서 먹자.

지수   그럴래?

S#48   영우의 바 (밤)

술 마시러 온 혜정과 지수.
지수는 어색한데 영우는 내색하지 않는다.

영우	(혜정 앞에 술잔을 놓으며) 술 끊은 줄 알았다, 하두 안 와서.
혜정	먹구 살기 빡세서 올 수가 없다.
영우	돈 안 받을 테니까 그냥 와.
혜정	너는 뭐 수돗물 빼서 술 만드니?? 술사고 재료사고 전부 카드 값일 텐데 어떻게 공짜로 마셔?
영우	(피식)
혜정	암튼 난 카드값이 세상에서 젤 무서워. 25일이 없으면 좋겠어. 23, 24, 26.. 이렇게만 있고.
영우	그럼 월급도 못 받는 거 아냐?
혜정	아, 그런가? 씨.. 결제일을 바꿔야겠네.

영우, 웃다가 지수를 보는데 지수의 표정이 어둡다.
손가락 마디만 꾹꾹 누르고 있다.

영우	(지수에게) 넌 왜 안 마셔?
지수	(멈추고) 어? 어 뭐 그냥.
혜정	(술 홀짝 마시는)
영우	(그런 두 사람을 보다가) 어색한 거 어쩔 거야? 둘이 싸웠어?
혜정	싸우긴 뭘 싸워. 넌 손가락하고 싸우냐?
영우	손가락?
혜정	...아픈 손가락.
지수	(그 말에 울컥)...!!
영우	(혜정과 같은 마음이지만) 그래도 조심해. 가운데 손가락일지도 몰라.
혜정	설마 (손들어 새끼손가락 올렸다가 접고, 가운데 손가락 올리려

화양연화

	는) 이렇게?
지수	(혜정의 손가락을 잡으며) 이런 거 막 올리는 거 아니야. (웃는)
혜정	웃지마 이것아. 이뻐 죽으니까. 이러니 그 인간이 널 못 놓지.
영우	(재현을 얘기하는 줄 안다)
지수	(흠칫. 영우를 보는데)
영우	(태연한 척 돌아서서 할 일을 한다)
지수	(착잡한)

Cut to.

다들 돌아갔는지 혼자 남은 영우.

LP판을 올려놓고 바늘을 내리면 존 레논의 「Oh my love」

쓸쓸한 표정의 영우, 노래를 따라 흥얼거리며

손가락 마디를 지수처럼 꾹꾹 누른다.

아픈 손가락이 생각나서 마음이 아프다.

S#49   요양원 외경 (낮)

S#50   요양원 복도 / 소강당 (낮)

지수, 형구의 휠체어를 밀고 있는데 어디선가 피아노 소리 들린다.

유창한 연주는 아니고 한손으로 띄엄띄엄 「섬집 아기」 도입부만..

지수, 의아한 얼굴로 소리가 나는 쪽을 향해 가는데

강당 쪽에서 소리가 들린다.

지수, 천천히 강당 안으로 들어가면

무대 위에 고급 그랜드 피아노가 놓여 있다.

피아노에 가려져 피아노 치는 사람은 보이지 않는다.

지수, 놀랍기도 하고 의아하기도 한데

조금은 회한에 어린 눈빛.

형구   (해맑은 얼굴로) 피아노네~

지수   (서글픈) 그러네. 하필이면 우리집에 있던 그 피아노...

형구   우리 애가 피아노를 잘 쳤는데...

지수   (정신이 돌아온 건가 싶은) 뭐라 그랬어, 아빠..? (하고 형구를 보
             는데)

형구   (해맑게) 우리 애가 피아노를 아주 잘 쳤어요, 선생님~

지수   (역시 아니구나)

이때 피아노 치던 사람, 일어서면 재현이다. 지수, 놀라는데

재현   (무대에서 내려와 형구에게 꾸벅 인사한다) 안녕하십니까.

형구   (같이 인사하며) 안녕..하세요.

재현   (못 알아보는 건가 안타깝게 보는데)

지수   (피아노와 재현을 번갈아 보며) 뭐예요, 저게.

재현   집에는 안 들어갈 것 같고. 또 당연히 안 받을 거 같아서.

지수   (보면)

재현   여기에다, 기부했어.

지수   ...!!

재현   환자분들한테도 도움이 될 거라고 했더니 원장님도 허락하시
             더라. 없는 상상력 쥐어짜 봤는데 괜찮지 않아?

지수   괜찮지 않아요. 한두 푼짜리도 아니고.

재현	(못 들은 척) 아무나 와서 칠 수 있게 해달라고 했어. 말은 그렇게 했는데 니가 다 쳤으면 좋겠고. (미소)
지수	(걱정이 되는)
재현	한 번 쳐봐. 아버님.. 기억 돌아오실 수도 있잖아.
지수	그런데 왜 하필 저 피아노예요?
재현	니가 치던 거잖아.
지수	(쿵)...!!
재현	너희 집에 있던 걸 다시 사고 싶었는데 그걸 찾을 방법은 없어서.
지수	(눈시울 붉어지며) 내가 말했었나요?
재현	너희 집 갔을 때 봤지.
지수	그걸 또 외웠구나...
재현	(웃는) 내가 원래 뭐든 잘 외워.
지수	(그렁그렁한 눈으로 미소) 그러게...

S#51   동진의 사무실 (낮)

동진, 일하고 있는데 재현, 소파에 앉아 있다.
소파에 머리를 기댄 채 멍 때리는 듯한 모습인데

동진	그나저나 너, 구속이야 불구속이야?
재현	모르지 나야.
동진	뭐야? 라임 맞추기야? 함 해보자는 거야??
재현	(피식)
동진	구속의 기로에 선 것도 모자라서 5년 전 일로 고소까지 당해

	놓고 그렇게 한가해도 되는 거냐?
재현	그럼 뭐할까? 기도해? 구속 안 되게 해달라고?
동진	그래. 니가 지금 제정신이면 그것도 미친놈이야.
재현	나 요새 되게 좋은데?
동진	미친놈.
재현	(피식 웃다가 또 근심어린 표정이다가 또 피식 웃고)
동진	저봐 저봐 미쳤다니깐.
재현	너, 몇 시 퇴근하냐?
동진	술 먹자고?
재현	여기 방음 잘 되지?
동진	(손 멈추고) 그런 건 왜 물어?
재현	밤에 나, 이 방 좀 쓰자.
동진	(심각한 얼굴로) 아니, 그니까 (일어나 다가오며) 한밤에... 방음 에... 너 이 자식!! 지수랑??!!! (하며 헤드락 거는)
재현	(웃으며 밀어내는) 넌, 상상력은 참 좋다. 방향이 어두워서 그렇지.
동진	(굴하지 않고 더 걸며) 빨리 말 안 해, 이 미친놈아!!!

S#52   거리 (다른 날 낮)

지수, 걷는데 멀리서 사이렌 소리 들린다.
순간 지수, 발걸음 멈추고 소리 나는 쪽을 본다.
불안한 눈빛으로 주위를 둘러보는데
사이렌 소리, 조금 더 가까워졌다가 이내 사라지면
지수, 심장이 뛰는지 가슴께에 손을 올린다.

이때, 톡 오는 소리 들리고. 보면

재현(E)   저녁에 시간 좀 내줄 수 있나? 이번엔 진짜 급하고 심각한 일
            이야.

지수, 급한 일이 아닌 줄 안다. 희미하게 웃는.

S#53   공원 길 (저녁)

개와 늑대의 시간.
아직 어둠이 완전히 내려앉지 않은 밤과 낮의 경계.
가로등도 아직 켜져 있지 않은 상태다.
오솔길 같은 공원길을
재현과 지수, 나란히 속도를 맞춰 걷고 있다.
이때, 지수 앞의 가로등이 반짝! 들어온다.
흠칫 놀라는 지수. '그냥 우연이겠지' 하고
다음 가로등에 가까이 가면 또 불이 반짝! 들어온다.
지수, 걸음을 멈추고 뒤로 가면, 켜졌던 가로등이 꺼진다.
다시 앞으로 가면 다시 반짝, 켜지고
지수를 따라다니는 듯한 불빛에 피식 웃는 지수.
재현, 그런 지수를 보며 미소 짓는데
그때, 가로등 옆 스피커에서 흘러나오는
기타로 치는 「그대 내 품에」의 도입부.
지수의 눈이 동그래지고 재현을 보지만, 모르는 척 걷기만 한다.

이때 노래가 시작되는데 재현의 목소리다!

지수, 또 다시 놀라고 이게 무슨 일인가 싶어 멍해지는데

재현, 여전히 시치미를 떼고 앞으로 걸으면

지수, 뭔가에 홀린 사람처럼 천천히 그 뒤를 따른다.

그런 두 사람 앞으로 가로등이 하나 둘...

길 안내하는 등대 불빛처럼 레드 카펫 조명처럼 차례차례 켜진다.

그 위로 재현의 노래가 울려 퍼지고

불빛을 보며 걷는 지수, 뭉클해진다.

S#54   감나무집 마당 (밤) - 과거

〈자막〉 1995년 5월

평상에 누워있는 재현과 지수,

별이 총총히 박힌 하늘을 보며 얘기하고 있다.

지수	여긴 진짜 별이 많은 거 같아요. 서울에선 한 번도 못 봤는데.
재현	겁은 안 나?
지수	별이요?
재현	(피식) 아니. 이렇게 있는 거.
지수	왜 겁이 나요?
재현	가족들도 못 보고 앞으로 어떻게 될 지도 모르고..
지수	(옆으로 누우며 재현을 본다) 근데 왜, 요새 노래 안 해줘요?
재현	...?

지수	그때 그 테잎에 노래한 거 좋았는데. 연애하고 싶다고 노래를 부르더니 왜 연애하니까 노래를 안 해요?
재현	안 한지 오래 돼서 다 까먹었어.
지수	여기 주인집에 기타랑 다 있던데. 선배가 노래 해주면 난 하나도 겁 안 날 거 같아요.
재현	(못 들은 척) 별... 진짜 많네.
지수	(가만히 재현의 눈을 보며) 여기도 있네. 별, 2개.

S#55 감나무집 방 앞 (밤) ― 과거

재현, 발꿈치를 들고 조심스레 방을 나온다.
천천히 신발을 신으려고 하는데
아기 백구 한 마리, 그런 재현을 빤히 보고 있다.
금방이라도 짖을 것 같다. 재현, 안 되겠는지 백구를 안아든다.

S#56 강촌 일각 (밤) ― 과거

풀벌레 소리, 개구리 울음소리 등 자연의 소리가 들린다.
나무 아래 돌 벤치에 앉은 재현, 기타를 잡고 있다.
그 옆에 백구도 앉아 있다.
그 앞에는 카세트 녹음기가 보이고 레코드 버튼을 누르는 재현,
기타 전주를 시작으로 노래를 한다. 「그대 내 품에」
(8부 #10에서 지수가 들으면서 울던 노래)

S#57   동진의 사무실 (밤) — 현재 / 재현의 회상

노래가 성인 재현의 목소리로 이어지고
스탠드만 켜놓은 어둑한 동진의 사무실.
재현, 기타를 치면서 노래하고 있고
책상 위에 핸드폰, 녹음 중이다.

S#58   공원 관리실 (밤) — 현재

노래 이어지고...
지수와 재현의 모습이 담긴 CCTV 화면이 보이고
관리인, CCTV를 보면서 가로등 점등 버튼을 누르고 있다.
강비서, 그 옆에서 음식과 음료를 대접하고 있는데

관리인   (음식 먹으면서) 근데 노래 부른 사람이 누구야? 내가 모르는
            가수 같은데?

강비서   (히죽) 가수 아닌데.. 가수 같은가요?

관리인   아니 뭐 그 정도는 아니고.

강비서   (웃으며) 이것도 좀 드시고 하세요.

S#59   공원길 (밤)

성인 재현의 노래 이어지고, 지수와 재현, 천천히 발을 맞추어 걷고 있다.

재현	...지수야.
지수	(보면)
재현	나는 이제 너한테 돌아 갈 거야. 멈추지도 않고, 뒤돌아보지도 않고.
지수	(마음이 울컥 하지만) 요 며칠, 그리고 오늘까지. 무슨 영화 속 주인공이 된 것 같았어요. 오늘은 그 중에서도 최고의 장면이 었는데...
재현	(미소)
지수	선배랑 같이 걸을수록 발이 무거워요.
재현	(이해도 되는)
지수	그동안 선배한테 배운 것들, 늘 품에 안고 살았어요. 혹시라도 다시 만나게 되면 부끄럽지 않으려구요.
재현	너한테도 누구한테도 부끄럽지 않은 길을 갈 거야.
지수	(보면)
재현	(조심스럽게) 이젠 누구도 속이지 않을 거고.
지수	(무슨 뜻인지 안다)
재현	정리할 것들이 있어서 조금 시간이 걸릴 지도 모르지만...
지수	(마음이 무거운)...
재현	나는 너한테 돌아갈 거야.
지수	(눈빛 떨리는)

S#60   장회장 집 앞 골목 외경 (아침)

골목 사이로 일단의 차량행렬들이 급하게 달려간다.

S#61   장회장 집 앞 / 장회장의 차 안 (아침)

장회장의 집 앞에 예의 차량행렬이 도착하면

선두의 승용차에서 한 남자가 내리는데 강승우다.

승합차들에서 압수수색용 상자들을 들고 내린 검찰수사관들이

강승우의 뒤에 도열하듯 줄지어 선다.

저택의 전경을 보던 강승우가 가만히 시계를 보는데 아침 7시다.

그때 골목의 정적을 깨는 소음과 함께 차고 문이 열리고

차 한 대가 천천히 빠져 나오는데

누군가와 전화를 하고 있는 장회장과 옆자리의 황학수다.

전화기를 던지듯이 전화를 끊은 장회장, 역정 내는 모습이 보이면

갑자기 장회장의 차, 날카로운 경적을 울린다.

강승우 일행이 좌우로 갈라서면

그 한가운데를 장회장 차가 의장대를 사열하듯 지나가는데

늘어선 일행 중에서 강승우를 본 장회장, 날카롭게 눈을 빛낸다.

지지 않고 마주 보는 강승우. 이때 강승우의 핸드폰이 울리는데

김학철 부장검사 (7부 #47에서 장회장과 만난)다.

강승우, 통화 거절 버튼을 누른다.

강승우   (혼잣말) 해 뜨자마자 다들 차암 바쁘시네. (좌우의 수사관들에
            게) 자! 시작하세요!

S#62   장회장의 사무실 (낮)

차가운 눈매의 장회장이 화를 삭이고 있고
앞에 서 있는 곤혹스러운 모습의 황학수가 보인다.

장회장   재현이 그 놈이 지금 어디까지 일을 벌이는 거야?

황학수   김학철 부장 말로는 강승우가 금융실명제법, 자본시장법, 국
         세징수법위반으로 수색영장을 받았답니다. 차명지분 배당금
         말고도 (조심스럽게) 아마 비자금까지...

장회장   (OL) 재현이놈이 그걸 어떻게 다 알 수가 있어!!

황학수   전략기획실 있을 때부터 준비를 해온 것 같습니다.

장회장   (버럭) 그래서 그때 내가!! (하아.. 거친 한숨) 서경이년만 아니
         었어도 진작에 그놈을...

황학수   ....

장회장   (분을 삭이며) 지분도 그 놈이 흘린 게 확실하고, 깜방을 다시
         가라는데도 세금 낼 준비를 하고 다니는 걸 보면 지분을 도로
         토해낼 리가 없는데...

황학수   (머리를 조아리며) 죄송합니다.

장회장   (악물며) 최선의 공격이 최선의 방어다.

황학수   (보면)

장회장   싸움이란 게 때려 눕혀야 이기는 거지 버티고 견디는 걸론 못
         이긴다는 말이야. (날카롭게) 싸울 자리를 좀 찾아봐. 그놈이
         우리를 부르는 자리 말고 우리가 그놈을 끌어낼 자리로.

황학수   (생각한 바가 있는) 한부사장이 지금 가장 공들이고 있는 자리
         가 있습니다.

S#63   **지수의 집 외경 (아침)**

S#64   **지수의 집 거실 (아침)**

양치하며 TV보는 지수.

TV에는 권필호 노인이 1인 시위를 하는 중에 인터뷰를 하고 있다.

권필호   우리 아들은 자살한 게 아니에요.. 회사랑 한재현 부사장이 죽
              게 만든 겁니다. 그래서 너무 억울하고 원통...

양치질을 하던 손을 멈추는 지수, 쿵! 놀라는.

S#65   **형성그룹 본사 앞 (낮)**

권필호 노인이 여전히 1인 시위를 하고 있다.

건너편에서 그 모습을 보고 있는 지수,

심란한 얼굴로 서 있다가 권필호에게 가려는데

세훈(E)   확인하려는 건가?

지수, 돌아보면 세훈이다.

세훈   내가 확인시켜줄게. 한재현이 무슨 짓을 했는지.

지수   (애써 침착하게) 당신이 맞다면, 그에 맞는 판결이 나오겠지.
              덮어놓고 누굴 편들 생각은 없어.

세훈	(피식) 나중에 가서도 그런 소릴 할 수 있을지 보고 싶네.
지수	(착잡한) 나 때문에 선배를 타겟으로 삼은 거야?
세훈	저 사건 중심에 한재현이 있었어. 그 당시 노사문제 관한 한 최고 책임자고 결정권자였거든.
지수	(눈빛 떨리는)...!!
세훈	솔직히는 당신 때문에 시작한 게 맞는데. 파다 보니 한재현이라는 사람 자체한테 흥미가 생겼어. 저 사람 말고도 훨씬 더 많은 이야기들이 있어. 장르로는 느와르에 가깝고.
지수	...!!!

S#66 요양원 외경 (낮)
S#67 요양원 소강당 (낮)

피아노 앞에 앉아 있는 지수.
착잡한 얼굴로 피아노 건반을 '떵.. 떵..' 의미 없이 누르고 있다.
곰곰이 생각에 잠긴 얼굴인데

S#68 서울중앙지검 외경 (낮)
S#69 서울중앙지검 앞 (낮)

재현 나오는데 기자들 몰려 있다.
이때 기자들 술렁이며 다가와 마이크를 재현에게 들이댄다.
'구속영장 기각, 예상하셨나요?' '차명지분이 본인 것 맞습니까?'

등등 질문을 해대는데 덤덤한 얼굴로 가는 재현.

이때 기자들 너머 멀리 지수가 보인다. 재현, 미소가 번지는데

찰칵! 미소를 띤 재현의 얼굴, 누군가의 카메라에 찍히면서.

S#70   장회장의 서재 (낮)

속보로 뉴스란에 올라온 재현의 사진(웃는 모습)을

태블릿으로 보고 있는 장회장.

장회장   이 자식... 웃어?

소파에 앉아 있던 서경, 표정이 어두워진다.

서경   웃고 있어? 재현씨가?

장회장   (비소) 오래 웃지는 못할 거다.

서경   그러니까 (눈 그렁해지며) 다 아빠 때문이야.

장회장   (보면)

서경   아빠가 자꾸 그 사람 내쫓으려고 하니까. 사는 내내 개처럼 부리

고 이용해 먹다가 버리려고 하니까 재현씨가 떠나려는 거라구!!

장회장   너 그게 무슨 소리야?

서경   (그렁그렁한) 이혼하자고 할 것 같아서 도망 다니고 있어.

장회장   기어이 이 배은망덕한 놈이...

분노가 어린 눈빛으로 뭔가를 생각하는.

S#71　　해장국집 (저녁)

재현과 지수, 선지국밥을 먹고 있다.

지수	25년 만에, 약속 지켰네요.
재현	(웃는) 그러게.
지수	근데 그때 그 맛은 아닌 것 같아요. 진짜 맛있었는데.
재현	그땐 배가 많이 고파서 그랬을 거야.
지수	(단호한 말투로) 아니요. 변해서 그럴 거예요.
재현	(손 멈추고 보면)
지수	선배가 변해서.
재현	...!!
지수	오늘 구속영장 기각 된 거, 다행이지만... 잘 모르겠어요. 뭐가 진짜고 뭐가 맞는 건지.
재현	(착잡한)
지수	그리고 본사 앞에서 1인 시위하는 어르신... 나도 알아요. 힘드실 때 도와드리기도 했고.
재현	....
지수	(굳어진 얼굴로) 정말... 선배 때문에 그분 아들이 그렇게 된 건가요?
재현	(잠시) 얘기가 긴데 결론만 말하면, 아니야.
지수	(혼란스러운)
재현	내가 그동안 한 짓이 있어서 믿기 어렵겠지만 너한테까지 거짓말 할 생각은 없어.
지수	(보면)

재현	이것도 나한텐 목의 가시 같은 일이라... 조금만 기다려주면
	긴 얘기를 다 해줄게. 지금 당장은 어렵지만.
지수	(마음이 괴롭다)

S#72   지수의 집 앞 (아침)

지수, 나오는데 장회장의 차가 서 있다.
못 보던 차라서 의아하게 보는데
차에서 이실장이 내린다.

이실장	(지수에게 다가가며) 윤지수씨 맞으시죠?
지수	무슨 일이신가요?
이실장	잠깐 시간 좀 내주실 수 있으십니까? 회장님께서 뵙고 싶어
	하십니다.
지수	회장님이요?
이실장	형성그룹 장산 회장님입니다.
지수	...!!!!

S#73   요양원 앞 (아침)

재현, 차에서 내리면 강비서 따라 내린다.

| 강비서 | 여긴 어쩐 일로 오신 겁니까? |

| 재현 | (조금 심란한) 피아노 치고 싶어서. |
| 강비서 | (의아한)...!? |

S#74   요양원 복도 (낮)

재현, 가는데 앞에 휠체어를 찬 형구와 간병인이 오고 있다.
꾸벅 인사를 하는 재현에게

형구	(해맑게) 안녕하세요~
재현	안녕하셨어요, 어르신~ 저 기억나세요?
형구	피아노, 피아노 선생님!
재현	(미소)
간병인	안녕하세요. 오늘 따님은 안 오셨는데.
재현	네.. 근데 혹시 아버님 제가 잠깐 모셔도 괜찮을까요?

S#75   요양원 소강당 (낮)

형구의 휠체어를 밀고 오는 재현.
휠체어를 가까운 데에 두고 피아노에 앉는 재현.
더듬더듬 한 손으로 피아노를 치는데 「섬집 아기」다.
형구, 뭔가 울림이 있는 듯 눈빛 흔들리다가 이내 미소가 번진다.
박자에 맞춰 느린 박수를 치며 고개를 까딱거리는데
재현의 얼굴에도 미소가 번지는.

S#76　　일식집 (낮)

장회장, 맞은편에 앉은 지수를 묘한 눈빛으로 보고 있다.
지수, 당혹스럽다. 입을 앙다무는데

장회장	많이 닮았네.
지수	무슨 말씀이신가요?
장회장	윤형구 검사장의 하나 남은 자식, 제일 아픈 손가락.
지수	(놀라는)...?!!
장회장	세상이 참 좁네. (눈빛 빛내며) 윤지수씨... 아버지한테 내 얘기 들은 적 없나?
지수	(쿵)...!!!

장회장, 일이 재미있게 돌아간다는 듯 비소를 짓고
그런 장회장을 기가 막힌 얼굴로 보는 지수,
평화로운 시간을 보내고 있는 형구와 재현.
장회장과 지수, 형구와 재현. 두 상반된 풍경, 교차되면서.

— 9부 엔딩 —

10부

꽃처럼 예쁘던 순간들로
나는 견딜 수 있을 것 같아요

S#1   일식집 (낮)

장회장   그 일 있기 전까진 꽤 막역한 사이였는데... 아버님이 정치하
고 싶어 한 건 아나?

지수   ...!!

장회장   정치에는 돈이 들고 회사 하는 덴 검찰 인맥이 필요하니까. 같
이 약주도 자주 하고 골프도 치고 그랬지.

지수   (꼿꼿이 보는)

장회장   서울대 간 딸내미 자랑을 늘 하셨는데... 그 딸이 지수씨인가?

지수   추억팔이 하자고 절 보자고 하신 건 아닐 텐데요.

장회장   (피식) 실실 웃어가면서 얘길 하니까 오해할지 모르겠는데.
(날카롭게) 내가 웃는 낯만 있는 사람은 아닙니다.

지수   ...!!!

장회장   사고만 아니었어도 정치 잘~ 하시다가 의원도 하고, 총리도
하실 분이었는데... 그런 고명하신 분의 따님이 (싸하게) 왜 우
리 사위를 만나시나?

지수   (쿵)...!!

장회장	(비아냥거리듯) 혹시 돈 필요해요?
지수	(머리가 하얘진다)...!!!
장회장	필요하면 말해요. 아버지하고 인연을 생각하면 얼마 정도는 그냥 줄 수도 있으니까.
지수	(모욕감에 떨리는데)
장회장	내 우리 사위한테도 누누이 말했는데 나는 새끼 일이라면 이 놈의 성질머리가 콘트롤이 안 됩니다.
지수	(보면)
장회장	경고라면 경고니까 현명하게 처신하는 게 좋을 거요.

지수, 장회장의 일방적인 공격에 할 말을 잃는다.
앙다물며 보기만 하다가 떨리는 손을 꽉 쥔다.

S#2   요양원 마당 (낮)

재현, 형구의 휠체어를 밀고 있다.
햇살이 따뜻하게 내려쬐고
형구, 흐뭇한 미소 짓다가 스르륵 잠이 든다.

S#3   거리 (낮)

지수, 불안하고 심란한 얼굴로 걷다가
문득 생각이 난 듯 빠른 걸음으로 간다.

S#4   재현의 집 식당 (낮)

서경, 재현모와 같이 식탁에 마주 보고 앉아 있다.
어색하게 밥만 먹는데

재현모   토요일이니까 준서 애비도 같이 있으면 좋을 텐데.

서경   토요일에도 회사 가요. 일밖에 모르잖아요.

재현모   (민망한)

서경   (아차 싶은) 아, 뭐 나쁜 뜻은 아니구요. 어머니 오신다는 말 안
        했어요. 일부러.

재현모   (왜냐는 듯 보면)

서경   그냥.. 어머니랑만 얘기하고 싶어서요.

재현모   (불안한) 무슨 일이 있는 거니?

서경   (망설이다가) 재현씨는 어머니라면 깜빡 죽으니까. 어머니를..
        많이 좋아하니까.

재현모   ...?

서경   어머니가 저 좋다고 하시면 재현씨도 저 못 놓을 것 같아서요.

재현모   (쿵!) 너희 무슨 일이 있구나.

서경   (앙다물며) 재현씨 좀 말려주세요, 어머니.

S#5   요양원 병실 (낮)

형구, 자고 있는데 지수가 들어온다.
형구를 보며 다가가는데, 옆의 수납장이 열려 있다.

수납장으로 가서 정리하던 지수, 물건들 사이에서

신문에서 찢은 듯한 재현의 사진을 발견한다.

지수, 의아한 얼굴로 사진과 형구를 번갈아 보다가 떠올리는.

F/B) 9부. #50. 재현을 보고 해맑게 인사하던 형구.

지수, 이해할 수 없다는 얼굴로 보는데

이때 간병인이 들어온다.

간병인	오셨네~~
지수	안녕하셨어요~
간병인	네~ 지수씨도 별 일 없고?
지수	네. 그런데 이모님.
간병인	응?
지수	혹시, 앞으로 누가 찾아와도 아빠 만나게 하지 말아주세요.
간병인	그래요? 그럼 아까 그 분도?
지수	그 분이요?
간병인	피아노 기증하신 분.
지수	(놀라는) 왔었어요? 언제요?
간병인	방금 가셨는데.
지수	아.. 그래요?
간병인	막 피아노도 쳐주구 점수 딸라고 엄청 애쓰던데... 애인?
지수	아, 아니에요.
간병인	그럼 뭔데?
지수	뭐 그냥... (뭐라고 해야 할지 모르겠다) 그냥.. (씩 웃는)
간병인	(뭔지 알겠다 싶은지 같이 씨익 웃는)

S#6   재현의 집 식당 (낮)

재현, 들어오는데 재현모 혼자 식탁에 앉아 있다.

재현   (의아한) 언제 오셨어요? 여긴 왜 혼자 계시고..

재현모   (수심이 가득한)

재현   (앉으며) 무슨 일, 있으세요?

재현모   너야말로 대체 무슨 일이야...

재현   ...?

재현모   준서 애미가 너를 좀 잡아 달라고 하던데.

재현   ...!!

재현모   그앨 만났다더니 기어이 무슨 일이 생긴 거니?

재현   (말 못하는)

재현모   (한숨) 니가 어떻게 살아왔는지 모르는 게 아니라서 내 자식만
         생각하면 헤어지라고 하는 게 맞는데. 니 자식 생각하니까 그
         말이 차마 안 나와...

재현   (착잡한)

S#7   요양원 병실 (낮)

형구, 침대에 앉아 장난감을 만지고 있다.
그 앞에 앉은 지수, 물끄러미 형구를 보다가

지수   (핸드폰으로 장회장 사진 보여주며) 혹시 이 사람, 알아?

형구	(껌뻑껌뻑 보다가 고개 저으며) 몰라요.
지수	(형구가 찢어 놓은 재현의 사진 보여주며) 그럼 이 사람은?

하면, 형구.. 뚫어지게 재현의 사진을 보다가
갑자기 허엉~ 울음을 터뜨리는데

지수	(놀라서) 왜 그래?? 아니.. 왜 울어??
형구	(엉엉)
지수	(당황한) 울지마.. 미안. 미안해... 응? 그만 울어, 아빠~~
형구	(울음이 그치지 않는)
지수	(당혹스럽고 의아한)

S#8   재현의 집 현관 / 거실 (밤)

서경, 문을 열고 들어오는데
재현, 그 앞으로 온다.

서경	(제법 취한) 웬일이야? 자기가 마중을 다 나오고. (씨익)
재현	(굳는) 술을 마신 건가? 어머니를 오시라고 해놓고?
서경	내가 할 얘긴 다 했으니까.
재현	...!!
서경	(소파에 가서 털썩 앉으며) 근데 자기 반응 보니까 어머니 찬스도 별 효과가 없었나보네.
재현	우리 문제야. 어머니가 할 수 있는 건 없어.

서경	그런 게 어딨어! 뭐든 다 할 거야. 누구든 붙잡을 거고. (생각 없이 툭) 아버님 돌아가신 게 영 아쉽네. 내편이셨을 텐데.
재현	(더 마음이 굳어지는) 이제... 당신만 결정하면 돼.
서경	(굳으며) 난 결정 못 해.
재현	(착잡하게 보는)
서경	어떻게 그렇게 쉽게 해? 그런 결정을?
재현	(여러 가지 의미가 담긴) 어떤 결정도 쉬웠던 적 없어. 그때마다 늘 전부를 걸어야 했으니까.
서경	(짜증이 나는)...!!

S#9   지수의 집 외경 (아침)
S#10   지수의 집 거실 (아침)

핸드폰으로 일자리 알아보고 있는 지수.

지수   (계속 보면서) 나이 성별 학력 안 본다더니..

손을 내리고 고개를 드는데 재현이 배달시킨 짐들이 보인다.
심란하게 보다가 뭔가 생각난 듯 팔을 걷어 부치며 일어선다.

S#11   별이 집 앞 (낮)

상자 몇 개가 휴대용 카트에 쌓여 있다.
그 옆에 서 있는 지수, 뿌듯한 얼굴인데

이때 별이가 집에서 나온다.

지수   (손 흔들며) 별아, 잘 있었어?

별이   (꾸벅) 안녕하세요.

지수   (카트를 손에 쥐어주며) 이거 집에 가져다 놔.

별이   이게 뭔데요?

지수   그냥 이것저것 필요한 것들.

별이   이걸 왜 주세요?

지수   어 그게... (생각하는) 그니까 어떤 사람이 있는데. 그 사람은
          남들보다 아주 많이 가졌거든?

별이   (똘망똘망 보는)

지수   자기가 쓰고도 한참 남으니까 조금 덜 가진 사람들한테 나눠
          주기로 한 거야. 그래서 선생님한테 준건데 선생님은 별이한
          테 주고 싶어.

별이   나누는데 많아지네요?

지수   (두 손으로 별이 양 볼을 감싸며) 이름이 별이라서 그런가 (미소)
          어쩜 이렇게 반짝반짝해.

별이   (마주 보고 웃는)

지수   이거 갖다 놓고 나와. 선생님이랑 갈 데가 있어.

별이   어디요?

그 위로 피아노 연주 소리 물리고.

S#12   요양원 외경 (낮)

S#13   요양원 소강당 (낮)

지수가 피아노를 치고 있다. 「Comme au premier jour」.

별이는 서서 듣고 있는데.

Cut to.

이제는 별이가 「Comme au premier jour」를 치고 있다.

지수, 옆에 서서 보며 흐뭇한 미소.

그러다 옛 생각이 나는지 눈빛이 깊어지는데

F/B) 20대 지수와 재현의 예쁜 모습들이 스쳐 지나간다. (1~9부)

연주가 이어지면서 할머니, 할아버지들이 모여들기 시작한다.

출입문 쪽에 간병인이 미는 휠체어에 탄 형구가 나타나는데

형구의 표정이 밝았다가 이내 어두워진다.

연주가 끝나면 사람들, 환호와 함께 박수를 치고

지수와 별이, 놀라면서도 기분 좋은 얼굴이다.

지수의 눈짓에 별이가 일어나서 꾸벅 인사를 하면

더 큰 박수소리가 나오는데 형구는 휙 휠체어를 돌린다.

S#14   국제중 외경 (낮)

S#15   교장실 (낮)

영민, 교장 앞에 서 있다.

또 뭔가 혼나는 일인가 불안한 얼굴인데

교장	영민이, 요샌 별 일 없지?
영민	네...
교장	근데 성적은 왜 떨어졌어?
영민	(고개 떨구며) 죄송합니다.
교장	죄송한 줄 알면 더 열심히 해.
영민	네...
교장	그런데 영민이 너 외국 가서 공부해보고 싶은 생각 있어?
영민	(놀라는) 외국이요??
교장	이런저런 좋은 일 차암 많이 하는 회사가, 성적 좋은 학생들 골라서 외국에 보내주는 게 있는데 이번에 니가 뽑혔어.
영민	(의아한) 성적이 떨어졌는데요?
교장	(살짝 짜증) 아, 니 성적이랑 전혀 상관이.. (아니지) 옛날엔 잘 했잖아~
영민	돈 많이 드는 거 아닌가요?
교장	(다시 짜증) 아, 너는 간다고만 하면 된... (아니지) 돈 안 든다. 그 회사에서 학비, 생활비, 모두 대주니까.
영민	(밝아지는)...!!

S#16   거리 (낮)

지수, 걷는데 전화벨 울리고 영민이다.

지수	응~ 영민아~
영민(F)	엄마! 나 외국 유학 장학생으로 선발됐대!

지수   유학..???

S#17   다른 거리 (낮)

지수, 담임 선생님과 통화 중이다.

담임(F)   형성에서 주는 장학금이에요.

지수   (쿵)...!!

담임(F)   형성장학생 같은 게 있어요. 나중에 거기 입사할 때도 유리하고.

지수   그런 건 주로 대학생들한테 주는 거 아닌가요?

담임(F)   그렇긴 하죠. 저도 그래서 영민이가 됐다고 해서 놀랐어요. 근
          데 그만큼 영민이가 뛰어나다는 거 아니겠어요?

지수   아, 네..

담임(F)   이번 주말에 내려오시면 더 자세하게 말씀드릴게요.

지수   (복잡한 마음) 네..

S#18   국제중 외경 (낮)

S#19   기숙사 앞 (낮)

아이들을 데리러 온 학부모들 보이고
그 사이에 지수도 있는데..
이때 운동장으로 들어와 서는 세단이 보이고
내리는 사람, 재현이다.

학부모들, 일제히 재현을 보며 웅성거리고

지수도 재현을 보는데 재현과 눈이 마주친다.

순간 지수, 시선을 돌리는데 얼굴이 붉어지는.

재현도 괜히 들킬까 시선을 내리는데

이때 그런 두 사람을 보는 사람, 성준맘이다.

매의 눈으로 두 사람을 번갈아 본다.

S#20   학교 일각 (낮)

벤치에 앉아 있는 지수와 영민.

지수   있잖아, 영민아.

영민   (보면)

지수   엄마는 좀 찜찜해.

영민   뭐가?

지수   형성 장학생.

영민   왜..?

지수   세상에 공짜 밥은 잘 없거든. 엄마 밥 빼고. (씨익)

영민   ....

지수   근데 집 밖에 나가서 밥을 먹었으면 밥값을 내는 게 당연하잖
       아. 그래서 마음이든 물건이든 너무 큰 걸 받으면, 다음에 나는
       어떤 보답을 해야 하나 그런 고민을 자꾸 하게 된단 말이지. 엄
       마는 니가 밥값 고민에 밥 먹다 체할까봐 걱정이 되는 거야.

영민   (생각이 많아지는)

지수	(안쓰럽고 미안한) 아쉽지?
영민	(끄덕이는)…쫌. 근데 어차피 안 될 거 같았어.
지수	왜?
영민	엄마랑 같이 못 가잖아.
지수	(먹먹한) 왜 엄마랑 가… 그런데는 혼자 가는 거지.
영민	(애써 씨익) 난 엄마 껌딱지니까.
지수	(그 말이 더 안쓰럽다)

S#21   학교 다른 일각 (낮)

재현, 준서… 나란히 걷고 있다.

준서	왜 집에 안 가?
재현	아들이랑 데이트 하려고.

자기도 모르게 튀어 나온 말에, 떠오르는
F/B) 6부 #8.

재현부	(환하게) 왔냐?
재현	왜 나와 계세요?
재현부	아들이랑 데이트 할라구.

재현, 아버지 생각에 먹먹한데

준서	아, 뭐래. 남자끼리.

재현	(피식) 바로 차 타면 답답하잖아. 할 수 있는 것도 없고. 또 옆
	자리에서 게임이나 할 거고.
준서	그럼 뭐해?
재현	(운동장 보다가) 농구... 할까?

S#22   운동장 (낮)

농구하는 재현과 준서.
준서, 신나서 뛰어다니고...
재현, 그런 준서 보면서 미소 지으면서도
문득문득 마음이 무겁다. 그 위로 떠오르는
F/B) #6.

재현모	내 자식만 생각하면 헤어지라고 하는 게 맞는데. 니 자식 생각
	하니까 그 말이 차마 안 나와...

이때 재현 앞으로 공이 굴러 오고.
공을 던지는데 마음이 흐트러져서인지 골대를 맞고 튕겨 나온다.

S#23   운동장 위 길 / 운동장 (낮)

지수와 영민, 걸어가는데

| 영민 | 어, 저기.. |

지수	(영민의 시선 따라 가는데 재현이다)...!!
영민	(삐죽) 농구하네.
지수	그러네. (하며 두 사람을 가만히 보는데)
영민	(삐죽) 되게 못하네.
지수	그러네...
영민	(부러운 눈빛)
지수	(그런 영민을 보다가) 우리도 할까? 엄마, 농구도 잘해~ 운동을 꼭 아빠랑 해야 된다는 선입견을 버려.
영민	(피식) 내가 못 해서 그래. 키도 작고 해본 적도 없구.
지수	(영민의 팔짱을 끼며) 근데 있잖아, 영민아. 니가 분명 큰 키는 아닌데 난 니 옆에 있으면 엄청 든든한 거 있지. 이렇게 팔짱 끼면, 막 180도 넘는 거 같아~ 서장훈도 안 부러워~
영민	(피식) 엄만 고슴도치잖아.
지수	고슴도친데 어떻게 팔짱을 끼냐?

하며 다정하게 투닥거리며 가는데
운동장에 있던 재현, 그런 두 사람을 발견한다.
애틋하게 보다가 이내 착잡해진다.

준서(E)	아빠, 이제 가자!
재현	(돌아보고 끄덕이는)

준서, 벗어놓은 옷도 안 걸치고 먼저 뛰어간다.
재현, 못 말린다는 듯 준서와 자신의 겉옷을 챙긴다.
준서의 패딩을 챙기는데 떠오르는.

F/B) 6부 #9.

재현부   나는 많이 춥더라.

재현   (보면)

재현부   파업한다고 길거리 나가 있으면 껴입는다고 입는데도 많이 춥
          더라고.

6부 #10.

재현부가 두고 간 점퍼를 보고 울컥하는 재현.

재현, 그리움을 털어내듯 준서 옷의 먼지를 털어낸다.

S#24   지수의 집 테라스 (밤)

커피 마시면서 생각에 잠긴 지수.

F/B) #1.

장회장   경고라면 경고니까 현명하게 처신하는 게 좋을 거요. (씩 웃는)

#17.

담임(F)   형성장학생 같은 게 있어요. 나중에 거기 들어갈 때도 유리하고.

후— 한숨이 나오는데

집 앞 전봇대 뒤에 누군가가 숨어 있는 게 보인다.

놀라는 지수, 얼른 안으로 들어간다.

S#25   지수의 집 거실 (밤)

CCTV 모니터를 보는 지수.
현관문 앞에는 아무도 보이지 않지만 왠지 오싹하다.
걸쇠를 걸며

지수   최고의 도어락... 도둑들 전지현, 김수현, 떼로 와도 못 여니까
           쫄지 말고..

하는데도 손이 떨린다. 다른 손으로 꽉 잡는다.

S#26   골목 (낮)

지수, 가는데 뒤에서 인기척이 느껴진다.
우뚝 멈추고 휙 돌아보면 아무도 없다.
찝찝한 지수, 가다가 휙 돌아보는데 모퉁이 뒤로 숨는 그림자.
안 되겠다는 듯 모퉁이 쪽으로 뛴다!
있는 힘껏 달려 모퉁이를 도는데 아무도 없다!
헉헉.. 숨을 고르며 둘러보지만 개미 한 마리도 보이지 않는다.

S#27   카페 안 (낮)

혜정, 놀라는 얼굴.

혜정	뭐, 미행?? (하며 둘러보는)
지수	응. 쫓아가봤는데 엄청 빠르더라.
혜정	진짜 별 걸 다 한다. 짚이는 데는 있어?
지수	(잠시 있다가 끄덕이는)
혜정	누군데?
지수	(망설이다가) 선배.. 장인.
혜정	장산 회장?
지수	(끄덕)
혜정	(일어서며 악수하는) 미안하다. 우리, 여기까진 거 같다.
지수	(피식)
혜정	(다시 앉으며) 경찰에 신고해.
지수	잡아야 신고하지.
혜정	아님 변호사 구해서 장회장을 고소하든가.
지수	(어이없다는 듯 웃는) 학원도 짤린 판에 변호사는 무슨..
혜정	(걱정되는) 겁 안 나니?
지수	겁먹으라고 저러는 건데 진짜 겁 먹어주면 저쪽에서 너무 신나잖아. 그래서 겁 안 먹을 거야. (씨익)

이때, 혜정에게 톡이 온다.
혜정, 톡을 보고는 피식 웃으며

혜정	개똥도 약에 쓸라면 없다는데.. 이 양반은 개똥보단 낫네.
지수	무슨 소리야?
혜정	(일어서며) 가자.
지수	어딜?

혜정	개똥 보러.
지수	…?

S#28   영우의 바 (밤)

지수와 혜정, 들어오는데
바에 앉아 있는 남자의 뒷모습이 보인다.
지수, 의아하게 보는데

혜정	선배~!!

아닌 천천히 돌아보는 사람, 동신이나.

동진	(엄지와 검지만 천천히 들며) 진이라고 해.

지수, 어이없다는 듯 웃고 혜정과 영우도 웃는다.
Cut to.
바에 나란히 앉은 지수, 혜정, 동진.
그리고 맞은편 바 안에 있는 영우.

영우	진짜 오랜만이다. 이렇게 모인 거.
혜정	딱 그날 그 멤버네.
동진	(혜정 보며) 이젠 나한테 안 덤비나?
혜정	뭔 재미가 있겠어요? 이빨 다 빠졌는데.

동진   (얼굴 바짝 대며 이~ 하는) 봐, 봐봐~ 어디가 빠져?? 이 나이에
        이런 건치가 없다고 5년 연속 건치 시민으로 선정해주겠다는
        걸 겨우 말렸고만!

혜정   (웃으며) 그래도 너무 힘차게 갈비 뜯고 그러지 마요. 그러다
        혹 빠진다니까.

동진, 후— 열 받는 얼굴인데. 그 위로

20대 동진(E) 어디 다시 리바이벌 해봐~!!

카메라, 소리 나는 쪽으로 팬 하면
테이블에 20대 동진, 영우, 혜정, 화진, 지수가 둘러 앉아 있다.
9부 #16 이후 상황인데
테이블에 맥주 피처와 잔들이 보이고 다들 꽤 마신 상태다.

혜정   (취한) 무식하긴. 리바이벌이 다신데, 다시 리바이벌이 뭐예
        요? 역전 앞 같은 소리 하구 있어...

동진   (혀가 꼬인) 너 쫌 전에 나한테 쓰레기라고 했잖아~~!!

혜정   (역시 꼬인) 아이씨 내가 언제 쓰레기라 그랬어요오~~?

동진   그럼 뭐라 그랬는데에에~~?!!

혜정   개쓰레기.

하면 일동 킥킥대며 웃는다.

동진   맨날 실실 쪼개니까 내가 핫바지로 보이나본데, 나두 심장 이

쒸어~~~!!

화진   어딨는데?

동진   (가슴 탕탕 치며) 여기!! 막 뜨겁진 않은데!! 따숩긴 열라 따숩
다고.

화진   그런 게 더 싫어. 회색분자 같은 놈.

동진   야이씨~ 내가 재현이 그 새끼를 얼마나 써포트 했는지 니가
알아??

화진   뭘 써포트 했는데?

동진   대리출석!! 이동진~ 네! 한재현~ (얇은 소리로) 네~~

일동   (웃는)

동진   그 새끼느은~~ 수강신청도 내가 다 해줬는데 수업을 안 들어
와요~~~

영우   형이 들어가기 어려운 수업만 신청했잖아요~

동진   내가 뭘 신청했는데?

영우   포크댄스, 결혼과 성, 성의 이해, 동물의 성과 과학...

일동   (큭큭 웃는)

동진   주옥같네. 진짜 꼭 필요한 과목들 아니냐??

하면 다들 킥킥 거리는데 지수만 심각하게 앉아 있다.

영우   (지수 보며 마음이 안 좋은) 지수야..

지수   (눈물 뚝뚝)

일동   ...?!!

영우   (재현 때문인 걸 알아서 속상한) 뭘 또 울어. 무슨 깜빵도 아니
고 그냥 군대잖아. 그리구 옆에 나, 아니 우리도 있는데 계속

울면 우린 뭐가 되냐.

지수 자꾸 선배 얘기 하니까 자꾸 선배가 생각나서.. 다 있는데 선배만 없으니까 너무 불쌍하구 너무 보고 싶어서...

하더니 엉엉 테이블에 엎드려서 운다.
다들 벙찐 얼굴인데
다시 카메라, 팬 해서 성인들을 비추면
다들 깊은 눈빛에 입가에는 잔잔한 미소가 번져 있다.
영우의 눈빛은 조금 쓸쓸한데

동진 한재현.. 이놈은 꼭 재미난 자리에 없더라.
혜정 재현 선배 없어서 재밌었던 건 아닐까요? (웃는)
동진 (웃는) 그랬을 수 있지. 그래도 좀 불쌍한데 부를까?

순간, 어색한 침묵 흐르고
지수와 영우는 당황한 기색이다.

혜정 (지수 힐끗 보고는) 사는 세계부터가 다른데, 와도 어색하지.
동진 미안한데 나도 그 세계 사람이거든?
혜정 괜찮아요. 선배는 그렇게 안 보이니까.
동진 애가 또 스팀 올라오게 하네. 나, 완전 그쪽 사람이거든?
혜정 아유~ 그렇게는 절대 안 보인다니까요.
동진 그럼 눈을 크게 떠어~~!! 다초점렌즈를 끼든가~~
영우 (웃는) 진짜 두 사람 안 변한다.
지수 (피식) 톰과 제리... 어디 가겠니.

하며 혜정과 동진을 보며 웃는 지수.

영우, 그런 지수를 보는데 마음이 저릿하다.

다들 웃고 떠들지만 웃을 수만은 없는 영우, 살짝 고개를 떨군다.

S#29   재현의 사무실 (다음날 낮)

서류더미가 수북이 쌓인 재현의 책상이 보인다.

강비서, 급하게 뛰어 들어온다.

강비서   (다급하게) 부사장님? (두리번) 안 계시나?

재현   (서류더미 뒤에서 불쑥) 왜?

강비서   (화들짝) 거기서 뭐 하십니까?

재현   (일어서며) 요즘 애들 말로 열일 하는 중.

강비서   (서류를 건네며 짧은 한숨) 검찰에서 또 소환장이 왔습니다. 저
            밑에서 시위하시는 분 건으로 이세훈 변호사가 고소한..

재현   응.. (담담히 소환장을 개봉해서 읽는다)

강비서   이런 식이면 저희는 변호사 사무실 차려도 될 것 같습니다. 온
            갖 종류의 소환장들이 다 날아오네요.

재현   (소환장 읽으며) 읽는 재미는 있어. 다 달라서. 보여줄까?

강비서   (고개 저으며) 저는 괜찮은 거 같습니다.

재현   (웃는)

강비서   (서류더미 가리키며) 근데 이것들은 다 뭡니까?

재현   (농담하듯 슬렁슬렁) 지나온 날을... 정리하는 중이야.

이때, 재현 핸드폰에 톡 오는 소리 들리고 보면, 동진이다.
영우의 바에서 함께 찍은 단체사진을 보냈다.

동진(E)   약 오르지?

재현, 피식 웃고는 한참동안 사진을 본다.
환하게 웃는 모습들을 보다가 미소가 번진다.

S#30   형성그룹 본사 안내데스크 (낮)

안내 데스크 앞에 서 있는 지수.

지수   회장님한테 이름만 전달해주세요. 그럼, 만나주실 거 같은데...
여직원   (지친) 그렇게 말씀하시는 분이 하루에도 수십 명입니다.
지수   (그 말에 아차 싶은) 아, 그러게요. 그러시겠네요.
여직원   (보면)
지수   제가 생각이 짧았어요. 이런 것도 다.. 감정 노동인데...
여직원   (뭐하는 건가 싶은데)
지수   (꾸벅 인사하며) 죄송합니다.

하고는 지수 천천히 돌아선다.
이때, 들어오던 황학수, 지수를 보더니 전화기를 든다.
지수, 황학수를 지나쳐 가는데

여직원(E)	저기요~ 잠깐만요!!
지수	(돌아보면)
여직원	윤지수씨 맞으세요?
지수	네.
여직원	회장님께서 올라오라고 하시네요.

S#31   장회장의 사무실 (낮)

다시 장회장과 마주 앉은 지수.

지수	(강단 있게) 가진 게 많으신 건 잘 알고 있습니다.
장회장	(피식) 온 국민이 알고 있지요.
지수	(지지 않고) 어떻게 갖게 되신 건지도 잘 알기 때문에 회장님이 주는 건 절대로 받지 않을 거란 얘깁니다.
장회장	(슬며시 웃으며) 아이 생각을 끔찍이 한다고 들었는데 그것도 아닌가보네?
지수	(흔들리지 않고) 아이를 생각하기 때문입니다.
장회장	(코웃음)
지수	미행도 그만 두십시오. 불법 미행, 민간인 사찰로 고발할 생각입니다.
장회장	(빤히 보다가 우습다는 듯) 아버지도 누워 계시고 어머니랑 동생 일도 딱해서...
지수	...!!!
장회장	내가 가진 것 내가 가진 힘... 손톱의 때만큼도 안 보여 준 겁니다.

지수 (앙다물며) 죄송하지만 보고 싶은 생각도 없습니다. 당근이고 채
찍이고 아무 것도 하지 말아 주세요. 다 불법이고 협박이니까.

하고는 자리에서 일어서는 지수.
고개 숙여 인사하고는 돌아서 나간다.
장회장, 피식 웃는데 기분이 언짢다.

S#32   형성 본사 앞 (저녁)

지수, 본사에서 나오는데
권노인, 이제 떠나려는지 피켓과 짐을 챙기고 있다.
지수, 마음 아픈 얼굴로 다가가는데
권노인, 주섬주섬 챙겨서는 가버린다.
터벅터벅 가서 노인이 있던 자리에 서는 지수.
씁쓸한 얼굴로 계속 서 있는다.
Cut to.
어둑해지도록 서 있던 지수, 재현에게 전화하는.

지수 선배... 아무래도 들어야겠어요. 긴 얘기라고 했던 거.

S#33   장회장 집 서재 (밤)

장회장, 편한 옷차림으로 소파에 앉아 와인 잔을 돌리고 있다.

황학수, 조심스런 기색으로 옆에 서 있다.

장회장	안 그래도 부를까 했는데 어찌 알고 왔어? 앉아.
황학수	(못 들은 척 계속 서 있다)
장회장	(말 이어서) 낮에 윤형구 여식이 다시 왔잖아. 근데 아주 맹랑하대. 지 애비랑 다르게 독기라고 해야 되나 결기라고 해야 되나 그런 게 있어. 주제를 모르는 이 하룻강아지를 어떻게 할까... 오만 생각이 들대. (옆을 보고) 왜 그러고 있어? 앉으라니까.
황학수	(조심스러운) 회장님.
장회장	(보면)
황학수	윤형구 쪽을 조사하다가 급히 말씀드릴 일이 있어서 찾아뵌 겁니다.
장회장	(계속 와인잔을 돌리며) 뭔데?

재현(E)	우리 아버지에서부터... 시작되는 얘기야.

S#34   포장마차 (밤)

재현과 지수, 소주에 우동 한 그릇 씩 놓고 앉아 있다.

재현	군대에 있을 때 연락을 받았어. 아버지가 스스로 목숨을 끊으셨다고.
지수	(놀라서 입을 가리는)...!!
재현	가족 같은 동료들을 배신하고 등 뒤에서 노조 파괴에 앞장선

사측의 앞잡이, 프락치라는 오명에 괴로워하시다가.

지수   (눈시울 붉어진다)...!!

S#35   장회장 집 서재 (밤)

장회장과 황학수의 대화 이어진다.

황학수   노조 대표들 중에서 입만 열면 파업 파업하는 인간들하고 다르
          게 회사 얘기도 들어보려는 인물이 있었습니다. 그게 그 친구
          였고 저희가 작업할 대상으로는 안성맞춤이었습니다.

장회장   (계속 와인잔을 돌린다)

황학수   지금처럼 파업만 계속하면 같이 망한다. 기존 노조로는 어려
          우니 새 노조를 만들어라. 고용보장, 임금인상 다 해줄 테니까
          사람들만 모아라. 이게 회사의 진심이다, 라는 말로 그 친구를
          포섭할 수 있었지요.

장회장   (지루한 듯)

황학수   그 친구가 인덕이 있어서 일이 잘 풀렸고 기존 노조는 해체됐
          습니다. 그 직후에 저희는 새 노조와 구조조정을 합의했는데..

장회장   (OL) 그래서 뭐 어쨌다는 거야?

황학수   그 친구가 회사를 부당노동행위로 검찰에 고소했습니다.

장회장   (퉁명스레) 그거, 막았잖아?

황학수   네. 검찰에서 작업을 해서 노조해산과 정리해고의 책임을 모
          두 그 친구에게 돌렸었죠. 그 덕에 해체된 노조집행부는 물론
          이고 해고된 직원들까지 전부 그 친구를 고소하는 상황으로

간 겁니다.

장회장   (흠)...

황학수   그러다보니 회사에 대한 소송은 모두 기각됐고, 그 친구만 오
          히려 불법 노조파괴로 기소됐습니다. 결국 얼마 후에 그 친구
          가 자살을 했는데...

장회장   (보면)

황학수   그 친구가 한재현 부사장의 아버지인 걸.. 이번에 확인했습니다.

장회장   (돌리던 와인잔을 멈춘다)...!!!!

S#36   포장마차 (밤)

눈이 빨개진 재현과 지수.

재현   세상에서 제일 외로운 초상집이었어.

S#37   장례식장 (낮) - 과거

<자막> 1996년

재현부의 영정 사진이 보이고
그 앞에 앉아있는 상주 재현(20대 재현).
눈물도 마른 듯 까칠하고 망연한 얼굴이다.
조화도 하나 없고 문상객도 전혀 없는 썰렁한 장례식장이다.

재현(E)   아무도 오지 않았지. 30년 기름밥 친구라던 충식이 아저씨도, 엄마 몰래 빚보증까지 해준 현석이 아저씨, 아버지 등에 업혀서 용접을 배웠다던 근식이 삼촌도, 한반장님 굽은 손만 보면 눈물 난다던 강욱이 형도. 아버지는... 버려진 것 같았어.

S#38   재현의 방 (낮) — 과거

방바닥에 재현부의 작업복 가방이 놓여 있다.
열린 가방 사이로 서류들이 잔뜩 보인다.
20대 재현 묵묵히 보고 있는데...

재현(E)   왜 그런 선택을 하셨는지 엄마도 나도 아는 것이 전혀 없었어. 아버지 작업복 가방에서 그 많은 고소 고발장을 보기 전까지는.

굳게 입술을 다물고 끝없이 곱씹는 듯한 얼굴이다.

재현(E)   장례식에 오지 않은 사람들이 그 많은 고발장 안에 모여 있었어. 아버지 때문에 노조가 부서졌다, 아버지 말을 믿었다가 해고를 당했다. 아버지가 회사 돈을 받은 게 분명하니까 철저히 수사해달라..

문득문득 뜨거운 게 올라오는지 입을 앙다물고
무릎 위의 양손을 부서질 듯 꽉 움켜쥔다.

재현(E)   아버지가 평생을 두고 걸어온 길에, 그리고 내가 따라 걷던 그 길에.. 환멸이 들었어. 어떻게 살아가야 하는지, 무엇을 위해 살아야 하는지.. 나는 그때 결정했어.

S#39   장회장 집 서재 (밤)

이어지는

장회장   (소파 팔걸이를 치며 격하게) 그걸! 그걸!! 어떻게 지금 알 수가 있어?!!!

황학수   (바닥에 엎드리며) 그 친구 사고에 회사 이름이 계속 나올까봐 직권으로 퇴사처리하고, 근무기록까지 모두 삭제하는 바람에... 한재현 부사장 신원 조회할 때는 정보가 나오질 않았습니다. (고개를 더욱 낮추며) 죄송합니다, 회장님. 죄송합니다...

장회장   (이 악물며) 그러면 그 놈은 언제부터 알고 있었다는 거야? 처음부터 다 알고 서경이한테 접근한 거야?

황학수   그건 아니었던 것 같습니다. 전산실 보고로는 한부사장이 노조관련 기밀자료에 처음 접근한 건 5년 전이었습니다.

장회장   (눈에 독기가 차오른다) !!

S#40   포장마차 (밤)

재현, 회한에 어린 눈빛으로

재현	그런데 5년 전에, 권혁수라는 노조원이 자살했어.
지수	그 어르신 아들이요?
재현	(끄덕이며) 그 사람의 죽음에서 아버지의 모습을 보게 됐지. 신념에서 시작한 일이 어리석은 순진함이 돼서 동료들의 원망과 경멸 속에서 죽음에 이른 것까지... 똑같았거든.
지수	(안타까운)
재현	그때부터 진실을 찾기 시작했고 결국 두 죽음의 배후가 모두 장회장이란 걸 알게 됐어.
지수	(낮은 탄식)....
재현	(자조적인) 충직하고 비루한 사냥개로 살아온 날들을 견딜 수가 없더라. 그게 내가 4년간의 감옥행을 거절하지 않은 이유야.

지수, 가만히 재현의 손을 잡는다.
재현, 그런 지수의 손을 먹먹하게 보는데

지수	(안쓰러운) 많이 아팠겠다, 선배. 긴 시간 동안 혼자서.
재현	(쓰게 웃으며) 안에 있으면서 아버지 생각을 참 많이 했어..

S#41   재현의 방 (낮) － 과거

20대 재현, 옷걸이에 걸려 있는 재현부가 줬던 오리털 파카를 본다.
파카를 휙 꺼내 들고 방을 나가는 재현.

성인 재현(E) 아버지의 죽음으로 내가 품었던 원망과 분노는...

S#42   재현의 집 앞 골목 (낮 - 밤) - 과거

20대 재현, 쓰레기통에 파카를 버리고 가버린다.
그 위로 빠르게 시간의 흐름이 보여진다.
사람들, 파카 위에 쓰레기를 버리기도 하고
취객 하나, 침을 뱉기도 하는데 그 위로 어둠이 내린다.
이때, 다시 쓰레기통 앞으로 뛰어오는 재현.

성인 재현(E) 사실은 아버지에 대한 미안함과 그리움이었는데..

쓰레기통에서 파카를 꺼낸다.
눈이 시뻘개져서 파카를 손으로 닦고 또 닦아내다가
결국 눈물을 쏟는다.

성인 재현(E) 시간이 지날수록 더 많이 미안하고 더 많이 그립더라.

S#43   포장마차 (밤) - 현재

지수의 눈가가 또 빨개져 있다.
재현, 눈물을 참으려는 듯 앙다물고
다시 술잔을 입에 대는데 차마 마시지를 못한다.
그런 재현을 안쓰럽게 보던 지수, 재현의 소주잔을 뺏는다.

지수   (일부러 밝게) 이게 뭐라고. 뭐가 들었다고 못 마셔요? (마시고 박력있게 탁! 놓으며) 맛있기만 하구만!!

재현, 피식 웃는. 조금 편해지는 듯한데

지수 (따뜻하게) 선배.

재현 (보면)

지수 선배 아버지도 선배가 많이 그리울 거예요.

재현 (뭉클한)

지수 (깊은 목소리) 아버지를 닮아서 착하고 따뜻하고.. 좀 밑지긴
    해도 늘 지는 사람 편이었던 당신 아들이.

재현 (아프게 웃는)

지수 그리고 아주 많이 궁금해 하실 거 같아요. (힘주어 천천히) 선
    배가 이제는... 어떻게 살아갈지 무엇을 위해서 살지.

재현, 그 말에 폐부를 찔린 듯 아프다. 천천히 고개를 주억이는데
지수, 잡은 손에 힘을 주며 미소 짓는다.

S#44 장회장 집 서재 (밤)

장회장, 분노를 삭이고 차갑게 생각을 정리한다.

장회장 (단단한 얼굴) 얽히고 설킨 게 참 많구나, 우리가.

비릿한 웃음기가 번졌다 사라지고

다시 천천히 와인잔을 돌리기 시작한다.

S#45   서울중앙지검 외경 (낮)
S#46   서울중앙지검 김준기 검사실 (낮)

책상에 앉은 깔끔한 정장 차림의 김준기 검사(42)가 보이고
그 앞에 앉아 있는 사람, 재현이다.

김준기   바쁘신 분이시니까 몇 가지 확인만 하고 끝내겠습니다. 5년
           전 형성철강 권혁수 씨의 자살은 회사 측의 악의적 노조파괴
           가 원인이었고 그 핵심에 한재현 부사장님이 있다는 것이 고
           소인 측의 주요 주장입니다. 인정하십니까?

재현   (억양 없이) 그렇지 않습니다.

김준기   (그럴 줄 알았다는 듯) 네. 제가 봐도 그렇습니다. 고소인 쪽에서
           제출한 자료들이라는 게 그 당시 전략기획실장이 부사장님이
           었다는 것 말고는 물증 하나 없이 정황과 추측뿐이라..

재현   (OL) 불법적 노조파괴가 있었습니다.

김준기   (놀라서)...네?

재현   먼저 드린 말씀은 제가 관여하지 않았다는 것이지 노조파괴,
           그러니까 형성의 부당노동행위가 없었다는 말이 아닙니다.
           (단호하게) 5년 전 형성철강엔 치밀하고 악의적인 노조파괴가
           있었고 그건 권혁수 씨의 죽음에도 직접적인 원인을 제공했습
           니다.

김준기와 좌우의 수사관들 모두 놀라, 일순 정적이 흐른다.

김준기	(딱딱해진 목소리) 부사장님. 지금 하신 말씀이 무슨 의미이고 어떤 결과가 따르는지 알고 계십니까?
재현	잘 알고 있고 (서류가방을 열며) 충분히 준비했습니다.
김준기	...!!

S#47   형성그룹 본사 앞 / 재현의 차 안 (낮)

재현의 차가 들어오는데
늘 서 있던 자리에 권필호 노인이 없다.
재현 살짝 고개를 돌려 다시 확인하는데

강비서	(백미러로 그런 재현을 보고) 그 영감님 찾으세요? 웬일로 안 보이시네요.

재현, 대답은 안하고 고쳐 앉는데 생각이 많아지는 얼굴이다.

S#48   세훈의 사무실 (낮)

세훈, 권필호 노인과 테이블에 마주 앉아있다.
권필호에게 서류 한 장을 건네는 세훈, 불편한 기색이 역력한데

세훈	서울중앙지검에서 온 고소 고발 사건 처분결과 통지서입니다.
권필호	(가는 눈을 뜨고 통지서를 읽으며) 혐의 없음.. 불기소 처분.. 이게 무슨 말입니까?
세훈	(침통하게) 한재현에게 죄가 있다고 인정할 만한 증거가 부족하거나 법률상 범죄를 구성하지 않아서 처벌할 수 없다는 겁니다.
권필호	(놀라는) 예? 그러면 이제 어떻게 되는 건가요?
세훈	(누르며) 법적으로는 이제 더 이상 어떻게 할 방법이 없습니다. (적의에 찬) 참 비열하고 용의주도한 놈입니다.
권필호	(울음이 터지는) 아이구.. 혁수야.. 우리 혁수 불쌍해서 어떡하나.
세훈	(일어나는데)
권필호	(눈물을 훔치며) 나는 못 삽니다. 이대로는 못 삽니다, 변호사님.. (우는)
세훈	(이 악물며) 저도 이대로는 못 살 것 같습니다.

하며 적의와 분노가 어린 얼굴로 다음을 고민한다.

S#49   포장마차 (밤)

재현과 동진이 앉아 있다. 역시 소주와 우동 두 그릇.

동진	왜 이런 데서 술을 먹자는 거냐? 너 진짜 돈 없냐?
재현	(피식) 며칠 전에 와봤는데 좋아서. 호텔보다 훨씬 술맛 나더라. 값도 싸고.

동진   (어이없는) 그럼 뭐. 닭똥집이나 꼼장어라도 좀 시켜어~! 이게
         뭐야~ 썰렁하게~ 나는 술보다 안주를 조지는 스타일이야!

재현   (웃으며) 뷔페를 차려주마.

Cut to.

안주 엄청 깔려 있고

재현과 동진, 소주를 마시고 있다.

동진   너랑 지수 얘기 다들 알게 됐다.

재현   (끄덕이는)

동진   박수치면서 팡파레 울릴 일은 아니라고 다들 생각하는데, 그
         래도 니들이 안 다쳤으면 하더라.

재현   (고마운)

동진   니들 이렇게 된 거 (한숨) 다 그 세월 탓인가 싶다.

재현   (쓸쓸하게 웃는)

동진   지금처럼 공부를 빡시게 안 해도 됐고. 옛날처럼 데모를 빡시
         게 안 해도 됐고.

재현   음악이고 영화고 책이고 좋은 것들이 넘쳐 났지.

동진   그러니까. 아무리 생각해도 참 좋은 시절이었는데… 그만큼
         또 드럽게 잔인했잖아.

재현   좋은 사람들도 많이 데려가고.

동진   좋은 사람이 나쁜 사람도 많이 됐고.

그 말에 재현, 눈빛 흔들리며 떠오르는

F/B) #43.

지수   선배 아버지도 선배가 많이 그리울 거예요. 아버지를 닮아서
               착하고 따뜻하고, 좀 밑지긴 해도 늘 지는 사람 편이었던 당신
               아들이.

재현, 착잡하고 마음이 무겁다.
마시지도 못하는 술을 또 훌쩍 마신다.

S#50   지수의 집 (밤)

지수, TV 보고 있는데 전화벨 소리.

지수   여보세요.

아줌마1(F)   나, 김미화라고 하는데 혹시 기억하나?

지수   (반가운) 아 네, 언니~ 안녕하세요! 잘 지내세요?

아줌마1(F)   나야 잘 지내지. 자기는?

지수   저두 잘 지내요. 근데 어쩐 일이세요?

아줌마1(F)   선희씨한테 얘기 들었는데 우리도 키보드 좀 쳐줘.

지수   키보드요?

아줌마1(F)   회사 노조 말고 마트노조가 따로 있는데 우리끼리도 문화제
               하거든.

지수   당연히 가야죠. 저두 한 식구였는데... (끄덕이며 듣다가) 네
               네, 그럼 내일 뵐게요.

하며 전화 끊고 일어서는데 CCTV 모니터에 누군가 보인다.

쿵! 놀라는 지수. 가슴에 손을 올리고 심호흡을 한다.

눈빛 떨리며 천천히 다시 보는데

졸고 있는 건지 화면에 얼굴이 보였다 안 보였다 한다.

지수, 집중해서 보는데 앉아서 졸고 있는 사람, 재현이다!

S#51   지수의 집 현관 앞 (낮)

벽에 기대앉아서 졸고 있는 재현.

지수, 기가 막히다는 듯 보다가

지수   (재현을 흔들며) 선배 선배 일어나요~!!

하는데 재현, 천천히 눈을 뜬다.

재현   (씨익) 왔네. (하며 앉으라는 듯 옆 바닥을 툭툭 친다)

지수   (옆에 앉으며) 술을 얼마나 마신 거예요??

재현   (취한) 동진이놈이 자꾸 꼬시잖아.

지수   그럼 집에 가지 왜 여길 와요??

재현   (잠시 있다가) 가는 길이.. 힘들어서.

지수   ...?

재현   (천천히) 늘 혼자서 시위하던 자리에 안 나오신 어르신도 걸리고, 억울하게 죽은 그 아들도 걸리고... 우리 어머니도 걸리고... 그 바보 같은 아들도 걸리고... 서경이도 걸리고... 준서도 걸리고... 지수 너도 걸리고... 영민이도 걸리고...

지수   (짠하게 보는)

재현   (서글픈) 너한테 가기로 했는데... 가는 길에 발에 자꾸 뭐가 걸린다.

지수   내가... 사는 데가 험해서 그래요. 포장도 안 된 울퉁불퉁 자갈 길이라. 나한테 오기 힘들...

하는데 툭, 재현의 머리가 지수에게 떨어진다.
쿵! 놀라는 지수.

지수   (난감하지만) 속눈썹은.. 왜 여전히 예쁘냐고.

하며 한숨 쉬더니 자기의 핸드폰을 꺼낸다.
택시를 부르려다 손을 멈추는 지수.

지수   못 일어날 텐데. (생각하다가) 강비서님, 번호가...

하며 재현의 옷에서 핸드폰을 꺼내 보는데 배터리가 없다.

S#52   거실 (밤)

현관에서부터 재현을 어깨에 걸치고 낑낑대며 끌고 가는 지수.

지수   (헉헉 숨차면서 중얼거리는) 사람 아니고... 그냥 짐짝인 거고.

라면 먹고 갈래요 아니고 불가항력이고. 나는 방문 잠그고 잘
거고.. 아우 무거워.

하며 재현을 소파에 던지 듯 내려놓는다.

그리고는 다리에 힘이 풀려, 털썩 주저앉는다.

Cut to.

소파에 누워 잠든 재현이 보이고

그 앞에 쭈그리고 앉아 가만히 지켜보는 지수.

잔잔하게 미소가 번진다.

Cut to.

소파에 있던 재현, 눈을 뜨는데..

지수가 소파에 기대 앉아 자고 있다.

당혹스러운 재현, 일어나려는데

일어나면 지수를 건드려서 깨울 것 같다.

그냥 그대로 있는 재현, 잠든 지수 모습 보면서 미소 짓는.

Cut to.

소파에 누워 자고 있는 재현 위로 날이 밝는다.

재현, 부스스 눈을 뜨고 둘러보는데 지수가 안 보인다.

테이블 위에 메모만 있는.

지수(E)   다음엔 길에서 얼어 죽든 말든 내버려 둘 겁니다. 술은 안 드
시는 게 좋을 거 같네요!

재현, 피식 웃는.

S#53   지수의 집 몽타주 (낮)

천천히 집을 둘러보는 재현.
#거실. 가구랄 것도 없고 크고 오래된 청소기가 보인다.
밀어보는데 소리만 요란하다.
#방으로 조심스럽게 들어오는 재현. 역시 가구랄 것도 없고
화장대가 있는데 기초 화장품 몇 개와 샘플들이 전부다.
낡고 녹슨 귀걸이 한 짝 말고는 액세서리도 보이지 않는다.

S#54   학교 전경 (낮)
S#55   학교 건물 앞 (낮)

성준맘과 현우맘 함께 가고 있고
그 앞에 성준과 현우가 가고 있다.

성준맘   근데 영민엄마랑 준서아빠는... 진짜 뭐가 있는 거예요?

현우맘   (짜증난다는 듯) 당연히 있지 않겠어?

성준맘   그죠? 그날 보니까 뭔가 있는 거 같긴 하더라구요.

현우맘   그날?

성준맘   아니, 주말에 학교 왔을 때 봤는데 두 사람 눈빛이 심상치 않더라구요.

현우맘   참내.. 학교까지 와서 그러고 있는 거야? 진짜 간도 크다, 커.

성준맘   그냥 넘어가실 거예요?

현우맘   아유~ 근데 난 그 엄마 무서워. (팔뚝 보여주며) 나 여기, 아직도 자국 있잖아.

앞서 가는 성준과 현우, 다 듣고 있다.
서로를 보면서 들었냐는 듯 눈빛 교환.

S#56   학교 일각 (낮)

가방 메고 걷는 현우와 성준.

성준   한준서한테 말해야 되는 거 아니냐?

현우   완전 빡칠 텐데. 니가 말해.

성준   아 왜?

현우   니네 엄마가 말한 거잖아.

성준   우리 엄마가 말한 게 아니라 본 거라잖아.

현우   암튼.

성준   (걱정하는) 이영민 죽을 텐데.

S#57   지수의 집 거실 (낮)

재현, 거실을 왔다갔다 하고 있다.
이때, 벨소리 들리고 모니터 보면
배달원이 박스와 쇼핑백들을 잔뜩 들고 서 있다.

S#58   몽타주 (낮)

#화장대 위에 화장품들을 가득 채워 놓는 재현.

그리고는 파란 주얼리 상자를 놓는다.

상자 열어보면 열쇠 모양의 고급 목걸이다.

잠깐 망설이다가 그래도 주고 싶은지 잘 보이는 곳에 놓는다.

#새 청소기로 거실을 미는 재현, 핸드폰에서 음악이 흘러나오고

빠른 음악이 나오면 음악에 맞춰 춤추듯이 청소한다.

#신발장에 신발을 채워 넣다가 멈칫하는 재현.

몇 개 없는 신발들 가운데

한 켤레 뿐인 검은 구두(굽 낮은 단화)가 보인다.

구두를 꺼내 보는 재현의 얼굴이 어두워지는데...

S#59   작은 맥주집 (밤)

마트 아줌마1, 2, 3과 지수, 둘러 앉아 있다.

아줌마1   (지수 보며) 아깐 인사도 제대로 못했는데... 얼굴 좋다, 영민아.

지수   그래요?

아줌마2   연애하는 거 아녀? 그거 아니면 얼굴이 어떻게 좋아져? 혹시
             보톡스여?

지수   (어색하게 씨익) 아니요.

아줌마3   근데 아까 거기서 키보드 치고 있으니까, 엄청 뽀대나고 이쁘대.

지수   에이, 아니에요. (웃는)

아줌마1   얼굴이 또 받쳐주니까. 손도 저리 여리여리하고. 나두 옛날에
          좀 쳤는데 자꾸 건반 두 개씩 눌려 가지구 관뒀어.

하면 일동 웃는데 갑자기 탁! 불이 꺼진다.
지수, 흠칫 놀라서 돌아보는데 어디선가 들려오는
"생일 축하합니다~~ 생일 축하합니다~~"
노래 소리와 함께 촛불 켠 딸기 케이크를 들고 나오는 사람, 선희다!
케이크를 본 지수의 눈빛이 떨리는데

선희   사랑하는 미화씨~~ 생일 축하합니다~~~

하며 아줌마1 앞에 케이크를 갖다 대면
쑥스럽지만 흐뭇한 얼굴로 그 앞에 서는 아줌마1, 촛불 끄려는데
누군가 '소원 빌어야제~~' 소리친다.
그 말에 아줌마1, 웃으며 눈을 감고 소원을 빈다.
어딘가 불안한 얼굴의 지수, 이내 고개를 떨군다.
아줌마1이 촛불을 끄면 다시 탁! 불이 켜진다.
지수, 고개를 못 드는데 그 위로 박수소리, 함성소리 요란하다.

S#60   지수의 집 현관 (밤)

재현, 현관에 앉아 있다.
신발장 안에 있던 한 짝 뿐인 구두를 현관에 놓아두고
마음 아픈 얼굴로 가만히 보는데.

S#61   작은 맥주집 (밤)

지수, 앞에 놓인 케이크 조각을 망연히 보기만 한다.
얼어붙은 사람처럼 굳은 얼굴로 가만히 보기만 하는데.

S#62   지수의 방 (밤) — 과거

<자막> 1995년. 6월

지수, 거울 앞에서 원피스를 몸에 대보고 있다.
이게 아닌 듯 다시 옷장에서 다른 옷을 꺼내와 대본다.
이것도 아닌 듯 다시 바꿔보고 몇 번을 반복하는데
Cut to.
침대 맡에 고른 옷이 잘 개켜져 있고
핸드백에 새 구두(#60의 그 구두다!)까지 놓여있다.
침대에 누워 있지만 눈을 말똥말똥 뜨고 있는 지수.
미소를 짓다가 괜히 부끄러운 지 이불을 뒤집어쓴다.

S#63   지수 집 식당 (아침) — 과거

식탁 위에 갈비찜, 잡채, 각종 전 등 잔치음식들이 가득이다.
이때 음식들 위를 바쁘게 오가는 젓가락이 보이고
카메라 올라가면, 지수다. 찬합에 음식들을 담고 있는데

지수	다행이다~ 첫 면회가 생일이랑 겹쳐서.
지영(E)	뭐 하냐, 언니?

지수, 놀라서 돌아보면, 동생 지영과 지수모다.

지영	(와서 지수의 찬합을 보며) 와~ 완전 싹쓸이.
지수모	너 어디 가니?
지영	남친한테 가시겠지.
지수	(째려보는)
지수모	생일인데 어딜 가. 같이 밥 먹어야지.
지수	(찬합 뚜껑 닫으며) 지금 먹으면 되잖아.
지수모	아빠 일 있다고 벌써 나가셨어.
지수	그럼 어떡해?
지영	저녁으로 하래, 아빠가. 그래서 케익도 아직 안 샀어.
지수	나.. 저녁에 안 되는데..
지영	그래도 맞춰서 와. 언니 생일인데 우리끼리 먹냐? 안 그래도 얼굴 볼 시간도 없고만.
지수	알았어. 최대한 빨리 올게.
지영	케익은 뭘로 해?
지수	아무거나. (찬합 들며)
지영	오늘 시계 고치러 엄마랑 백화점 갈 건데 거기 딸기 케익 사올까?
지수	(전 하나 집어서 입에 넣고) 맘대로 해.
지수모	빨리 들어와~ 아빠 또 화내신다.
지수	(찬합 들고 나가며 뒤도 안 돌아보고) 네~~

하며 서둘러 나가는데... 등 뒤로 들리는

지수모(E)   기지배, 얼굴도 안 보여주고 가버리는 거 봐~

지영(E)   얼굴 까먹겠다, 언니야~~

나가는 지수, 피식 웃고 만다.

S#64   작은 맥주집 (밤)

케이크가 여전히 그대로 있다.

지수, 회한과 슬픔이 어린 눈으로 보는데

아줌마1   아니, 영민아~ 왜 케익을 안 먹어?

지수   아.. 그게..

아줌마1   맛이 없어?

지수   아니요. 배가 불러서.

아줌마1   안색이 안 좋은데 어디 아픈 거 아냐?

지수   아니에요..

아줌마1   그럼 싸줄까? 그래도 생일 케익인데 노나 먹어야지.

지수   네.. (눈빛 떨리는)

S#65   거리 (밤)

케이크가 든 비닐봉지를 들고 가는 지수.
덤덤한 얼굴로 들고 가다가 쓰레기통에 툭— 떨어뜨린다.

S#66   지수의 집 외경 (밤)
S#67   지수의 집 거실 (밤)

지수, 둘러보는데 새로운 물건들이 가득하다.
지친 얼굴로 현관으로 나와 신발장을 열어보는데
여기에도 새 신발들이 있다.
얕은 한숨을 쉬다가 흠칫! 놀라는 지수.
새로운 신발들 사이에 외롭게 놓인 한 짝 뿐인 구두.
그 구두 안에 뭔가가 보인다.
꺼내서 보는데 재현의 메모다.

재현(E)   허락도 없이 너의 공간을 둘러보다가 새삼 알게 된 게 있어.
          네가 어떤 세월을 살았는지. 네가 왜 나를 떠났는지. 내가 너
          였어도 같은 선택을 했을 거야. 그러니 아무 것도 자책하지 말
          고... 반드시 행복해져라 지수야.

지수, 눈시울이 붉어지는.

S#68   국제중 정문 앞 (아침)

교문 위에 '행복학사, 학부모 초청의 날' 현수막 보이고.

S#69   기차 안 (아침)

지수, 창밖을 보며 가는데 옆에 누군가가 앉는다.
돌아보지 않고 창밖만 계속 보는데

재현(E)   계란 안 먹나?

지수, 놀라서 보면 재현이다.

지수   (눈 동그래져서) 무슨 일이에요?
재현   학교 가는 중.
지수   왜 기차를 탔어요?
재현   거짓말 같겠지만 강비서가 휴가를 갔어.
지수   선배가 운전하면 되지.
재현   이건 더 거짓말 같겠지만 내 차는 정기 검사 갔고.
지수   내가 이거 타는 건 어떻게 알았어요?
재현   새벽부터 와서 기다렸지.
지수   (쿵) 뭐 하러 그래요.
재현   그냥 그러고 싶었어. 집에도 너 혼자 있고, 밥도 너 혼자 먹고
    기차도 늘 혼자 타니까 그런 게 좀 걸려서.

지수　　　　(뭉클해지지만) 내가 왜 혼자예요. 영민이두 있고, 아빠도 있는데...

S#70　　기숙사 방 (낮)

영민, 설레는 얼굴로 책상을 정리하기 시작한다.

S#71　　형구의 병실 (낮)

형구, 앉아서 장난감 만지고 있는데
창밖으로 비가 후두둑 떨어지고 비가 오기 시작한다.
눈빛이 흔들리는 형구, 침대에서 천천히 내려온다.

S#72　　터널 앞 선로 외경 (낮)

터널이 보이는 선로 위로, 기차 소리 점점 커지고
멀리서 들어오는 기차, 이내 터널 안으로 훅 빨려들어 간다.

S#73　　기차 안 (낮)

덜컹, 끽— 소리와 함께 갑자기 정전이 된다.
하필이면 어둑한 터널 안에서 멈췄는데
이때, 안내방송 들린다.

방송(E)　　　승객여러분, 저희 열차는 발전기 이상으로 잠시 정차합니다.
　　　　　　　정비를 마치는 대로 바로 출발하겠습니다. 불편을 끼쳐드려
　　　　　　　대단히 죄송합니다.

하는데 지수의 눈과 손이 조금씩 떨린다.

S#74　　형구의 병실 (낮)

형구, 옷장을 열고 겉옷을 꺼낸다.
불안하고 초조한 얼굴로 환자복 위에 겉옷만 걸쳐 입으며

형구　　　(창밖을 걱정스럽게 보다가) 비 오는데 우리 딸.. 찾으러 가야
　　　　　　　지... 비가 와서 추울 텐데... 우리 딸이 추울 텐데...

하며 뭔가에 홀린 사람처럼 나가는데...

S#75　　기차 안 (낮)

지수, 자리에서 일어난다.

지수　　　잠깐만요...

하고는 재현을 지나 뒤로 간다.

재현, 그런 지수를 걱정스럽게 보는데

불안과 두려움이 가득한 눈빛의 지수, 성큼성큼 통로를 걷는다.

S#76   군 면회실 (늦은 오후) ― 과거

지수가 싸온 도시락이 테이블에 펼쳐져 있다.

재현   (음식들 보다가) 어머니 솜씨가 좋으시구나.

지수   (헐) 내가 한 걸로 안 보여요?

재현   응. 안 보여.

지수   (삐죽) 귀신.

재현   (맛있게 먹는)

지수   (흐뭇하게 보다가) 근데 얼굴 진짜 까매졌다. 많이 힘들죠?

재현   학교 다닐 때 워낙 많이 뛰어다녀서 괜찮아.

지수   (피식 웃는)

재현   근데 진짜, 생일에 여기 와 있어도 돼?

이때, 여기저기서 삐삐 진동음이 들리고 사람들이 웅성웅성한다.

재현과 지수, 의아한 얼굴로 사람들을 보는데

누군가 면회실에 있던 TV를 켰는지 뉴스 소리가 들린다.

재현과 지수, 뉴스 소리가 나는 쪽을 보는데

앵커(E)   (침울하고 무겁게) 또 다시 초유의 사태가 벌어졌습니다. 오늘
오후 서울 시내 유명 백화점 한 동이 붕괴됐습니다. 현재 소방

차와 구급차들이 현장으로 집결하여, 구조 작업이 한창 진행
중인 것으로 알려졌습니다. 사상자가 상당히 발생했을 것으로
보이는데요. 현장에 나가 있는 기자 연결해서 자세한 상황 알
아보도록 하겠습니다.

순간, 쿵!!! 놀라는 지수.
F/B) #63.

지영   오늘 시계 고치러 엄마랑 백화점 갈 건데 거기 딸기 케익 사올까?

지수   (현실감이 없는 듯 멍한 얼굴로) 저기... 우리 집 앞인...
재현   (불길한)...!!

순간, 자리에서 벌떡 일어서는 지수. 손도 다리도 덜덜 떨린다.
나가려다 휘청하는데 그런 지수를 재현이 붙잡는다.

S#77   공중전화 앞 (늦은 오후) – 과거

공중전화 앞에 줄이 길게 늘어서 있다.
박스 안에서 전화하던 지수, 창백한 얼굴로 수화기를 툭 떨군다.
떨어진 수화기가 좌우로 흔들리는데...

S#78   연병장 (늦은 오후) — 과거

지수, 정신 나간 얼굴로 걷고 있다.
얼굴이 하얗게 질려 있는데

재현   (같이 걸으며) 지수야 잠깐 나 좀 봐봐. 아직 확실한 거 아니니
까...

지수   (눈빛 떨리며) 아빠 사무실에서 빨리 오래요.. 나보고 뭐라고
말은 안 하는데 그냥 오라고.. (목이 메는)

재현   그래.. 그래도 별 일 없을 거야. 괜찮을 거야.

지수   (우뚝 멈추고. 재현을 보며) 선배... 나 빨리 가봐야겠어요.. 미
안해요...

하며 빠르게 걷기 시작하는데
뭔가에 걸렸는지 구두 한 짝이 벗겨진다.
돌아보는데 구두(시야)가 뿌옇게 흐려지고.
신어야 한다는 생각도 안 드는 듯
휙 돌아서 조금씩 속도 붙여서 뛰다가
들고 있던 도시락이고 뭐고 다 놓아 버리는 지수,
미친 듯이 달리기 시작한다.
재현, 구두를 주워 들고 쫓아가는데
부대 정문 앞에서 헌병이 재현을 붙잡는다.

재현   (절박한 얼굴로) 죄송합니다.. 잠깐만. 잠깐만 나갔다 오겠습
니다.

헌병	들어가.
재현	제발.. 제발 가게 해주십시오.
헌병	지금 나가면 탈영이다.
재현	(악물며) 그럼... 탈영 하겠습니다.

하고 뿌리치고 달려가려는데 다른 헌병들이 와서 재현을 붙잡는다.

재현	(몸부림치며) 가야 돼!!! 이거 놔!!! 이거 놓으라고!!!!!

S#79   기차 안 (저녁) — 과거

덜덜 떨면서 앉아 있는 지수.
이때, 덜컹! 하면서 기차가 멈춘다.

방송(E)	승객여러분, 저희 열차는 앞차와의 안전거리를 위해 잠시 정차합니다. 불편을 끼쳐드려 대단히 죄송합니다.

불안하게 눈빛 떨리던 지수, 자리에서 일어선다.
덜덜 떨리는 손으로 의자들을 붙잡고 뒤쪽으로 가는데
점점 걷는 속도가 빨라진다.
뛰다가 걷다가 또 휘청거렸다가 하는데도 계속 울면서 간다.

지수	어떡해... 어떡해... 어떡해... 엄마....

눈물이 범벅이 된 채로 넋이 나간 사람처럼 중얼거리면서

몇 개의 열차 칸들을 지나고

결국 마지막 칸까지 온다. 창밖으로 선로가 보이는데...

선로를 보며 열어달라는 듯 창문을 두드리며 우는 지수.

비명 같은 소리를 내며 울다가 주저앉는다.

주저앉은 채 열차 벽을 두드리며 넋 나간 사람처럼

지수   (울먹이며) 빨리.. 빨리 가야 돼요.. 가야 되는데 제발 열어 줘
         요. 나 때문이에요... 나 때문에... 내가... 내가 늦어서... (흐느
         끼는) 어떡해 엄마... (두드리며) 제발.. 제발.. 열어주세요...!!

하며 목 놓아 우는 지수.

벽을 얼마나 쳤는지 주먹 마디에 피가 맺혀있다.

S#80   기차 안 / 기차 마지막 칸 (낮) — 현재

어둑한 기차 안.

갑갑하고 불안한 얼굴로 몇 개의 열차칸을 지나는 지수.

재현도 지수가 지났던 곳을 지나가는데

결국 마지막 칸에 도착한 지수,

벽 끝에 그날처럼 창문이 보이고 그 앞에 선다.

무언가를 붙잡고 싶은 사람처럼

절박한 눈빛으로 떨리는 손을 창문에 올린다.

이때, 기차에 불이 들어오고

창백하고 식은땀이 가득한 지수의 모습이 보인다.
기차가 덜컹- 다시 달리기 시작하면
눈시울 붉어진 지수, 창을 매만지다가 무너지듯 주저앉는다.
그 순간, 재현이 달려와 지수를 뒤에서 감싸 안는다.
이때 환한 빛이 들어오며 기차가 터널을 벗어나는데
참아왔던 눈물을 쏟는 지수.

지수   (목이 메는) 기억이 안나요. 그 날 있었던 일, 하나도 빠짐없이
         다 기억나는데... 마지막.. 엄마랑 지영이 얼굴만은 아무리 해
         도 기억이 안나요...

하며 서럽게 우는 지수.
그런 지수를 위로하듯 안아주는 재현,
붉어진 눈시울로 애써 눈물을 참는데...
오열하는 20대 지수,
어딘가에 갇혀서 머리를 감싸 쥐며 우는 20대 재현.
서럽게 울며 자꾸만 무너져 내리는 지수,
그런 지수를 붙잡으며 소리 없이 우는 재현.
비를 맞으며 거리를 헤매는 형구까지.
이들의 안타까운 모습에서.

- 10부 엔딩 -

11부

이젠 아무도 안 떠났으면 좋겠어요

S#1   병원 앞 (밤) — 과거

비가 추적추적 내리고 있고 넋이 나간 지수, 병원 앞으로 온다.

눈물범벅인 얼굴로 보는데

응급실, 영안실 양쪽으로 나눠진 두 개의 팻말이 보인다.

마치 갈림길처럼 놓인 두 개의 팻말 앞에서 지수의 눈빛이 격하게 떨린다.

성인지수(N) 응급실이길 바랬어요. 제발 응급실에 있게 해달라고... 제발

살아만 있어달라고 빌고 또 빌었는데...

입을 앙다물고 응급실 쪽으로 다가가는데

응급실 입구에서 형구가 나온다.

넋이 나간 얼굴로 비틀거리며 나오다가 풀썩 주저앉는다.

'아빠!!' 소리를 지르며 달려가는 지수.

지수   (형구를 붙잡으며) 아빠... (그렁해지며) 엄마는? 지영이는?

형구   (말을 못하는)

이때, 응급실 쪽에서 나오는 의사와 간호사.

의사   (형구에게 다가와서) 윤형구 검사장님?
형구   (올려다보면)
의사   같이 가시죠. (시선 떨구며) 다른 곳에 모셨습니다.
형구   ...?!!
지수   ...?!!

S#2   재활치료실 안 (밤) — 과거

지수의 시점으로 '재활치료실' 팻말이 보이고
문 열리면, 침상들이 커튼에 가려져 있다.
아무 소리도 들리지 않는 완벽한 침묵의 상태.
의사, 마음 아픈 얼굴로 커튼을 조심스럽게 연다.
흰 천이 덮인 시신이 조금 보이는데
지수, 차마 못 보겠는지 고개를 돌린다. 온 몸이 덜덜 떨리는데
순간, 형구의 통곡 소리가 정적을 깨고...
그 통곡소리의 의미를 아는 지수, 시뻘게진 눈으로 천천히 돌아선다.
침대 옆으로 늘어진 지영의 손이 먼저 보이는데
손목 위에 시계가 있다.

지영(E)   오늘 시계 고치러 엄마랑 백화점 갈 건데 거기 딸기 케익 사올까?

순간, 왈칵 눈물이 쏟아지는데 침대 아래에 놓인 뭔가가 보인다.

지영이의 크로스백과 엄마의 핸드백,

그리고 찌그러진 케이크 상자.

상자며 가방들에 하얀 생크림과 흙먼지가 뒤섞여 엉망이다.

그 사이 형구는 바닥에 주저앉아 통곡을 하고

유류품을 보는 지수의 눈빛이 떨리고, 손도 덜덜 떨린다.

찌그러진 케이크 상자에 울음이 터지는 지수, 털썩 주저앉는다.

지수　　　미안해.. 언니가... 너무 미안해...

하며 오열하는데...

S#3　　　연병장 (밤) － 과거

재현, 내무반 건물을 뛰쳐나와 힘껏 달린다.

이를 악물고 뛰는데 이내 그런 재현을 따라잡는 군인들.

재현, 고래고래 소리를 지르며 몸부림을 치다가 결국 끌려간다.

S#4　　　영창 안 (밤) － 과거

독방에 혼자 앉아 있는 재현.

머리를 붙잡고 막 울기 시작한다. (10부 엔딩에 나온 컷)

S#5 　 지수 집 식당 (아침) — 과거

10부 63씬 중에서

지영 　 오늘 시계 고치러 엄마랑 백화점 갈 건데 거기 딸기 케익 사올까?

지수 　 (전 하나 집어서 입에 넣고) 맘대로 해.

지수모 　 빨리 들어와~ 아빠 또 화내신다.

지수 　 (찬합 들고 나가며 뒤도 안 돌아보고)...네~~

하며 서둘러 나가는데, 등 뒤로 들리는

지수모(E) 　 기지배, 얼굴도 안 보여주고 가버리는 거 봐~

지영(E) 　 얼굴 까먹겠다, 언니야~~

나가는 지수, 피식 웃고 만다.

〈이하 지수의 꿈〉

그러다 지수, 우뚝 멈춰 선다.

불안한 얼굴로 뒤돌아보고는 식당으로 다시 뛰어 들어가는데

엄마와 지영의 뒷모습만 보인다.

'엄마~!!!' '지영아!!!' '나 좀.. 제발 나 좀 봐봐!!' 소리를 치지만..

두 사람은 다정하게 얘기하는데

지수의 목소리는 안 들리는지 뒤돌아보지 않는다.

지수, 몇 번이고 소리쳐 부르다가

털썩 무릎이 꺾이고 얼굴을 가리고 서럽게 운다.

S#6 　기차 마지막 칸 안 (낮)

창문 아래 벽에 나란히 기대 앉아 있는 지수와 재현.

지수　　(다시 눈시울 붉어진) 늘 그 꿈이에요. 아무리 불러도 엄마랑 지영이가 돌아보지 않는 꿈.

재현　　(마음 아픈)

지수　　많이많이 봐둘걸.. 맨날 얼굴보고 맨날 사랑한다고 말해줄걸... 안 그래도 얼굴 까먹겠다 그랬는데... 나는 또 이렇게 변해 버려서 정말 못 알아보면 어쩌지...너무너무 보고 싶은데 (목이 메는) 못 만나면 어쩌지... 맨날 이래요...

재현　　(안쓰러움을 감추며) 어떻게 못 알아봐. 매일매일 보고 계실 텐데. (지수 머리 가리키며) 아마 새치 난 것도 보셨을 걸?

지수　　(먹먹한 얼굴로 피식)

재현　　(장난스럽게) 어, 언니 흰머리 났다!! 하면서, 지영이랑 어머니랑 웃다가 걱정하다가, 어떻게 해야 되나 토론도 하고 그러실 거야.

지수　　(그렁한 눈으로 미소) 걱정할 게 산더미면서 저 세상 걱정까지 한다구 야단맞겠네.

재현　　엄청.

지수　　(피식 웃고는 서글픈 얼굴로) 나는요, 선배... 어쩌면 그날에서 아직 한 발짝도 나오지 못 한 것 같아요.

재현　　(깊어진 눈으로 잠시 있다가) 꼭... 나와야 되나?

지수　　(보면)

재현　　어쩌면 그날이... 반드시 넘어서야 하고, 벗어나야 하고, 떠나야 하는 자리가 아닌지도 몰라.

지수	(먹먹한 눈으로 보면)
재현	깊은 상처는 깊은 그리움이기도 하거든.
지수	(쿵)...!!
재현	많이 그리우니까 아프고 아프니까 더 많이 그리워지고.
지수	(눈물이 그렁해진다)
재현	어떻게 견디느냐가 아니라 어떻게 받아 들이냐의 문제라서 자꾸 마주보고 들여다보면 언젠가 엄마랑 지영이 얼굴도 기억나지 않을까?
지수	(눈물 뚝 떨어지는데) 선배도.. 그랬어요?
재현	(두 손으로 지수의 눈물을 닦아주며) 동진이 말로, 캐롯이지.
지수	(피식)
재현	잘난 척은 했는데 나도 아직 멀었어. 한 반~쯤 왔나?
지수	(미소. 한결 편안해진 눈으로 재현을 본다)

S#7 옛날 병원 자리 (낮) ― 현재

형구, 비를 그대로 맞으며 응급실 앞에 선다.
아이처럼 울면서 지나가는 사람들을 붙잡는데

형구	(붙잡고) 우리 딸.. 우리 딸 좀 찾아주세요...

하는데, 뭐야? 하면서 가버리는 여자.
형구, 이번에는 의사 가운을 입은 남자를 붙잡는다.

형구	우리 애랑 집사람이 여기 있을 건데...
의사남	네?
형구	우리 딸 좀 찾아주세요.
의사남	응급실로 왔다고 연락 받으신 거예요?
형구	(붙잡으며) 여기 있을 겁니다... 다쳐서 누워 있을 거예요.

하며 털썩 주저앉는데 눈물이 뚝뚝 떨어진다.

S#8   기숙사 방 (낮)

영민, 엄마한테 전화하는데 받지 않는다.

S#9   기숙사 복도 (낮)

준서, 화가 머리끝까지 찬 얼굴로 씩씩대며 복도를 가고 있다.
뒤에서 현우와 성준이 따르는데, 어쩔 줄 모르는 얼굴이다.

현우	(준서의 어깨를 잡으며) 가서 뭘 어쩌려고?!!
준서	(뿌리치며) 놔!!
성준	그냥 엄마들끼리 한 얘기라고. 확실한 것도 아니라니까.
준서	(OL) 상관없어!! 죽여 버릴 거야!!

S#10   영민 기숙사 방 (낮)

영민, 지수한테 다시 전화하려는데
갑자기 문이 쾅! 열리더니, 준서가 들어온다. 영민, 놀라서 보는데
준서, 영민에게 달려들더니 다짜고짜 주먹을 날린다.

준서   (영민의 멱살을 잡아 올리며) 내가 너 첨부터 싫다고 했지?!!!

영민   (입안이 터졌는지 핏자국 보이는데)

준서   니가 죽었으면 좋겠다고! 그냥 죽으라고!!!!

하며 계속 주먹질을 하는데 영민, 필사적으로 막아보다가 쓰러진다.
쓰러진 영민에게 발길질까지 하면
영민, 그런 준서의 발을 잡아채 침대로 넘어뜨리고 위에 올라탄다.

영민   (멱살 잡고, 다른 손은 주먹 쥐어 올리며) 왜 이러는데. 또 왜 이
          러는데?!! 내가 뭘 잘못했는데?!!!!!

준서   (악을 쓰는) 다 거지같아!! 너도, 너네 엄마도 다 거지같다고!!!

영민   (울컥하며) 왜 울 엄마 욕을 하는데? 왜!!!

준서   이게 다 니네 엄마 때문이니까!!!!!!!!!

S#11   학교 건물 앞 (낮)

지수와 재현, 건물 앞에 도착하는데 그런 두 사람을 향해 다가오는 교장.

교장   (헛기침) 안 그래도 기다리고 있었는데 (살짝 조소하듯) 마침
          두 분이 같이..! 오셨네요.

지수와 재현, 무슨 일인가 의아한데...

S#12   교장실 (낮)

재현과 교장, 들어오는데 소파에 앉아 있는 준서가 보인다.

재현   준서야...

하면 준서, 고개 돌리는데 코에 휴지가 박혀 있고 입술도 터졌다.
재현, 기가 막히다.

S#13   양호실 (낮)

영민, 누워 있다. 눈이 시퍼렇고, 코피도 터지고
한 눈에 봐도 준서보다 상태가 심한데...
지수, 뛰어 들어온다. 영민을 보고 놀라서 입을 막는다.

S#14   교장실 (낮)

재현은 준서 옆에 앉아 있고 교장은 상석에 앉아 있다.

교장   영민 군이 또 준서를 때렸답니다.

재현   ...!!!

교장   그러게 그때, 확실하게 조치를 해야 된다고 말씀드리지 않았습

         니까? 바늘도둑 소도둑 된다고 옛날 사람들이 어디 틀린 말..

재현   (OL) 상처는, 괜찮니?

준서   (대꾸를 않는)

재현   (착잡하게 보며) 어떻게 된 거야?

준서   (화난 표정으로 앞만 본다)

S#15   양호실 (낮)

지수, 영민, 그리고 담임 선생님이 있는데
영민, 지수를 향해 등을 돌리고 누워있다.
지수, 걱정스럽게 보다가

지수   영민아 엄마 좀 봐.

영민   (돌아누운 등이 꼼짝도 하지 않는다)

지수   정말 얘기 안 할 거야? 그냥 또 넘어갈까?

영민   (눈빛 흔들리는)...

지수   그럼 엄마도 이제 아무 것도 못 도와줘. 전에 엄마가 그랬거

든. 다신 이런 일 없게 하겠다고.

영민   (눈시울 붉어지는데)

지수   (뭔가 있다 싶은) 너 혹시 엄마한테 화났니?

하는데 영민, 역시 대답을 않고 뒤돌아 누운 채 꼼짝을 않는다.

지수, 뭔가 있구나 싶다.

S#16   회의실 (낮)

교장과 재현, 지수, 담임 앉아 있고

담임   둘 다 말을 안 해요. 왜 그랬는지.

교장   것보다 영민 군이 먼저 준서를 때렸다는 게 중요한 팩트입니다.

재현   (차갑게) 누가 먼저 보다 왜...가 더 중요하지 않겠습니까?

교장   (끙) 김선생님. 같이 있었거나 싸우는 걸 본 학생들은요?

Cut to.

현우와 성준이 서 있다.

교장   말해봐라. 니들이 거기 있었다고 하던데.

현우/성준 ....

교장   말 안하면, 니들도 학폭위에 불려올 거고 기록도 남을 거다.

현우/성준 (망설이는)

교장   누가 먼저 때린 거냐?

성준	(더듬거리며) 준, 아니 영민이가. (목소리 작아지며) 먼저..요..
지수	(쿵)...!!
교장	(시킨 대로 잘하고 있구나)
재현	이유가 있었을 텐데?
현우	(지수와 재현을 한 번씩 보며 눈치를 보다가) 영민이 엄마랑 준서 아빠 께서 그.. 그렇고 그런 사이라고...
지수/재현	(쿵)...!!!

S#17   복도 (낮)

지수, 망연자실한 얼굴로 걷는다. 휘청거리지 않으려고 안간힘을 쓰는데 회의실 앞에 서서 그 모습을 보는 재현도 착잡한 표정이다.

S#18   양호실 (낮)

영민, 여전히 뒤돌아 누워있는데

지수	영민아.. 엄마, 다 알았어. 니가 왜 엄마 얼굴도 안 봤는지.
영민	(뒤돌아 누운 채 앙다무는)
지수	엄마가... 마음이 아프다.
영민	(뒤돌아 누운 채로) 나도 아파.
지수	(그 말에 눈시울 붉어지는)
영민	(볼 멘 소리로) 준서가 한 말, 맞는 거야?

지수	(아프게 보다가) 영민아...
영민	....
지수	이 얘기가 너한테 어떻게 들릴지.. 더 화가 날지 좀 풀어질지 자신이 없지만... 엄마의 오래전 얘기를 해줄게.
영민	(가만히 듣는)
지수	준서 아빠는... 엄마 첫사랑이었어.
영민	...!!

S#19   지수의 집 부엌 (낮) − 과거

상복차림의 지수(20대), 식탁 앞에 앉아 있다.
허망하고 슬픈 눈빛으로 엄마가 있었던 자리들을 본다.
한참을 있다가 식탁을 짚고 일어선다.

S#20   지수의 집 거실 (낮) − 과거

지수, 부엌에서 거실로 나오는데
소파에 모로 누운 형구의 뒷모습이 보인다.
등을 돌리고 모로 누워 있는데 잔뜩 웅크리고 있는 모습이다.

지수(E)	가족들 중에서 가장 사이가 좋지 않은 두 사람만 남게 된 거야.

S#21   지수의 집 정원 (다른 날 낮) — 과거

비가 오는 가운데 현관문을 열고 밖으로 튀어나오는 형구.
비를 그대로 맞으며 성큼성큼 정원을 가로지르는데
뒤따라 나오는 지수, 뛰어가 형구를 붙잡는다.

지수   또 어딜 가요!! 이제 없다니까!! 이제 진짜 없다구!!!

하는데, 지수의 뺨을 때리는 형구.
지수, 뺨을 붙잡은 채 절망스런 얼굴로 본다.

형구   (분노로 떨며) 없긴 왜 없어. 우리 지영이가 왜 없는데?!!!! 한
          번만 더 이상한 소리 하면, 니가 내 손에 죽을 거다.

하며 문을 열고 나가버리는 형구. 지수, 눈물 뚝뚝 떨구다가
그래도 그냥 내버려둘 수가 없어서 따라 나선다.

S#22   지수의 집 앞 (낮) — 과거

지수, 밖으로 나와 보는데
그리 멀지 않은 곳에 형구가 비틀비틀 가고 있다.
잔뜩 등이 굽은 채 휘적휘적 가는 형구.
지수, 눈물을 닦으며 또 그 뒤를 따라간다.

S#23   지수의 집 앞 (다른 날 낮) — 과거

영우, 서성이며 지수를 기다리는데

지수(E)   어쩐 일이야?

놀라서 보면, 지수가 먹을거리가 든 봉지를 들고 서 있다.
지수는 애써 담담한 얼굴인데 영우의 눈시울이 붉어진다.

S#24   집 근처 공원 (낮) — 과거

벤치에 나란히 앉아 있는 지수와 영우.

영우   (어렵게 입을 떼는) 학교는 계속 안 나올 거야?
지수   (슬픔을 누르며) 그만두려고.
영우   이해는 하는데... 그만둘 것까진 없잖아. 일단 휴학하고 좀 정
          리되면..
지수   (OL. 마음 아픈) 아빠가 파면을 당했어. 직권남용, 뇌물수수라
          는데 감사받으러 가서 술술 다 자백을 했다나봐.
영우   (안타깝게 보는)
지수   아빠는 지금 살고 있는 게 아니라 죽어가고 있는 것 같아.
영우   ...!!
지수   (눈빛 떨리며) 집에서 5분만 나가면 그 백화점이 보여. 아빠가
          죽을 지도 모르겠다는 생각이 매일 들어. 그래서... 여길 떠나

려는 거야.

영우　　(그렁해지며) 재현 선배는??

지수　　(눈시울 붉어지는데 입을 꼭 다문다)

S#25　　지수의 방 (밤) － 과거

지수, 편지지를 앞에 놓고 멍하니 앉아 있다.
펜을 들었다 놓았다를 반복하는데 눈물이 차올라서 편지지가 흐릿해진다.
눈물을 삼키려고 위를 보다가 이내 펜을 든다.
천천히 적어 가는데...
(2부 #56에서 재현이 보던 메모다)

20대지수(N) 꽃처럼 예쁘던 순간들로 나는 견딜 수 있을 것 같아요. 미안하
　　　　　　고 고마웠어요, 선배.

'선배'라고 쓰자마자 눈물이 뚝 떨어진다.

S#26　　재현의 집 앞 (낮) － 과거

지수, 편지봉투를 본다.
겉면에 '재현 선배에게' 라고만 적혀 있다.
재현 집 우편함에 편지봉투를 넣는 지수.
Cut to.

집 앞 우편함 위로 약간의 시간 경과 보여지고.

우편함으로 다가오는 사람, 군복을 입은 재현이다.

편지봉투를 여는 재현의 손이 떨린다.

재현, 조심스럽게 편지를 펼쳐서 읽어보는데 눈시울이 붉어진다.

S#27 섬 (밤) — 과거

군복차림의 재현, 동진, 영우, 화진과 함께 앉아 있다.

술잔과 술병은 놓여있지만 아무도 마시지 않은..

재현	아무데도 없어.. 집도 이사 갔고.
동진	학교도 관뒀나.
영우	(말 못하고 괴로운)
재현	영우야 너한테도 아무 말 안 했어? 어디 간다고...
영우	(찔리지만) 네..
재현	그럼, 혹시 그 친구는? 지수랑 제일 친하던 공대 친구...
영우	혜정이요?
재현	그 친구도 모를까?
영우	(고개 끄덕이는)
화진	나라도... 아무도 안 보고 싶을 거 같긴 해..
동진	지수 생각하면 눈물 나긴 하는데... 그래도 같이 이겨 내야지 사라지긴 왜 사라져. (글썽) 나쁜 기지배.

재현, 눈시울이 붉다. 술잔을 들려다가 마시지 못하는

재현   (그렁그렁해진 눈으로) 들어가기 전까지 나도 계속 찾아볼 건데... 나 복귀하고 나면 니들이 계속 좀 찾아봐주라. 혼자서 너무너무 힘들 텐데... 그러다 잘못되기라도 하면 (목이 메는) 못 살 것 같다, 나는.

하는데 다들 눈시울이 붉어진다. 영우는, 더욱 마음이 괴롭고 아프다.

S#28   학교 일각 (낮) — 현재

재현과 준서, 벤치에 나란히 앉아 있다.

재현   몸도 멀쩡하고 정신도 멀쩡한데 해줄 수 있는 게 아무 것도 없었어.

준서   (입이 나와 있는)

재현   세상의 전부라고 생각했던 사람이 무너지고 있는데.. 멀리서 보고 있을 수밖에 없었던 거야. 그래서 사는 내내 마음 아프고 괴로웠던 건데. 어떤 마음인지... 혹시 이해가 가니?

준서   (대답 않는데 눈빛 살짝 흔들린다)

재현   그래도 잘 살아줬으면 하고 늘 기도했었어. 그러다 우연히 다시 만났는데 여전히 그때처럼 힘들어 하고 있어서... 아빠도 다시 그때로 돌아간 것처럼... 마음이 괴로웠던 거야.

준서   (볼 멘) 아빠한텐, 엄마가 있잖아.

재현   (더 말을 못하고 착잡한)

S#29   양호실 (낮)

영민, 어느 새 침대에 앉아 있다.
지수, 눈시울이 붉은데

지수   엄마는 떠날 수밖에 없었던 것 같아. 그날 이후의 나는, 사랑
           하고 사랑받는 그런 평범한 행복도 절대로 누리면 안 될 것 같
           았거든.

영민, 그렁그렁한 눈으로 아래만 고집스럽게 보고 있다.

지수   (그런 영민을 안쓰럽게 보다가) 아직 이렇게 작은데... 내가 너
           무 큰 고민을 줬구나.
영민   (울컥하는데)
지수   미안해, 영민아...
영민   (애써 울음을 참는)

S#30   재현의 차 안 (저녁)

재현, 운전하고 있고 옆자리에 준서가 있다.
여전히 어색하고 서먹한 분위기인데
이때 전화벨 울린다. 받으면

간병인(F)   안녕하세요, 여기 요양원인데요. 한재현 선생님 맞으시죠?

재현	네, 무슨 일이시죠?
간병인(F)	윤형구 환자분 따님이 전화를 안 받으시네요. 환자분이 요양원을 나가서서 안 들어오고 계시는데...
재현	(놀라는)...!!!

S#31　　장회장의 사무실 / 교장실 (밤)

장회장, 교장과 통화 중이다.
보이지도 않는데 두 손으로 전화기를 받치고 있는 교장.

교장	그 애 어머니가 보통이 아닙니다. 자식 일이라면 다들 덮어놓고 굽신거리기 바쁜데.. 이 엄마는 그런 게 없습니다. 얄미울 정도로.
장회장	(피식) 그럴 만한 위인이지.
교장	일단 준서 군이 아니라 영민군 잘못으로 만들어 놓긴 했습니다만, 영민 군이나 그 어머니가 어떻게 나올지 불안하긴 합니다.
장회장	우겨봤자 어쩌겠나. 증거가 없는데.
교장	그렇긴 합니다.
장회장	근데 교칙을 어기고 심각한 문제를 일으키면 교장 직권으로 퇴학 시킬 수 있지 않나?
교장	아, 네.. 그거야 그렇긴 한데 학폭위가 열려도 퇴학은 가장 높은 수위의 처벌이고, 중학생들한테는 좀처럼 내려지지 않는 처분이라 말이 나올까 걱정도 되고...
장회장	말 나오면 어때? 잠깐 끓어올랐다 식을 텐데. 사람들이 어디

남 일에 관심이 있던가?

교장   암요. 관심 없죠. 그럼 진행 되는대로 또 연락드리겠습니다.

S#32   지수의 집 앞 (밤)

지수와 영민, 집에 오는데 재현이 기다리고 있다.
두 사람 당혹스러운 얼굴이다.

재현   (다가오며) 핸드폰을 안 받던데...

지수   (가방에서 핸드폰을 꺼내 보고는) 계속 꺼져 있었나 봐요..

재현   요양원에서 나한테 연락이 왔어. 아버님이 밖으로 나가셔서
                 안 들어오셨다고.

지수   ...!!!!

S#33   재현의 차 안 (밤)

재현, 운전하고 있고
지수와 영민, 뒷자리에 앉아있다. 지수, 초조한 표정인데...

재현   가실만한 곳은 알고 있어?

지수   (차창 밖으로 하늘을 보며) 비가 오니까 아마 거기일 거예요.

S#34   옛날 병원 자리 (밤)

응급실 처마 밑에 쭈그리고 앉아 비를 피하고 있는 형구.
차에서 내리는 지수와 재현.
영민도 따라 내리는데... 지수, 형구에게 달려간다.

지수   (일으켜 세우는데 눈시울이 붉다) 왜 또 이러고 있어, 속상하
        게... 이러다 진짜 큰일 나면 어쩌려고 이래...

형구   (그런 지수를 보며) 지수야..

지수   (놀라는! 정신이 돌아왔구나)...!!!!

형구   그래도 다행이지? 엄마랑 지영이 찾아서.

지수   (눈물이 차오르는)

형구   못 찾은 사람들이 숱하게 많다던데... 감사한 일이다.

지수   (눈물 흐르고)

재현   (안타깝게 보는)

형구   그래도 참 많이 보고 싶다.

하는데 지수, 그런 형구를 안아준다.
두 사람, 부둥켜안고 우는데
재현, 마음 아프게 본다.
영민, 그런 지수와 형구의 모습에 울컥 눈물이 나는지
연신 팔로 눈물을 닦으며 훌쩍인다.
재현, 그런 영민의 어깨에 손을 올리고 토닥여주면
영민, 흠칫 놀라다가 기분이 이상해진다.
든든한 것 같기도 하고 고맙기도 하고.

S#35   요양원 병실 (밤)

잠들어 있는 형구.
지수, 가만히 보다가 불을 꺼주고 나간다.

S#36   지수의 집 앞 (밤)

지수와 영민, 재현이 서 있다.
영민, 재현한테 꾸벅 인사를 하더니 훌쩍 올라가버린다.
지수, 들어가려다 말고.

지수   잠깐.. 시간 있어요?

S#37   공원 (밤)

지수와 재현, 함께 걷는다.

지수   궁금하다고 했었죠? 내가 왜 떠났는지.

재현   (끄덕이는)

지수   분명 선배 잘못이 아닌데. 그걸 너무나 잘 알고 있는데 선배를
              원망하게 될 것 같았어요. 선배만 아니었으면 그날 그렇게 뒤
              도 안보고 나오진 않았을 텐데. 엄마랑 지영이가 그 시간에 거
              길 가지도 않았을 텐데... 같이 있다가 평화로운 저녁을 맞았

을 텐데...

재현   (마음 아픈)

지수   스스로에 대한 원망을 해도 해도 모자라서 나 말고 또 원망할 누군가가 필요했을 거예요. 그럼 분명 선배일 테고... 계속 원망하다가 어쩌면 미워하게 될지도 모른다고 생각했어요. 서로를 할퀴고 또 그것 때문에 더 아플 거라고.

재현   (끄덕이는)

지수   (마음 아픈) 그런데 이번엔 영민이가 다쳤어요. 이것도 당연히 선배 잘못이 아닌데... 마음이 복잡해요.

재현   ....

지수   저번 일 있고나서 아이하고 제대로 얘기를 안 할 걸까. 아무리 엄마 입김이 세다고 해도 아들한텐 아빠가 무섭고 어려울 텐데.. 그런 생각 하다가 또 내 머리를 쥐어박아요. 또 바보같이 선배를 원망하고 있구나. 25년 전이나 지금이나 똑같은 실수를 하는 구나.

재현   (착잡한)

지수   (서글픈) 그래도 선배...

재현   (보면)

지수   당분간 만나지 말아요, 우리.

재현   ...!!

지수   아이들이 몸도 마음도 다쳐서 아물 시간이 필요한 것 같아요. 어쩌면 선배도 나도.

재현   (서글픈 눈빛) 그래... 그게 맞을 지도 모르겠다. (애써 미소)

지수   (마음 아픈)

S#38   재현의 집 외경 (밤)

S#39   서경의 방 (밤)

서경과 준서, 같이 자고 있다.

살짝 문을 여는 재현. 두 사람 보면서 착잡한 얼굴이다.

S#40   지수의 집 거실 (아침)

지수와 영민, 밥 먹고 있다.

대화 없이 묵묵히 밥만 먹는... 아직은 어색한 상태인데

이때 전화벨 울리고 지수, 전화 받으면

지수	네, 선생님. (듣는)
영민	(무슨 일인가 지수의 표정을 살피는데)
지수	(잠시 듣고) 네.. 알겠습니다. (전화 끊는)
영민	(보면)
지수	학폭위가 열릴 것 같대.
영민	(예상했다는 듯 덤덤한) 엄마.
지수	응..
영민	엄마 나한테 아직도 미안해?
지수	(끄덕이면)
영민	그럼, 내가 하고 싶은 대로 하게 해줄 수 있어?
지수	...??

S#41   재현의 집 식당 (아침)

서경, 준서 식사 중인데... 서경, 통화하고 있다.

서경   네, 교장 선생님. 이번엔 누가 와서 뭐라고 해도 절대로 번복
         하지 마시고 진행하세요.

준서   (시선 떨구는)

서경   네. (하고 전화 끊는)

준서   나.. 학폭위 해?

서경   그럼 안 해? 감히 장서경 아들을.. 그것도 두 번씩이나 건드렸
         는데. 이번에 진짜 가만 안 둬.

준서   어떻게... 할 건데?

서경   공개 망신시키고 퇴학시킬 거야.

준서   (자기가 한 게 있어서 걱정되는) 근데 나도 같이 때렸는데...

서경   (빤히 보다가) 근데 너. 어제 말한 게 진짜 다야?

준서   뭐가...

서경   걔가 그냥 때린 게 맞냐고. 이유도 없이.

준서   (아빠 때문이라는 말을 못하겠는) 이유가 없는 건 아니고... 내
         가 걔 무시하고 놀렸다고...

서경   됐어, 그럼. 밥 먹어.

하고 다시 밥을 먹는데 준서는 마음이 괴롭다.

S#42   형성그룹 본사 외경 (아침)
S#43   재현의 사무실 (아침)

169

사무실에 들어선 재현, 책상에 앉자마자 인터폰이 울린다.

여비서(F)   부사장님. 회장님께서 올라오시랍니다.

재현   (굳어지는)

S#44   장회장의 사무실 (아침)

책상 앞 소파에 심기가 불편한 기색의 장회장이 보이고
맞은편에 조심스런 모습의 황학수가 앉아 있다.

장회장   (비밀스런 목소리로) 그걸로 되겠어? 이제 아주 막 가자고 덤비
             는 놈인데.

황학수   (조심스레) 법무팀이 검토한 바로는 저희 쪽에 문제가 될 일은
             없습니다. 오히려 한부사장 쪽이 검찰에 더 시달릴 거라고 합
             니다.

장회장   (눈살을 찌푸리며) 그 놈이 그런 걸 몰랐나? 도대체 그놈 꿍꿍
             이가 뭐야?

황학수   아직까지 물 위로 올라온 것이 없어서 계속 알아보고 있습니
             다. 다만...

장회장   다만 뭐?

황학수   (짧은 한숨) 저희가 압수수색에 대비해서 준비한 회계장부들
             은 검찰이 예상 외로 순순히 가져갔는데, 전자결재나 주주총
             회 의사록들까지 10년 치를 챙겨간 것이 좀 걸립니다. 계열사
             들도 마찬가지였구요.

장회장   (답답하다는 듯) 그런 것들도 미리미리 좀 만져뒀어야지.

황학수   (고개를 조아리며) 계열사들 것까지 모두 같은 내용으로 맞추려면 분량이 너무 많고...

장회장   (OL) 요새 왜 그리 변명이 많아? (역정을 내며) 아무리 핑계 없는 무덤이 없다지만, 이거는 뭐 만사에..

하는데, 인터폰이 울린다.

여비서(F)   회장님. 한재현 부사장님 오셨습니다.

장회장   (갑자기 평온한 목소리로) 그래.

곧이어 재현, 들어와서 인사하면 황학수, 인사하고 나간다.
장회장, 재현을 밝은 미소로 맞으며 자리를 권한다.

장회장   (밝게) 어제 일이 많았다던데, 일찍 나왔네?

재현   (담담) 회장님도 일찍 나오셨네요.

장회장   (너스레) 나는 매일 아침마다 해 좀 빨리 뜨라고 하는 사람이야. 일하는 재미가 사는 재미 아니냐?

재현   ....

장회장   (피식) 빨리 할 말이나 해라, 이건가? 하긴. 지금 우리가 굿모닝 덕담이나 하고 있을 때는 아니지. (차가운 눈빛으로) 너.. 어디까지 가고 싶은 거야?

재현   (계속 담담한)

장회장   (적의를 드러내며) 그래. 피차간에 이미 답을 아는데, 이런 문답도 필요없겠지. (몰아붙이는) 형성그룹 회장이 되고 싶은 거냐?

재현	....
장회장	(비소) 검찰에 자주 다니더니. 묵비권, 진술거부권이 몸에 뱄구만. (사무적으로) 좋다. 가장 최근 것부터 얘기하자. 요새 너랑 부쩍 친해진 검찰이, 얼마 전에 나랑 서경이를 압수수색한 게 형성 비자금하고 배당금 때문이지?
재현	(차갑게) 형성이 아니라 회장님 비자금과 배당금이겠지요.
장회장	(반색하며) 그래, 이런 게 니 민낯이지. 난 이런 대화가 좋아. 말에서 싱싱한 비린내가 나잖아.
재현	(동요하지 않고 보는데)
장회장	(차갑게) 근데 말이야, 너 친족상도례 라고 알아?
재현	....
장회장	니 차명지분으로 모은 비자금이나 배당금이 니가 아니라 서경이랑 나한테 갔어도 법적으로는 처벌하지 않는다는 거지. 친족끼리의 도둑질은 도둑질이 아니다, 뭐 그런 거.
재현	(놀라지 않고) 친족상도례가 적용되는 친족은 직계 혈족이고 혈족이란 말은 말 그대로 피를 나눈 가족인데.. 아쉽게도 회장님은 제 직계 혈족이 아닙니다. 늘 강조하셨듯이 회장님과 저는 피가 다르니까요.
장회장	(경멸하듯) 니가 서경이는 빼고 나만 어찌해볼 생각인가본데... 내 이름으로 받은 돈은 한 푼도 없어. 다 서경이 이름으로 해놨거든. 니가 검찰에 가서 그게 내꺼라고 우겨도 난 서경이꺼라고 할 거야.
재현	(미간이 좁혀지는)
장회장	잘 알잖아. 내가 감옥 가는 걸 얼마나 싫어하는지. 딸을 파는 한이 있어도 절대로 안 가.

재현	회장님이 그러실 리가 없다는 걸 압니다.
장회장	(서늘하게) 그건 너도 마찬가지지. 그래도 마누라에 아들놈 엄만데 콩밥을 먹일 수 있겠어? 게다가 서경이한테 간 돈들은 니 아들 준서 돈이기도 해. 알지?
재현	(착잡하지만) 알아서 하겠습니다. (하고 고개 까딱 인사하고 가려는데)
장회장	준서 말이 나와서 말인데...
재현	(보면)
장회장	윤지수 아들이 준서한테 폭력을 썼다지?
재현	(눈빛 흔들리는)
장회장	이 일을 어찌 하면 좋겠냐고... 내 귀에까지 말들이 많아서 말이야.
재현	(감정을 누르며) 무슨 말씀을 하고 싶으신 겁니까?
장회장	(느물거리며) 너도 이미 답을 알면서 새삼 물어보고 그러지 마라.
재현	...!!

S#45   지수의 집 베란다 (밤)

지수, 베란다에 나와 있다. 생각이 많은 얼굴이다.

S#46   재현의 사무실 (밤)

창가에 선 재현, 역시 생각이 많은 얼굴이다.

S#47   학교 외경 (낮)

S#48   교장실 (낮)

교장 앞에 지수와 영민이 서 있다.

교장   (곤란하다는 듯) 학폭위에서 다 말씀하시면 되는데 왜 굳이..

지수   영민이가 드리고 싶은 말이 있다고 해서요.

교장   (한숨 쉬고) 영민아. 나는 두 사람 얘기를 공평하게 들을 거다.
        한 사람 얘기만 듣고 판단하면 편파적이 되는 거야.

영민   준서 말만 믿으신다는 거 알고 있습니다.

교장   (흠칫) 그게 무슨 소리냐? 내가 언제 준서 말만 믿었다고.

영민   (OL) 전 절대로 먼저 때리지 않았지만, 화가 나서 같이 때린
        건 잘못한 거니까 벌을 받을 겁니다.

교장   그러니까 학폭위를 한다는 거 아니냐?

영민   (강단 있게) 학교가 주는 벌은 받고 싶지 않습니다.

교장   (쿵)...!!!

영민   학교는... 제가 학교폭력을 당하는 동안 아무 것도 해주지 않
        았으니까요.

교장   (말문이 막히는데)

영민   그래서 자퇴하겠습니다.

교장   ...!!

지수   (마음 아프지만 내색하지 않는)

S#49   교문 앞 (낮)

지수와 영민, 교문을 나선다.
걷다가 뒤돌아 학교를 보는 영민의 눈시울이 붉어진다.
지수, 그런 영민을 보며 등을 토닥이는데 끝내 울음을 터뜨리는 영민.

지수   (안아주며 토닥이는) 그래, 울어.. 울어도 돼. 어떤 마음인지 엄
           마가 잘 알아.

S#50   학교 법대 건물 앞 (낮) − 과거

(#26. 재현 집 우편함에 편지 넣던 날과 같은 날)
법대 건물 앞에 서는 지수, 서글픈 얼굴로 건물을 둘러본다.
재현의 과방 창문이 보이고
창가에 기대 있던 재현의 모습 나타난다. (지수의 비전. 1부. #15)
그렁그렁한 눈으로 보다 돌아서면
재현이 처음으로 '찾았다 윤지수'를 하던 그 벤치가 보인다.
그때 그 재현과 지수의 모습, 비전으로 떠오르고 (2부 #6)
물기가 어린 눈으로 보며 미소 짓다가
회한과 아쉬움이 가득한 눈으로 법대 곳곳을 보던 지수,
이내 돌아선다. 몇 걸음 못 가서 다시 뒤돌아보는데
차올랐던 눈물이 뚝 떨어진다.

S#51　　집 앞 공원 (낮)

지수와 영민, 벤치에 나란히 앉아 있다.
영민, 발을 까딱거리며 아래를 보다가

영민	나 그럼 초졸인가?

영민　나 그럼 초졸인가?

지수　(피식) 나는 고졸인데. 아무리 엄마가 좋아도 그렇지, 뭘 자퇴
　　　하는 것까지 따라 해?

영민　(웃는)

지수　그런데 영민아. 전학을 가도 되는데 왜 자퇴를 하겠다고 했어?

영민　(잠시 있다가) 그래야 빨리 끝날 것 같아서.

지수　…!!

영민　그래야 엄마가 안 힘드니까.

지수　(뭉클해지는) 엄마가.. 안 밉니?

영민　왜 하필 한준서 아빠랑 그런 소문이 났을까 화가 났었어.

지수　(마음 아픈) 미안해, 영민아. 너무 자주 말해서 성의 없게 들릴
　　　지도 모르겠는데.. 엄마가 정말 미안해.

영민　(망설이다가) 근데… 준서네 아빠랑은 어떻게 되는 거야?

지수　(대답을 선뜻 못하는데)

영민　내가 싫다 그러면 안 만날 수도 있어?

지수　(쿵! 눈빛 흔들린다)

S#52   재현의 차 안 / 서경의 사무실 (낮)

재현, 뒷좌석에 앉아 가고 있는데 전화벨 소리.
전화 받으면 서경의 사무실에서 전화하고 있는 서경과 교차.

서경   (다짜고짜) 그 애가 자퇴를 했다는데 자기가 코치 한 거야?

재현   (놀라는) 자퇴?

서경   (코웃음) 그 애 엄마 짓이구나. 짤리기 전에 알아서 나가시겠
       다? 근데 좀 치사한 것 같지 않아?

재현   무슨 말이 하고 싶은 거야?

서경   자기가 원하는 이혼이 만만한 일은 아니라는 거야. 예뻐 죽는
       자기 새끼 버리고 남의 자식 데리고 살 수 있겠어?

재현   (눈빛 흔들리는)

S#53   요양원 외경 (낮)
S#54   병실 (낮)

형구, 수첩에 뭔가를 적고 있다. 지수와 영민, 들어오며 그 모습을 보는데
영민을 본 형구의 표정이 어두워진다.

지수   아빠... 영민이, 기억 나?

영민   (꾸벅 인사하며) 안녕하세요.

형구   (굳은 표정으로 뒤돌아 눕는다)

영민   (섭섭한)

지수, 입모양으로 '괜찮아!' 하면 영민 고개를 끄덕인다.

S#55   재현의 사무실 (다른 날 낮)

재현, 일하고 있는데 핸드폰 울리고

간병인(F)   안녕하세요. 여기 요양원이에요.

재현   아, 네. 안녕하세요.

간병인(F)   혹시 오늘 시간 되시면 잠깐 들르실 수 있으신가요?

재현   무슨 일이시죠?

간병인(F)   검사장님이 찾으세요.

재현   (의아한) 혹시 또 무슨 일이 생겼나요?

간병인(F)   아니요. 오히려 괜찮으신 편이세요. 정신이 돌아오셔서.

재현   …!!

S#56   요양원 병실 (낮)

형구, 휠체어에 앉아 창밖을 보고 있다.
이때 노크 소리와 함께 재현이 들어온다.

재현   아버님.

형구   (돌아본다)

재현   (꾸벅 인사하고) 저를 찾으셨다고…

형구   (OL) 잠깐 바람을 좀 쐬겠나?

S#57   요양원 뒷산 (낮)

조금 높은 곳에 올라온 형구와 재현.
아래로 동네 풍경도 보이는데

형구   (회한에 어린 얼굴로먼 곳을 보다가) 나를 용서하지 말게.

재현   ...??

형구   지금 여기서 날 밀어버려도 괜찮고.

재현   (놀라서) 무슨 말씀이십니까?

형구   지수는 아무 잘못이 없네. 그러니까 뭐든 나한테 해. 내 아픈 손가락이 더는 아프지 않아야 하니까.

재현   (눈빛 흔들리는데)

형구   자네 아버지를 불법노동행위로 기소한 사람이.. 날세.

재현   (쿵)...!!!!!

S#58   서울중앙지검 조사실 (밤) — 과거 / 형구의 회상

<자막> 1995년 5월

검찰수사관과 마주 앉아 조사받고 있는 재현부가 보이고
조사실 밖의 모니터 룸에 형구가 서 있다.

재현부 진지한 얼굴로 수사관에게 열심히 진술하고 있다.

형구(E)　　　그해 여름... 내 인생이 멈췄던 그해 그 여름에 자네가 지수를
　　　　　　데리고 도망을 간 동안, 자네 아버지는 노조파괴 건으로 형성
　　　　　　경영진을, 중앙지검에 고발했네. 보고를 듣자마자 바로 자네
　　　　　　아버지인 걸 알았지. 난 그때 자네와 지수에 대해서 극도의 분
　　　　　　노를 느끼고 있었는데 그런 내 앞에 자네 아버지가 나타난 거
　　　　　　야. 그리고 장산 회장도.

Cut to.

3명의 검찰수사관들이 재현부를 둘러싸듯이 앉아있고
재현부 맞은편의 수사관이 책상을 치면
억울한 표정의 재현부가 하소연을 하듯 진술하다가
머리를 감싸 쥐며 괴로워하는데...
모니터 룸에서 형구, 차가운 표정으로 그 광경을 보고 있다.

형구(E)　　　장회장은 형성에 대한 자네 아버지의 고발을 묵살해달라고 했
　　　　　　는데, 난 그 정도가 아니라 오히려 자네 아버지를 기소하도록
　　　　　　했어. (한숨) 자네 아버지가 형성의 죄라고 고발한 모든 혐의와
　　　　　　증거를 반대로 자네 아버지에게 적용했지. 자네 아버지는 절망
　　　　　　했고 장회장은 기뻐했고 나는... 만족했네.

S#59 고급 일식집 (밤) — 과거

장회장과 형구, 술을 주거니 받거니 하면서
즐겁게 대화를 나누는 모습.

형구(E)   장회장은 나의 정계진출을 적극 지원하기로 했고 자네와 지수
에 대한 내 분노가 깊을수록 보상이 커지는 것 같았어. 입으로
는 분노를 말하면서 얼굴은 웃고 있었지. (숨을 고르고) 그리
고... 그해 여름의 마지막이 왔지.

S#60 요양원 뒷산 (저녁)

어느새 주변이 어둑해져 있고
구름 사이로 아련하게 비치는 달빛이
휠체어에 앉은 형구와 옆에 선 재현의 긴 실루엣을 만들고 있다.

형구   나는 돌아갈 집과 가족을 잃었고 직장을 잃었고 경력을 잃었
네. 나는... 법원 앞 정의의 여신이 들고 있는 저울의 의미를
몰랐고 다른 손에 든 칼의 경고를 잊고 있었던 거야. 그해 여
름의 한순간... 내 모든 것이 사라졌어. 그때부터 지금까지 내
시계는 멈춰있네.
재현   (묵묵히)
형구   (한숨) 이제는... 내 육신의 시계도 멈추려고 하는데...
재현   (마음 아픈)

형구   (눈물이 맺히는) 내가... 정말 미안하네. 말로 다 할 수 없는 것을
                말로밖에 할 수 없어서 이 병든 몸이 더 초라하네만... 자네에
                게 내가 지은 죄가 너무 크고 깊어. 부디 내 사죄를 받아주게.

하며 형구, 절을 하려는 듯 휠체어에서 일어서려다 휘청하는데
옆에 선 재현이 급한 손으로 부축한다.
재현에게 의지하고 서 있는 형구
재현을 바로 보지 못하고 고개를 떨구는데.
형구의 눈에 맺힌 눈물들이 흐르기 시작하고
재현의 눈시울도 붉어진다.

S#61   달리는 차 / 재현의 차 안 (밤)

달리는 재현의 차가 보이고
뒷좌석에 앉은 재현, 착잡한 얼굴로 창밖을 본다.

강비서   (백미러로 그런 재현을 보며) 요양원에서 무슨 일 있으셨나요?
                안색이 너무 안 좋으신데...
재현   (대답은 않고 눈을 감는다)
강비서   (쩝)....

S#62   재현의 집 거실 (밤)

준서, 소파에 앉아서 오락을 하고 있고
들어오던 재현, 그런 준서를 본다.
물끄러미 보던 재현, 그 앞에 앉으며

재현   준서야.

준서   (대답 않고 게임만 하는)

재현   아빠랑 여행 갈까?

준서   ....

재현   저번처럼 캠핑카 빌려서 여기저기 다녀도 좋고.

준서   (살짝 혹하는)

재현   밤낚시를 가도 좋고 등산을 가도 좋고. 강릉에 가면 바다도 있
             고 재미난 것도 많은데.

준서   (눈빛 흔들리지만 오기 부리듯 게임만 하는)

재현   그렇게 손바닥만 한 세상보다 훨씬 더 재밌고 신나는 일들이
             많으니까. 한번 생각해봐.

준서, 계속 게임은 하고 있지만 눈에 안 들어온다.
하고 있던 게임에서 '실패' 메시지가 뜨는데 계속 게임을 하는 척 한다.
그런 준서를 복잡한 얼굴로 보던 재현, 떠올리는...

S#63   재현의 집 앞 (밤) ― 과거

#27에서 이어지는.
지수를 잃어버렸다는 상실감에 축 처진 모습으로 오는 재현.
이때 집 앞에 서 있는 재현부를 본다.
뒤돌아 서 있는데 어깨가 힘없이 축 늘어져 있다.

재현   아버지??

하면 놀라서 뭔가를 바닥에 버리는 재현부.
재현, 보면... 담배꽁초다.

재현부   (고개 돌려 미소) 늦었네. 첫 휴가라 술 먹자는 놈들 많지?
재현   (지수 얘기를 못하는) 왜 나와 계세요? 담배는 왜 다시 피시고.
재현부   그냥 좀 잠이 안 와서.
재현   (의아하게 보는)

S#64   재현의 집 마루 (아침) ― 과거

재현, 방에서 군복입고 나오는데 밥상이 차려져 있다.
밥이 한 그릇 뿐인데... 이때 나오는 재현모.

재현   아버지는?
재현모   일찍 나가셨어.

재현	일요일인데?
재현모	(한숨) 이유는 말씀도 안하시고 갑자기 아르바이트를 하신다고 그러신다.
재현	왜요?
재현모	말로는, 너 장가갈 돈 만드느라 그러신다는데.. 평일엔 회사 나가고 주말에까지 일을 하니 사람이 아주 반쪽이 됐어.
재현	(마음이 아픈)
재현모	(반으로 접힌 봉투를 건네며) 너 들어가기 전에 맛있는 거 사먹으라고 주고 가셨어. 이러려고 일 하시나부다.

재현, 접힌 봉투를 펴보면 꼬깃하고 때가 묻은 만 원짜리 3장이다.

재현	(눈물이 핑 도는) 아버지.. 무슨 일 나가서?
재현모	얘기는 안 하시는데 맨날 손이 까매져서 들어오시는 게 얌전한 일은 아니지 싶다.
재현	(애써 눈물을 참으며) 일당 받으신 거 그대로 주신 거 같네..
재현모	그러니까 맛있는 거 좋은 거 사 먹어. 그래야 아버지가 보람이 있으시지.

그 말에 마음이 아픈 재현, 꼬깃하고 때가 묻은 만 원짜리가
마치 아버지인 것만 같아서 울컥울컥 뜨거운 게 올라온다.

S#65   재현의 집 거실 (밤)

핸드폰을 쥔 채 소파에서 잠든 준서가 보이고
재현, 그런 준서를 조심스럽게 안아서 방으로 옮긴다.
그 위로 다시 떠오르는
F/B) #57.

형구   지수는 아무 잘못이 없네. 그러니까 뭐든 나한테 해. 내 아픈
         손가락이 더는 아프지 않아야 하니까.

재현, 준서를 다시 보는데 울컥하는 게 있는지
준서를 더욱 꼭 안는다.

S#66   요양원 외경 (낮)
S#67   요양원 병실 (낮)

형구, 자고 있고 영민은 그 앞에 앉아서 핸드폰을 보고 있다.
지수는 냉장고 정리를 하고 있는데

지수   엄마 레슨 갔다 올 테니까 할아버지 깨시면 같이 도시락이랑
         과일이랑 먹구 있어.
영민   할아버지 화내시면 어떡해. 나 알아보지도 못하시잖아.
지수   (미소) 그럼 더 괜찮을 걸? 모르는 사람한텐 화 안내시거든.
영민   (피식) 알았어.

지수, 그런 영민의 머리를 쓰다듬어주고는 서둘러 나간다.

영민, 형구를 물끄러미 보다가 이내 자기 핸드폰을 본다.

Cut to.

영민, 침대 옆에서 엎드려 잠들어 있는데

콜록콜록 기침소리와 함께 부스럭거리는 소리가 들린다.

그 소리에 눈을 뜨는 영민, 눈을 깜빡거리며 보면

형구가 장난감들(조립 로보트 등)을 무릎 위에 올려놓고

하나하나 보고 있다.

영민	(몸을 일으키며) 안녕하세요.
형구	(멈추고 그런 영민을 빤히 보다가) 살이 좀 쪄야겠다. 엄마 닮아서 그런가 삐쩍 말랐네.
영민	(알아보는 건가)...?!!!
형구	니가 몇학년이냐?
영민	중1이요.
형구	(로보트 하나를 들어 보이며) 중학생이면 이런 거 안 좋아하나? 난 또 국민학생인 줄 알고 챙겨줄라 그랬지. 내가 다른 건 뭐 줄 게 없는데...
영민	(고개 저으며) 아니에요. 좋아합니다!
형구	그래? (훌쩍 건네며)...그럼 가져가거라.
영민	(받으며) 감사합니다.

형구, 다른 장난감들도 하나하나 영민에게 건넨다.

영민, 받아 들다가 손이 모자라 품에 안기까지 하는데

형구	근데 이거 공짜 아니다.
영민	네?
형구	엄마 말 무조건 잘 듣고. 엄마 많이 도와주라고 주는 거야.
영민	네...
형구	(안쓰러운 얼굴로) 엄마가 고생을 많이 했으니까 니가 엄마 행복해지라고 응원 많이 하고 편들어 주고...
영민	(울컥해지는데)
형구	그렇게 엄마랑 너랑 오래오래 꼭 행복해라.

영민, 자기도 모르게 눈물이 흐르면 손등으로 쓱 닦아내는데
형구, 그런 영민의 눈물을 손으로 닦아준다.
그럴수록 더 눈물이 나는 영민.

S#68   아파트 앞 (낮)

지수, 레슨을 마치고 나오는 길이다.
악보 같은 걸 가방에 넣으며 전화기를 꺼내는데 톡이 와 있다.

영민(E)	아빠한테 연락이 와서 잠깐 만나고 올게.
지수(E)	그래 잘 갔다와.

지수, 전화기를 내리고 터벅터벅 가는데
전화 오는 소리 들리고 '이모님'이다.

지수	네, 이모님.
간병인(F)	저기.. 아버님이 갑자기 호흡곤란이 오셔서 응급실로 실려 갔어요.
지수	...!!!

S#69   패스트푸드점 (낮)

영민, 세훈과 마주 앉아있다.
앞에 놓인 피자, 햄버거에 손도 안 대는데

세훈	후회 안 할 자신 있어? 학교 관둔 거?
영민	네...
세훈	왜 싸웠는지는 말 안 할 거고?
영민	죄송.. 합니다.
세훈	근데 영민아.
영민	(보면)
세훈	지금 네 상황은 양육환경으로 보면 최악의 상황이야.
영민	(시선 떨구는)
세훈	널 다시 데려 오겠다고 소송을 하면 99프로 아빠가 이기게 될 거란 얘기야.
영민	(어두워지는)...
세훈	그러니까 말 해주는 게 좋을 거다. 왜 싸웠고 왜 자퇴를 결정했는지. 혹시라도 그게 경제적인 이유 때문이라면 너를 데려올 수밖에 없어.

영민	(걱정이 되는) 그런 거 아니에요.
세훈	그럼 무슨 이유지?
영민	(망설이는)
세훈	(가만히 보면)
영민	(뭔가 결심한 듯) 근데 저는... 아빠랑 살아도 괜찮을 것 같아요.
세훈	...!!!!!

S#70 　중환자실 앞 복도 (낮)

지수, 뛰어온다. 중환자실 유리문 앞에서 멈추고
허리를 굽혀 숨을 고르는데 눈시울이 붉다.
Cut to.
지수, 의사와 얘기하고 있다.

의사	폐렴이 악화돼서 자가 호흡이 어려우신 상탭니다.
지수	(떨리는)...!!!

Cut to.
지수, 복도 의자에 앉아 있다.
망연자실한 얼굴인데 영우가 온다.

영우	지수야..
지수	(보고 놀라는)
영우	혜정이가 연락했어. 나보고 먼저 가 있으라고.

지수	응...
영우	그런데 어떻게 되신 거야?
지수	폐렴에 걸리셨는데 악화되셔서...
영우	자책 하지 마. 니가 어떻게 해왔는지 내가 다 알아.
지수	(그래도 슬프고 막막하다)

S#71   거리 (저녁)

혜정, 영민이와 함께 걷고 있다.

혜정	놀랬지? 이모가 갑자기 연락해서.
영민	네.. 조금..
혜정	엄마가 언제까지 병원에 있어야 할지 모르니까. 넌 일단 오늘은 우리 집에서 자고 내일 날 밝으면 병원 오래.
영민	네...
혜정	우리 신랑이 산도적 같이 생겼어도 나쁜 사람은 아니니까. 같이 밥 먹고 있어. 그리고 나서 TV를 봐도 되고 공부를 해도 되고.
영민	(표정이 어두운) 그런데 할아버지.. 괜찮으신 거예요?
혜정	니 할아버지 힘 쎄시잖아.
영민	(보면)
혜정	니가 잘 몰라서 그러는데... 니네 할아버지가 옛날에 대한민국에서 힘 센 걸로는 탑쓰리에 들었어.
영민	마르셨던데..
혜정	씨름선수 같이 힘 센 거 말구 (일부러 밝게) 나쁜 사람들 막 잡

아넣는 그런 힘, 빠워!!

영민　　네..

혜정　　(안쓰러운지 머리를 쓰담쓰담)

이때 동진에게 전화가 온다.

혜정　　아 왜요?

동진(F)　　오늘 저녁에 영우네 바 안 갈래? 내가 꽁돈이 좀 생겼는데..

혜정　　(OL) 아이고 아버님. 지금 꽁돈이고 뭐고 그럴 때가 아니에요.

S#72　　AV룸 / 거리 (낮)

재현, 소파에 깊이 파묻혀 있다.

아무 음악도 듣지 않고 생각에 잠겨 있는데 전화벨 울리고

거리에 있는 동진과 화면 교차.

재현　　응. 동진아.

동진　　너 병원 안 가보냐?

재현　　병원?

동진　　내 이럴 줄 알았다. 지수가 말 안했겠지.

재현　　무슨 소리야?

동진　　지수 아버님 중환자실에 계신단다, 지금.

재현　　...!!!

S#73   중환자실 앞 복도 (밤)

영우, 혜정, 그리고 동진까지 다들 와 있다.
지수, 그 사람들 보면서 먹먹해지는데
이때, 의사가 나온다.

의사	윤형구 환자 보호자분?
지수	(일어서는데)
의사	다른 가족분들은 더 안 오시나요?
지수	(떨리는 눈빛으로) 올 사람은 없어요. 어린 손자가 있긴 한데...
의사	(끄덕이며) 아무래도 마지막 인사를 나누시는 게 좋을 것 같습니다.
지수	(쿵)...!!!
영우/혜정/동진	...!!!

S#74   병원 야외 주차장 / 재현의 차 안 (밤)

주차된 차 안, 운전석에 앉아 있는 재현.
번민이 가득한 얼굴인데...

S#75   중환자실 안 (밤)

지수, 의사와 함께 산소호흡기를 하고 있는 형구 앞으로 다가간다.

형구, 눈을 뜨고 그런 지수를 보다가

옆에 서 있는 간호사를 향해 손짓을 한다.

간호사 자세히 보는데 산소 호흡기를 빼달라는 손짓이다.

지수도 그 모습을 보는데

간호사, 의사를 보면 의사, 그렇게 하라는 듯 고개를 끄덕인다.

지수, 벌써 눈물이 나는데

간호사, 형구의 호흡기를 벗겨 준다.

형구, 지수와 눈을 마주치고 가까이 오라는 듯 손짓을 하면

지수, 다가가 형구의 손을 잡는다.

지수	(줄줄 울며) 근데...호흡기 빼면 안 되는 거 아니에요? (하며 의사를 보는데)
의사	사후연명치료를 안 하시겠다는 서명을 해놓으셨습니다.
지수	(울컥해서 다시 형구를 보는데)
형구	(힘든 숨을 몰아쉬며) 미안하다.. 지수야..
지수	(눈물 뚝뚝) 진짜 미안하면 일어나야지. 이러지 말구...
형구	제대로 한 번.. 안아주지도.. 못하고..
지수	(울먹이는) 괜찮아. 난 진짜 괜찮아..
형구	내가.. 했던.. 못된.. 짓들... 니.. 무거운 짐들... 내가.. 다.. 가지고... 갈 거니까... 그래서... 너한텐... 좋은 것들만... 남을 테니까..
지수	(울컥하는)
형구	꼭... 행복해라... 지수야...

순간, 지수의 눈에서 눈물이 뚝 떨어지는데

형구, 점점 눈이 감긴다.

지수   (울면서) 아빠.. 내가.. 더 미안해... 엄마랑.. 지영이한테도...
                    꼭.. 미안하다고... 전해줘...

하며 눈물 흘리는데
지수의 손에서 툭 떨어지는 형구의 손!
지수, 그런 형구에게로 무너지며 소리 내어 운다.

S#76   몽타주 (밤)

#중환자실문 열리고
지수, 그 안에서 나오는 순간 풀썩 주저앉는데
혜정, 영우, 동진 놀라서 뛰어온다.
지수, 주저앉은 채 우는데
혜정, 그런 지수를 안아주고
지수, 혜정 품에서 하염없이 운다.
#병원 일각 벤치에 넋이 나간 얼굴로 앉아 있는 지수.
그 뒤로 영우, 동진, 혜정.. 장례 준비로 바쁘게 왔다 갔다 하는..

S#77   병원 앞 (새벽)

아직 어둠이 채 가시지 않은 새벽.

그 위로 뿌옇게 새벽안개가 내려 앉아 있다.

건물에서 조금 떨어진 곳에서

발끝으로 바닥을 툭툭 차고 있는 재현.

(얼마나 오랫동안 서 있었던 건지 얼굴이 까칠해있다)

이때, 눈가가 빨갛고 처연한 모습의 지수, 건물에서 나온다.

발로 바닥을 툭툭 차는 재현의 모습이 보이고

지수, 울컥하는 얼굴로 재현을 본다.

고개 들다가 지수를 발견한 재현도 지수를 본다.

형구가 잘못됐다는 걸 지수의 얼굴을 보고 알겠다.

재현, 마음 아픈 얼굴로 보는데

지수, 그런 재현에게 다가가고 마침내 재현 앞에 선다.

지수   (눈시울이 다시 붉어진)

재현   (안쓰럽게 보는데)

지수   (그렁그렁해지며) 이젠 아무도 안 떠났으면 좋겠어요.

하며 재현의 가슴에 툭 얼굴을 묻는 지수.

눈을 감는데 눈물이 뚝뚝 떨어진다.

재현, 마음 아파서 선뜻 안아주지도 못하다가

천천히 조심스럽게 안아주는 데서...

— 11부 엔딩 —

12부

나한테도 너는 너무 아픈 손가락이라

S#1   병원 앞 (새벽)

한참 재현 품에서 울던 지수, 고개를 들어 재현을 본다.

지수   왜 여기 있었어요?

재현   옆에 있어야 될 것 같아서.

지수   (울컥)

재현   나도 그때 세상에 혼자 남은 것처럼 막막했거든.

지수   (먹먹하게 보는데)

재현   너무 슬퍼하지 마라. 그래야 아버님 마음 편히 가시지.

지수   (천천히 끄덕이는)

S#2   장례식장 곳곳 몽타주 (낮)

#빈소. 형구의 영정사진이 보이고
상복 차림의 초췌한 지수, 허망하고 슬픈 얼굴로 앉아 있다.

#동진과 영우는 장례 관계자와 뭔가를 상의하고
#혜정은 식당에서 음식을 나르고 있다.

S#3　　　장례식장 식당 (밤)

재현과 동진, 상 앞에 앉아 있다.
밥 먹을 생각은 않고 묵묵히 술을 주고받는데
이때 혜정과 영우가 자리에 앉는다.

혜정　　(재현 보며) 오랜만이네요, 선배님.

재현　　네. 오랜만이에요.

혜정　　어쩌다보니 이렇게 뵙게 되네요.

재현　　(웃으며 끄덕이는)

동진　　원래 이 나이엔 다들 이렇게 뵙게 돼있어.

혜정　　우리 오늘은 싸우지 말아요.

동진　　(부드럽게) 우리가 언제 싸웠다고 그래. 거침없는 대화가 쫌
　　　　많았던 거지.

영우　　(웃으며) 거침없는 대화가 아니라 거친 대화였죠.

동진　　(인상을 와락) 진짜 거친 거 한번 보여줘?

영우　　(웃는) 좋아서 그래요. 이렇게 다들 있으니까 좋아서. 요즘 부
　　　　쩍 옛날 생각이 나서 그립고 그랬는데...

혜정　　같이 있던 시간들 내내 하하호호 그리 좋았으니... 늘 그 시절
　　　　이 그립지.

동진　　(촉촉해져서) 지수가 있을 때 다들 만났고, 또 그래서 즐거웠으

니까... 지수가 우리한테... 화양연화네.

재현   (뭉클해지는)

혜정   나는요?

동진   그래, 너두 뭐 하나 해. 화상통화 할래?

혜정   콜.

하면 다들 조용히 웃고
재현도 미소 짓는데 회한과 그리움이 어린 얼굴이다.

S#4   빈소 (밤)

혼자 남은 지수, 형구의 영정 앞에 앉아 있다.

지수   엄마랑 지영이는 만났어? (미소) 좋았겠다, 울 아빠. 나만 혼
자네...(애써 씩씩하게) 두 사람한테 내 꿈에 좀 와달라고 전해
줘. 내가 너무 보고 싶어 한다고. (눈시울 붉어지는데 후— 심호
흡) 괜찮을 줄 알았는데... 평생 흘릴 눈물은 다 써버린 줄 알
았는데 (울먹이는) 또 눈물이 나네.

S#5   장례식장 앞 (밤)

재현, 들어가려다 말고 멈춘다.
벽에 기대어 서서 가만히 있는데 지수가 우는 소리가 들린다.

S#6   빈소 (밤)

지수, 바닥에 얼굴을 묻고 흐느끼고 있다.

S#7   장례식장 앞 (밤)

우는 소리를 듣고 있는 재현, 마음이 아프다.

S#8   납골당 (낮)

납골당에 납골 항아리를 올리는 지수. 영민, 혜정, 영우, 동진 지켜보고 있고
조금 떨어진 곳에서 보고 있는 재현, 마음 아프게 보는.

S#9   지수의 집 앞 (낮 − 밤) − 과거

<자막> 1995년 가을

군복차림의 재현, 초인종을 누르는데 답이 없다.
2층 지수의 방을 올려다보는데 인기척도 없어 보이고
실망하는 재현, 창에서 눈을 떼지 못하는데
이때, 옆집에서 중년 여자가 나온다.

재현	(다가가 꾸벅 인사하고) 혹시 이 집 이사 갔나요?
옆집	(갸웃) 요새 나오시는 거 못 보긴 했는데 이사를 갔는지 안 갔는지는 모르겠네요~

하고 가버리면 가지 못하고 서성이는 재현.
왔다 갔다 하는 재현 위로 시간의 흐름이 보이고 (CG)
어느새 밤이다. 대문 앞에 아예 앉아버린 재현.
시계를 보다가 문득 생각난 듯 가방을 연다.
지수가 줬던 라디오를 꺼내고 전원을 켜서 이리저리 주파수를 맞춘다.
뉴스가 나왔다가 광고가 나왔다가 DJ의 목소리가 들리는데

남DJ(E)	FM음악도시, 오늘의 마지막 곡은 '빛과 소금'의 곡입니다, 「내 곁에서 떠나가지 말아요」.

노래 흘러나오면 가방을 끌어안고 노래를 듣던 재현, 울컥해지고

INS) 현관 앞에 앉아 있다가 라디오 소리에 일어서는 지수.
천천히 대문 쪽으로 다가간다. 대문 앞에 조용히 앉으며 귀를 기울이는데
노래를 듣다가 울컥 눈시울이 붉어진다. 대문 밑의 틈으로는 재현의 손이
보이고
그렁한 눈의 지수, 재현의 손에 다가가다가 멈춘다.
바로 옆에 있지만 닿을 수도 만질 수도 없다.
노래를 듣고 있던 재현의 눈시울도 붉어지는데..
카메라, 멀리 빠지면
대문을 사이에 두고 기대앉아 있는 두 사람의 모습이 보인다.

Cut to.

새벽녘. 집 앞을 나서는 재현,

발이 안 떨어지는 듯 천천히 뒷걸음으로 가다가

마음 아픈 얼굴로 불 꺼진 2층 지수방을 다시 올려다본다.

아쉽게 돌아서는데 눈가에 물기가 반짝 비친다. 가는 발걸음이 무겁다.

S#10 감나무집 마당 (낮) ― 과거

그새 까칠하고 초췌해진 재현, 마당 안으로 들어온다.

재현과 지수가 머물던 방이 보이는데.. 재현의 비전..

F/B) 7부 #71. 방 앞 마루. 같이 이불 쓰고 입 맞추던 두 사람.

천천히 마루에 앉는데 예전에 있던 백구가 다가온다.

재현, 반가운 얼굴로 안아 올린다.

백구와 눈을 마주치며 쓰다듬어 주는데 눈시울이 붉어진다.

이때, 감나무집 주인이 다가온다.

주인	재현아.
재현	형...
주인	휴가 나온 거야?
재현	(끄덕이고는) 혹시 지수, 여기 안 왔어요?
주인	(안쓰러운 얼굴로 고개 짓는) 여길 올 리가 있나.. 일부러 떠난 거라며.
재현	(고개 떨구며 끄덕이는) 그래도 혹시나 해서요. 집에도 학교에

203

도 없어서.

S#11   감나무집 방 (낮) — 과거

재현, 벽에 기대 앉아 있는데 다시 재현의 비전.
F/B) 7부 #70. 두 개의 요를 깔아놓고 어색해 하는 재현과 지수.

재현, 서글프게 보다가 유선전화기를 든다. 삐삐번호를 누르면

지수(F)   안녕하세요. 윤지수의 남자친구 한재현의 삐삐입니다. 남자
          분은 1번 또는 2번, 여자분은 그냥 끊어주세요. 임자 있습니
          다! 게다가 여자친구 성질이 아주 더럽.. 악~~

듣고는 뚝 끊는 재현. 그리고 다시 번호(자기 삐삐번호)를 누른다.
그러면 다시 들리는 지수의 목소리.
몇 번이고 눌렀다 끊었다 하면서 지수의 목소리를 듣는데
눈이 그렁해진다.

INS) 감나무집 마당에 눈이 왔다가 꽃이 폈다가... 시간의 흐름.

S#12   거리 (낮) — 과거

<자막> 1997년 7월

군복 차림의 재현과 사복 차림의 동진, 나란히 걷고 있다.

제대 날이라 재현은 큰 가방을 메고 있는데

두 사람 다 더운지 살짝 인상을 쓰고 있다.

동진   왜 하필 이렇게 더운 날 제대하고 지랄.

재현   나오지 말랬는데 왜 굳이 나와서 지랄.

동진   불쌍하니까 새꺄! 아버지두 안 계시고 여자친구도 안 계시고.

재현   (표정 굳으며) 지수는 좀 찾아봤어?

동진   니 덕분에 내가 음대 애들하고 완전 친해졌잖아. 없는 거 없이
        자라서 그런가 애들이 구김살이 없어.

재현   음대 애들 삐삐 번호만 따고 지수는 안 찾았네.

동진   삐삐 같은 소리 하구 있네. 나 낼 모레 전화기 나오는 사람이야!

재현   집전화?

동진   핸드폰!! (손으로 핸드폰 만들며) 요래요래 들고, 한국지형에
        강하다~ 애니

재현   (OL) 주접 그만 떨고 가자.

동진   너도 이제 제대했으니까 한 대 장만해.

재현   돈 모아야 돼.

동진   돈이 있어야 모으는 거 아니냐?

재현   벌 거야.

동진   뭐해서 벌 건데?

재현   뭐든지 다.

동진   사시는 안 칠 거냐?

재현   그럴 시간 없다. 빨리 졸업하고 빨리 돈 벌 거야. 엄마도 몸 약
        해지셔서 장사도 힘드시고. (쓸쓸한) 아버지 친구고 동료고 이

제 아무도 없으니까.

동진   돈 벌어서 뭐할라고?

재현   빚진 거 갚아야 돼.

동진   너, 빚도 졌냐? 누구한테?

재현   ...아버지.

동진   아부지가 학비를 빌려주신 거야? 와... 아부지 되게 아메리칸 스타일..

재현, 멈추더니 주머니에서 반으로 접힌 낡은 봉투를 꺼낸다.
동진, 의아하게 보는데... 재현, 봉투에서 돈을 꺼내면 예의 3만원이다.
F/B) 11부 #64. 재현부가 주고 간 봉투 속 돈.

재현   (회한 어린) 아버지가 일당으로 받아오신 거, 그대로 주신 거야.

동진   그걸 갖고만 다닌 거야?

재현   (눈빛 떨리며) 못 쓰겠더라. 그래서 갚으려고. 백만 배쯤 이자 붙여서.

동진   (이해한다는 듯 어깨 툭툭 치는)

S#13   묘지 (낮) ― 과거

작고 초라한 묘가 보이고 재현과 동진, 그 위의 잡초를 뽑고 있다.
무성하게 자란 잡초에 마음이 아픈 재현.
동진도 묵묵히 풀 정리만 한다.
Cut to.

재현, 소주잔을 들고 있고 동진이 소주를 따른다.

잔을 들고 있는 재현의 손이 살짝 떨리는데

입을 앙다무는 재현, 잔을 두 번 돌리고 천천히 묘 위에 뿌린다.

Cut to.

묘 앞에 앉아 있는 두 사람. 둘 다 서글프고 서러운 얼굴인데

동진	아부지.. 많이 보고 싶냐?
재현	(눈시울이 붉어지며) 잘 모르겠다.
동진	모르긴 뭘 몰라.
재현	기억이 잘 안나.
동진	(안쓰러운 얼굴로 보는)
재현	휴가 나왔을 때 집 앞에서 본 게 마지막인데 (눈물 참으며) 밤이라 깜깜해서 그랬나. (목이 메는) 기억이 잘 안나.
동진	(눈물 글썽이는) 뭐가 이러냐 진짜.. 너같이 열심히 산 놈이 어딨냐고.. (코를 훌쩍이는)
재현	(고개 떨구는데 눈물이 뚝 떨어진다)

S#14   학교 안 / 법대 건물 근처 (낮) ─ 과거

사복 차림의 재현, 천천히 교정을 걷는데

남학생	(잡으며) 야, 한재현!! 제대했냐?
재현	(끄덕이기만)
남학생	총학실 올 거지?

재현   (가면서) 아니.

남학생   왜? 뭔 일 있어?

재현   이제 그런 데 안 가.

Cut to.

법대 건물 앞에 서는 재현.

회한에 어린 눈으로 둘러보다가 과방 창문 쪽에 시선이 멈춘다.

F/B) 1부 #15. 과방 창가에서 돌아가던 지수를 보는 재현.

지수가 넘어지려고 하면 같이 움찔하는.

Cut to.

벚꽃 벤치 앞에 서는 재현.

초록의 나무들만 보이는 벤치를 가만히 보고 있으면

(재현의 비전) 벚꽃이 생기고 벤치 위에 지수가 앉아 있다.

손수건으로 머리를 묶으며 귀엽게 발을 옴짝거리는데

마치 눈앞에 있는 듯 미소 짓는 재현. 그러다 이내 서글픈 얼굴로

재현(E)   어딘가에 있을 지수야... 나는 이제 다른 사람이 되려고 해. 언
            젠가 다시 만나면 내가 많이 변했어도 꼭 알아봐주라.

하며 천천히 돌아서는 재현, 애써 눈물을 참는다.

S#15   납골당 (낮)

처연한 얼굴의 지수, 덤덤히 형구의 사진을 올리는데

형구의 사진과 지수를 번갈아 보던 재현, 마음이 아프다.

S#16   형성그룹 본사 외경 (낮)
S#17   장회장 사무실 (낮)

황학수, 장회장 앞에 서 있다.

장회장   저런.. 아까운 사람이 가셨구만.

황학수   그러게 말입니다. 그 사고만 없었어도 정계까지 쭉 올라가셨
         을 텐데.

장회장   뭔 소리야? 쓸 만한 카드였는데.. 제대로 못 써서 아깝다는 말
         인데.

황학수   (당황) 아, 네.

장회장   그렇다고 카드가 사라진 건 아니지. 사람은 없어도 팩트는 있
         으니까.

황학수   (끄덕이는)

장회장   (곰곰 생각하는)

S#18   서경의 사무실 (낮)

서경 앞에 김비서가 서 있다.

서경   아버지 장례식?

김비서	네. 요양원에 오래 계시다가 돌아가셨다고 합니다.
서경	가지가지 한다. 또 불쌍해 죽었겠네. 그래서 재현씨는 장례식에 갔고?
김비서	...네.
서경	(화가 치민다)

S#19   재현의 차 안 (밤)

강비서, 운전석에 있고 동진이 뒷자리에 타고 있다.

동진	우리 강비서 덕분에 오늘은 아주 편하게 가겠네. 며칠 밤샜더니 눈꺼풀이 완전 엘리베이터야. 자꾸 내려와.
강비서	(웃는) 네. 안전하게 모시겠습니다.
동진	근데 재현이 놈은 전화하고 온다더니 왜 이리 안 와? 또 똥싸러 갔나? 이놈은 하여튼.. 병원을 가래니까.
강비서	그런데 부사장님.. 괜찮으십니까?
동진	(눈감으며) 뭐가?
강비서	윤지수씨 아버님이요..
동진	지수 아버님이 왜?
강비서	(당황한) 아, 아닌가요? 윤지수씨 아버님 성함이 윤 형자 구자시던데..
동진	(눈 반짝 뜨고) 그니까 그게 왜?
강비서	(수습하며) 아무 것도 아닙니다. 죄송합니다.
동진	(눈치 채고 떠보는) 혹시... 강비서도 그걸 알고 있는 거야?

강비서	변호사님도 알고 계셨습니까?
동진	나야 알지 근데 강비서는 어떻게 알았어?
강비서	몇 년 전에 부사장님께서 아버님 사건을 알아보라고 하셨는데... 그때 관련됐던 지검장이 그 이름이었거든요.
동진	...!!!
강비서	처음엔 동명이인이겠지 했는데 조문 오신 분들이 지검장님이라고..

S#20   재현의 집 외경 (밤)
S#21   재현의 집 거실 (밤)

재현 들어오는데, 서경이 소파에 앉아있다.

서경	피곤하겠다, 자기.
재현	(멈추고 보는데)
서경	얼마나 울었을까. 아이고 불쌍한 우리 지수.. 하면서.
재현	(착잡하게 보는)
서경	자기도 참 용감하다. 불륜남 주제에 어떻게 그 여자 아버지 장례식엘 가?
재현	(지친 듯) 우리.. 그만 하자, 서경아.
서경	(눈빛 흔들리지만) 좋아, 맘대로 해.

하고 자리를 박차고 가버리면, 재현의 얼굴이 굳는다.

S#22   지수의 집 거실 (낮)

지수, 상자에 담긴 형구의 유품을 정리하고 있다. 영민이도 돕고 있는데

지수   (상자 안을 보다가 갸웃) 이상하다..

영민   왜?

지수   할아버지 장난감이 하나두 없네.

영민   그거, 나 주셨어.

지수   그래?? 언제?

영민   돌아가시기 전 날...

지수   (울컥하는)

영민   나 누군지 아시는 거 같았어. 뭘 주고 싶으신데 이런 장난감도
       좋아하냐고 하서서.. 그렇다고 했지.

지수   (그렁한 눈으로 미소) 잘했네. 할아버지가 기쁘셨겠다.

영민   (미소) 엄마 말 무조건 잘 듣고, 엄마 응원해주고... 나랑 엄마
       랑 오래오래 행복하라고 하셨어.

지수, 울컥해지는데 영민의 머리를 쓰다듬고는 다시 짐정리를 한다.
그러다가 형구가 병실에서 쓰던 수첩을 발견한다.
펼쳐보면 뭔가 빼곡히 적혀있다.
지수의 눈빛이 갑자기 짠해지는 것을 본 영민,
엄마 옆으로 서서 함께 수첩을 들여다본다.

영민   (머리를 들이밀고) 할아버지 일기장?

지수   (수첩을 쓰다듬으며) 그런 것 같네. 매일 그리 힘드셨는데 언제

이런 걸 다 쓰셨을까.

하며 수첩을 펼치고 카메라가 첫 장을 비추면
검사장 출신답게 달필로 쓰여진 형구의 글이 보인다.
법조문처럼 한자가 많다.

영민　　　(놀라는) 와... 한자가 엄청 많네.

지수　　　(영민을 툭 치며) 니네 할아버지가 옛날에..

영민　　　(OL) 서울중앙지검장!

지수　　　(피식) 그래... (다시 수첩을 쓰다듬으며) 한자가 많긴 많네. 아
　　　　　빠답다.. (눈물이 스민 웃음) 못 말려.

지수의 시선으로 카메라가 수첩을 들여다보면

형구(E)　　지수야..

S#23　　　요양원 마당 / 형구 생전의 어느 날 (낮)

카메라가 수첩에서 천천히 빠지면
요양원 마당의 형구, 휠체어에 앉아 저 너머의 산을 보고 있다.
병색이 완연한 몸이지만 눈빛만은 왠지 편안하다.
잦은 기침으로 몸을 들썩이면서 무릎에 놓인 수첩에 글을 쓴다.

형구(E)　　따스한 햇살에, 기분 좋은 바람이 부는 날이구나. 오늘은 날씨

처럼 정신도 맑아서 모처럼 마음이 편안하다. 하지만 그러다
가도 금세 이런저런 걱정을 하게 된다.

S#24　　지수의 집 거실 (낮)

어둑해진 거실. 소파에 혼자 앉아 수첩을 읽고 있는 지수.
수첩을 넘기는 손길이 조금씩 떨리고 눈에는 물기가 어리는데
그 위로 형구의 보이스 오버가 이어지고
요양원에서의 형구 모습들이 몽타주처럼 스쳐 지나간다.
(장난감 만지던 모습, 포도주스 던지던 모습, 피아노 보고 좋아하던 모습, 비오
는 날 병원 앞에 주저앉아 있던 모습 등)

형구(E)　　그제가 며칠인지, 어제 저녁으로 뭘 먹었는지, 소매에 묻은 이
　　　　　　빨간 얼룩은 어쩌다 생긴 건지, 건너편의 저 사람은 왜 나를
　　　　　　보고 얼굴을 붉히는지.. 아무 것도 기억이 나질 않으니까 내
　　　　　　정신이 흐릴 때 또 무슨 실수를 했나, 혹시 너한테 패악이라도
　　　　　　부린 건 아닌가... 사람들한테 물어보기도 부끄럽고 무슨 대
　　　　　　답을 들을까 겁부터 난다.

지수, 눈물이 차오르는데...

형구(E)　　이렇게 된 후로 잠을 깨듯이 정신이 온전해질 때마다 혼자 생
　　　　　　각하고 짐작하면서 세상을 붙들어왔다. 지금까지 니가 얼마나
　　　　　　힘든 세월을 살아왔는지 나는 잘 안다. 너무 잘 알아서 아는

체를 할 수도 없었고...

지수, 뺨에 흐르는 눈물을 연신 닦아가며 본다.

S#25 요양원 마당 / 형구 생전의 어느 날 (낮)

글을 쓰던 형구의 눈에도 눈물이 맺히고

형구(E)   얼마 전에 재현 군이 병원에 왔을 때 나는 한눈에 알아봤다. 정신이 맑든 흐리든 절대 잊을 수 없는 얼굴이었으니까. 그 친구는 아직도 네 얼굴만 보고 있었고 그 옆에서 환히 웃는 너는 스무 살 아가씨 같더구나. 그런 너희를 보면서 나는 (한숨 소리) 마음이 무거웠다.

형구, 고개를 들어 하늘을 본다. 회한에 찬 눈빛.

형구(E)   아직도 같은 마음으로 행복해하는 너희들을 보면서 내 마음이 왜 무거웠는지... 오늘처럼 맑은 정신일 때 너한테 꼭 말해야 하는데, 아무리 용기를 내도 말로는 차마 할 수가 없어서 이렇게 글로 남긴다.

INS) 수첩을 보던 지수, 무슨 내용을 읽었는지 놀라서 입을 막는다.

S#26   호텔 바 (밤)

재현, 동진과 술을 마시고 있다.

동진   (놀라는) 지수 아버님인 걸 알고 있었다고?

재현   (끄덕)

동진   언제부터?

재현   5년 전부터.

동진   야, 사실 검찰 기소가 아버님 그렇게 되신 데에 결정적이었..
       (멈추고) 아니, 그거 알면서도 지수.. 그냥 만난 거야?

재현   지수 다시 만났을 땐 지수 말고는 아무 생각도 안 났어. 다시
       만난 거 자체가 기적 같았으니까. 그러다 최근에 아버님을 요
       양원에서 뵀는데, 아버지 작업복 가방 안에 있던 그 많은 고소
       장들이.. 아른거리긴 했지.

동진   고소장만 아른거리냐? 난 그 얘기 듣고 너희 아버지.. 그 썰렁
       한 장례식 생각나서 혼났구만.

재현   (옅게 미소) 뭐 아무렇지도 않진 않지만... 지수 잘못이 아니잖아.

동진   지수는 알아?

재현   아니. 절대로 알아서도 안 되고.

동진   그건 그렇지.

재현   그러니까 지금부터 입 닫고. 내 이혼소송이나 맡아줘.

동진   (눈 동그래져서 손짓발짓)

재현   왜 이래?

동진   입 닫으라며?

재현   (피식) 미친놈.

동진	소송으로 가기로 한 거야?
재현	아직은 아닌데 만약 소송까지 가야 되면 니가 해줘.
동진	(착잡한) 그동안 오는 소송 안 막고, 가는 소송 붙잡으면서 직업별로 안 받아본 클라이언트가 없는데... 니놈은 진짜 하기 싫다. (하며 술을 마신다)
재현	(역시 씁쓸한 얼굴로 술잔을 드는)

S#27   세훈의 집 영민의 방 (낮)

영민, 침대에 앉아 있고 세훈, 그 앞에 앉아 있다.

세훈	아빠랑 같이 살고 싶다는 말... 아직도 유효한 건가?
영민	(천천히 끄덕이는)
세훈	나야 반갑고 좋긴 한데, 갑자기 왜 그런 마음이 든 거지?
영민	(망설이는)
세훈	학교 자퇴한 거랑 상관이 있는 건가?
영민	엄마를 행복하게 해주고 싶어요.
세훈	엄마는 너랑 있어야 행복할 텐데?
영민	엄마가... 결혼했으면 좋겠어서요.
세훈	...!!!!
영민	그런데 제가 있으면 방해가 되니까.
세훈	(놀란 마음을 누르며) 엄마한테 결혼할 사람이 있니?
영민	(말 못하는)
세훈	있는 것 같구나.

영민	그런데... 조금만 기다려주시면 안돼요?
세훈	(보면)
영민	할아버지 돌아가신 지 얼마 안돼서 엄마가 힘드니까. 당분간은 엄마 옆에 있고 싶어요.
세훈	(착잡한 얼굴로 끄덕이는)

S#28   호텔 라운지 카페 (낮)

재현, 형성 주주들과 만나고 있다.
(송인수: 낚시터에서 만난 중년남. 이유신: 등산로에서 만난 노인.)

송인수	우리끼리 이리 만나는 거, 저쪽에서 알아도 괜찮겠습니까?
재현	(미소) 괜찮습니다. 저쪽도 이미 다 알고 있습니다.
송인수	(끄덕이며) 하긴 뭐 이제 와서 서로 숨길 일도 아니죠. 그나저나 부사장님, 이번에 차명지분 전환하셔서 최대주주 되신 거 (미소) 축하드립니다.
이유신	형성 홀딩스가 형성그룹 최상단 지주회사니까 이제 한회장님이라고 해야 하는 거 아닌가?
재현	(진지한 얼굴로) 감사합니다만 그런 인사를 받기는 이른 것 같습니다. 장회장 쪽 우호지분은 우리사주와 연기금, 소액주주를 빼도 36.8 퍼센트입니다. 저희 쪽은 저와 두 분을 모두 합쳐도 35.65퍼센트구요.
송인수	(눈을 빛내며) 저는 다음 주총 때까지 지금 주가로 1.2 퍼센트 정도는 더 모을 수 있습니다.

이유신   나는 2퍼센트 정도일세.

송인수   (계산해보고는) 그러면 저희는 38.85, 장회장은 36.8이 됩니다. 말 그대로 박빙이네요.

재현   네. 게다가 저쪽은 아직 강력한 카드가 남아 있습니다.

송인수/이유신   ..?!!

S#29   장회장의 사무실 (낮)

중앙의 상석에 장회장이 보이고
좌우로 황학수와 이실장을 비롯한 장회장 측 임원들 앉아있다.

황학수   (자료를 넘겨보고는) 지금까지의 지분 차이는 1.15퍼센트, 현재 주가로는 219만주만큼 저희가 앞서 있습니다.

장회장   (한심하다는 듯) 이봐... 1.15퍼센트 차이를 앞서있다고 하는 거야?

황학수   (눈치를 살피며) 표면적으로는 그렇지만 형성홀딩스 직원들의 우리사주 9퍼센트는 모두 회장님 편이고 연기금, 투신, 은행들이 가지고 있는 5퍼센트도 한부사장 편을 들 리가 없습니다. 그래서 경영권 방어는 무리 없이..

장회장   (OL) 전에 나한테 뭐라 그랬어? 재현이 놈이 차명지분을 제 이름으로 전환하려면 세금부터 수천억을 내야 하니까 알아서 기어올 거라고 하더니, 잘만 내고 다 가져갔잖아!!

황학수   (기어들어가는 소리) 서울은행에서 그 돈을 다 대줄 줄은...

장회장   (OL. 역정) 이리 될 줄 알았으면 기자들 모아놓고 달라진 국민의 눈높이를 몰랐다, 모든 것을 내려놓겠다, 깊이 사죄한다 어쩐다, 대충 얘기하고 차라리 깜방을 다녀올 걸 그랬어!!

황학수   (고개 숙이며) 죄송합니다.

장회장   (화를 누르며 이실장에게) 재현이 뒷배가 누구누구라고 했지?

이실장   확인된 인물로는 경남 창원의 이유신, 경기도 광주의 송인수라는 사람인데 두 사람 모두 증권가에서는 유명한 슈퍼개미라고..

장회장   (OL) 슈퍼개미는 개뿔이 슈퍼개미야!! 코딱지 같은 회사 하나도 아니고, 그룹 전체를 처먹으려고 하는 도둑놈의 새끼들이지. 내가 어쩌다가 이런 거지같은 것들까지 신경을 쓰게 됐는지, 이거 뭐 화를 내도 내도 끝이 없네.

장회장, 일제히 머리를 조아리는 임원들을 경멸하듯 보다가

장회장   (차분한 목소리로) 잘 들어. 재현이 그놈이 만만한 물건이 아니야. 제발 그놈 입장에서 생각을 좀 해. 지금 월급 주는 게 나니까 직원들이 당연히 내 편이고. 오래 알고 지냈으니까 기관투자자들도 내 편이라는 한가한 소리는 좀 집어 치우고! 길목마다 잘 지키고 있으라고. 알겠어?

일동   네!

장회장   (황학수를 향해) 그리고, 전에 내가 말한 것도 준비해 봐.

황학수   (결연하게) 알겠습니다.

장회장   원래 개미 같은 것들은 밟아 죽여야 확실한 거야.

S#30   재현의 집 외경 (밤)

S#31   서경의 방 (밤)

서경의 화장대 위에 이혼 서류가 올려져있다.

재현의 도장이 찍혀 있는데 이 악무는 서경, 휙 집어 들고 나간다.

S#32   장회장의 서재 (밤)

장회장, 이혼서류를 보고 있다.

그 앞에 서경, 팔짱을 낀 채 심각한 얼굴로 앉아 있는데

장회장   (분을 삭이며 차갑게) 니가 이걸 써먹을 수 있을지 모르겠는데.

서경   뭘?

장회장   윤지수 아버지가 재현이 아버지의 원수다.

서경   (놀라는)...!!

장회장   재현이나 그 여자나 그 얘길 다 알고도 웃으면서 만나기는 쉽
          지 않을 거다.

서경   (눈빛 흔들리는) 자세하게 말해 봐.

S#33   지수의 집 부엌 (밤)

지수, 굳은 얼굴로 설거지를 하고 있다.

또 그릇들을 죄다 꺼낸 건지 싱크대 위에 그릇이 수북하다.

뽀득뽀득 열심히 그릇을 닦는다.

바닥이 탄 냄비까지 철수세미로 박박 닦는데

이때 문자 오는 소리 들리면 고무장갑을 빼고, 전화기를 보는데

서경(E) 내일 좀 만났으면 하는데... 바쁘면 제가 그쪽으로 가죠.

S#34   호텔 라운지 (낮)

서경과 지수, 마주 앉아 있다.

평소보다 더 화려하고 도도하게 차려입은 서경.

지수는 평소와 다르지 않은데

서경 (이혼서류를 테이블에 탁 놓으며) 재현씨가 이걸 주고 갔는데..
어쩌죠?

지수 (보고 놀라는)...!!

서경 나는, 이혼할 생각이 전혀 없는데.

지수 (혼들리는 눈빛으로 보면)

서경 윤지수씨도 재현씨랑 헤어질 생각 없는 것 같으니까 그냥 평
생 불륜녀, 상간녀로 살아요.

지수 ...!!!

서경 전에 말했죠? 나, 교양은 1도 없다고. 사람 모욕주고 짓밟는
거 완전 잘한다고.

지수 (누르며) 잘 알고 있어요. 쉽게 잊어버릴 얘긴 아니라서. 더 하
실 얘기는 없으신가요?

서경	(어이없다는 듯) 강한 척 하는 게 컨셉인 거 같은데. 이 얘기 듣
	고도 컨셉 유지할지 모르겠네.
지수	...?!
서경	돌려서 말하는 거 딱 싫어하니까 바로 말할게요. 혹시 그쪽 아
	버지가 재현씨 아버지 죽게 한 건 알고 있어요?
지수	...!!
서경	못 믿겠으면 옛날 자료 찾아봐요. 재현씨 아버지 기소한 검사
	라인이 어떻게 되는지.

하고는 자리에서 일어서더니 이혼서류를 반으로 찢는다.
지수, 기막힌 얼굴로 보는데

| 서경 | (계속 찢으며) 그쪽은 그쪽 스타일대로 가세요. 난 내 스타일대 |
| | 로 갈 테니까. |

하며 찢은 서류를 지수에게 확! 날리고 간다. 지수, 참담하고 아프다.
입술을 깨물며 마음을 다잡아보지만 쉽지가 않다.

S#35   재현의 집 외경 (밤)
S#36   재현의 드레스룸 (밤)

재현, 셔츠의 커프스버튼을 풀고 있는데 서경이 다가온다.

| 서경 | 우리 이혼서류, 윤지수한테 줬어. |

재현	(멈추는)...!!!
서경	(독하게) 갈기갈기 찢어서.
재현	...!!!!
서경	걱정 마. 붙여서 가져오겠지. 그 여자가, 당신이 이혼하길 바라면.
재현	(서글픈 눈으로) 내가 당신을... 괴물로 만들었구나.
서경	이게 원래 나야. 니들이 이러니까 생긴 대로 살아야겠다는 생각이 자꾸 드네.

하고 가버리면
재현, 커프스버튼을 마저 풀 생각도 않고 착잡하게 서 있는.

S#37   거리 (밤)

지수, 꿋꿋이 걷는데 참담한 얼굴이다. 그 위로 떠오르는 말들

서경(E)	혹시 그쪽 아버지가, 재현씨 아버지 죽게 한 건 알고 있어요?
재현(E)	장례식에 오지 않은 사람들이, 그 많은 고발장 안에 모여 있었어. 아버지 때문에 노조가 부서졌다, 아버지 말을 믿었다가 해고를 당했다... 아버지가 회사 돈을 받은 게 분명하니까 철저히 수사해달라..
성인 재현(E)	사실은 아버지에 대한 미안함과 그리움이었는데.. 시간이 지날수록 더 많이 미안하고 더 많이... 그립더라.

그 자리에 털썩 주저앉고 마는 지수,

붉어진 눈시울로 울음을 겨우겨우 삼킨다.

S#38   재현의 집 앞 (밤)

재현, 대문을 나서는데 차에 있던 강비서가 나온다.

강비서   어디 가십니까?

재현   왜 아직 안 갔어?

강비서   차를 좀 정리하고 있었습니다. 어디 가시는 거면 모시겠습니다.

재현   아니, 좀 걷고 싶어서.

강비서   아, 네.

재현   들어가 봐.

강비서   네. 그럼 들어가십시오.

강비서, 꾸벅 인사하는데, 재현, 손 흔들어 인사하고는 걷기 시작한다.

S#39   지수의 집 거실 (밤)

지수, 불꺼놓고 TV를 틀어 놓았다.

분명 리모컨을 들고 시선도 TV 화면에 가있지만 보고 있지는 않다.

심란한 얼굴로 생각에 잠겨 있는데. 옆에 있던 핸드폰을 들어 보면

'재현선배' 부재중 전화 표시 (5)로 되어 있다.

S#40   거리 (밤)

전화기 든 손을 내리는 재현, 천천히 걷다가
조금씩 발걸음이 빨라지고 이내 달리기 시작한다.

S#41   지수의 집 앞 (밤)

숨을 고르는 재현, 올려다보면
불이 꺼져 있는데 희미하게 불빛이 새어 나온다.
다행이다 싶다가 이내 미안하고 안쓰러운데

재현(E)   힘들고 지치면 주저앉아도 돼. 내가, 너를 안고 달릴 테니까..
              절대로 도망가지만 마라.

S#42   지수의 집 거실 (밤)

지수, 재현의 톡을 보고 있다. (위의 보이스 오버)
울컥하는 얼굴로 하염없이 본다.

S#43   초록대문집 앞 (낮)

여전히 '임대문의 000-0000-0000' 종이가 붙어 있다.

그 앞에 서는 지수, 망설이다가 이내 종이를 뗀다.

S#44   은행 앞 (낮)

은행에서 나오는 지수, 역력히 실망한 얼굴이다.

은행원(E)   대출은 좀 어려우실 것 같습니다. 신용등급이 좀 많이 낮으시
          고 4대 보험 가입한 직장이 없으신 것도 그렇고 무엇보다 3금
          융권 대출이 많으셔서 은행권 대출은...

후— 심호흡하고 다시 뚜벅뚜벅 가는 지수.

S#45   초록대문집 앞 (낮)

지수, 영민과 함께 문을 열고 나온다. 부동산 중개인도 함께 나오고.

지수   잘 봤습니다. 주인분한테 감사하다고 전해주세요.
중개인   네, 알겠습니다.

S#46   거리 (낮)

지수, 영민과 얘기하면서 걷고 있다.

지수	집 어땠어?
영민	우리 이사 가?
지수	그래볼까 하고 있어.
영민	왜?
지수	할아버지가 엄마한테 꼭 행복해지라고 하셨거든. 그래서!! (영민이를 어깨동무하며 씩씩하게) 코 앞의 일부터 한 번 해보려는 거야.
영우(E)	뭘 해봐?

지수, 그 소리에 고개 드는데 영우다.

영민	어, 안녕하세요.
지수	(놀라는)
영우	오랜만이다, 영민아. 어디 갔다 와?
영민	집... 보고 왔어요.
지수	(흠칫)
영우	집?
영민	이사갈 집이요..
영우	(놀라서 지수 보는데)
지수	(난감한)
영우	(표정관리하며) 근데, 너 학교 안 갔어?
영민	저 이제 학교 안 가요.
영우	왜?
영민	자퇴 했어요.

S#47   피자집 (낮)

같이 피자 먹는 영우, 영민, 지수.

영우   좋겠다, 영민이. 학교도 안 가고.

영민   (피식)

영우   학교 안 가면 하고 싶었던 거 없었어?

영민   (가만히 생각하다가) 엄마는... 뭐였어? 외할머니랑 이모랑 하
            고 싶었던 거.

지수   (뭉클해지는) 너 하고 싶은 거 말하랬더니.. 왜 나를 물어봐?

영민   엄마도 나 때문에 못한 거 많았으니까... 엄마 하고 싶은 거 하
            라고.

영우   다 컸다, 다 컸어~

지수   (먹먹한) 나는.. 너무너무 많은데.

영민   (미소)

지수   할아버지가 엄해서 대학 가기 전까진 아무 것도 못했거든. 엄
            마가 대학 들어갔을 땐 또 이모가 고등학생이었고. 그러다 기
            특하게... 이모가 그 좋은 대학을 갔는데... 그땐 또... 엄마가
            바빴어. 할아버지 미워서 집도 나가고.

영민   진짜?

지수   (아프게 웃는) 할머니랑 이모랑 같이 미용실도 가고, 백화점도
            가고, 술집도 가고 한창 유행하던 스티커 사진도 찍고, 그때 막
            생겼던 노래방도 가고 놀이공원도 같이 가기로 했었는데...

영민   (지수의 등을 토닥인다)

지수   (그렁한 눈으로 미소)

영우   (쾌활하게) 그래!! 가자!!

S#48   놀이공원 몽타주 (낮)

#롤러코스터 타며 신나하는 지수와 영민.

아래에서 두 사람 보며 미소 짓는 영우.

#핫도그 하나씩 입에 물고 다니는 지수, 영민, 영우.

#스티커 사진 찍는 지수와 영민.

90년대처럼 뽀글이 가발 같은 것도 썼다.

S#49   놀이공원 일각 (낮)

영민은 혼자 롤러코스터를 타러 갔는지 안 보이고

지수와 영우, 벤치에 앉아 있는데

영우   이사 가는 거, 재현형도 알아?

지수   어.. 아직.

영우   왜?

지수   (말 돌리는) 옛날 생각난다. 나 시골로 이사 갔을 때 너랑 혜정

             이랑 왔던 거. (미소)

S#50　　시골마을 외경 (낮) — 과거

<자막> 1996년 1월

작은 시골마을 보이고.

S#51　　마을 일각 (낮) — 과거

지수, 마늘 한보따리를 안고 낑낑대며 가는데

영우(E)　　지수야!

보면 영우다. 그 옆에 혜정이도 있는데..
지수를 본 혜정, 달려가 지수를 와락 안는다.

혜정　　(울음을 터뜨리는) 이 나쁜 기지배야! 너 진짜 못됐어! (엉엉)
　　　　내가 얼마나 찾았는데... 내가 너 얼마나 걱정했는데. (엉엉)

지수도 눈시울이 붉어지고, 영우도 고개를 돌린다.

S#52　　지수의 방 (밤) — 과거

작은 상 하나 차려 놓고 둘러앉은 지수, 혜정, 영우.

열무김치에 막걸리 같은 게 놓여 있다.

혜정   촉이 딱! 오는 거야. 주영우, 저 새끼 안다!

지수/영우 (피식)

혜정   그래서 며칠 동안 쫓아다녔는데 글쎄 시외버스 터미널로 가는
          거야.

영우   갑자기 버스 옆자리에 털썩 앉는데 진짜 심장 떨어지는 줄 알
          았다.

혜정   얌전히 와준 거 고마운 줄 알아. 아주 죽여 놓을라 그랬는데.

영우   나는 지수가 시킨대로 한 죄밖에 없다.

혜정   하긴. 저놈이 나쁜 놈이지.

하며 지수에게 헤드락을 걸고
지수, 소리 지르고 웃고 세 사람, 즐거운데...
Cut to.
다들 조금 취해있다. 자세도 조금씩 흐트러진.

지수   아빠가 안 좋게 나오셔서 퇴직금도 없고 정신도 안 좋으시니
          까... 작은 아빠가 보상금을 맡아서 관리해 주시겠다고 했는
          데, 그 뒤로 연락이 안 돼.

혜정   헐. 미친.

지수   그래서 이제 진짜 아무 것도 없어. 돈도 사람도...

혜정   그러니까 서울로 오라고, 기지배야!! 내가 같이 있어준다고.

지수   여기가 편해. 물가도 훨씬 싸고. 쫌만 나가면 바다도 있고. 뭣
          보다 백화점이 없고.

혜정	(한숨) 여기 너무 짠내 난다고. 윤지수 짠내나지, 바닷가 짠내 나지. 아주 짠내 천국이라고, 씨!
지수	(피식)
영우	힘들면 제발 말 좀 해라. 혜정이도 있고 나도 있잖아.
지수	(눈시울 붉어지며 미소) 그러게. 그래서 나 괜찮아.
혜정	(눈시울 붉어진) 괜찮긴 이것아. 피아노 치던 손으로 마늘 까고 있으면서.
지수	(씩 웃는) 이게 은근 벌이가 괜찮아.

S#53   지수의 방 (다른 날 밤) ― 과거

수북이 쌓인 마늘을 까면서 라디오를 듣고 있는 지수.

남DJ(E)	그 여름 나무 백일홍은 무사하였습니다. 한차례 폭풍에도 그 다음 폭풍에도 쓰러지지 않아 쏟아지는 우박처럼 붉은 꽃들을 매달았습니다.

듣고 있는 지수의 눈빛이 흔들리고, 손이 느려진다.

남DJ(E)	그 여름 나는 폭풍의 한가운데 있었습니다. 그 여름 나의 절망 은 장난처럼 붉은 꽃들을 매달았지만 여러 차례 폭풍에도 쓰 러지지 않았습니다.

INS) 어둑한 내무반에서 이불을 둘러쓰고 엽서를 쓰는 재현.

남DJ(E)　　넘어지면 매달리고 타올라 불을 뿜는 나무 백일홍 억센 꽃들
　　　　　　이, 두어 평 좁은 마당을 피로 덮을 때, 장난처럼 나의 절망은
　　　　　　끝났습니다.

지수, 손을 멈추고 서글픈 얼굴로 있는데

남DJ(E)　　지수야...
지수　　　(쿵) ...!!!
남DJ(E)　　지금 네가 보내고 있을 어려운 시간이 오늘 당장, 아무리 늦어
　　　　　　도 내일 아침에는 장난처럼 끝날 수 있기를... 온 마음으로 기
　　　　　　도한다. 우리 다시 만날 때까지 언제나 지수답기를.

지수의 눈에서 눈물이 뚝 떨어진다.

남DJ(E)　　춘천에서 한재현 씨가 이성복의 시 「그 여름의 끝」과 함께 사
　　　　　　연을 보내주셨는데요. 신청곡은 앙드레 가뇽의 「Comme Au
　　　　　　Premier Jour」, 첫날처럼 입니다.

연주 흘러나오면 지수, 줄줄 눈물을 흘린다.
마늘 까던 손인지도 모르고 눈을 닦으면 눈이 따갑다.
울다가 '너무 따가워' 하다가 또 줄줄 우는.

S#54 지수 집 앞 벤치 (밤)

울던 지수가 쓸쓸한 얼굴의 지수로 오버랩 되고

영우 (착잡한) 형 생각하면 마음 아픈 일인데.. 지난 일이잖아.

지수 지금까지도 선배가 너무 아파 해. 아버지 그렇게 되실 때까지 아무 것도 모르고 아무 것도 못 했다고. 근데 그게 다... 나 때문이었잖아. 나 때문에 경찰에도 잡혀가고, 나 때문에 집 나와서 도망 다니고, 나 때문에 군대도 끌려가고, 내가 사라져버린 바람에... 휴가 나올 때마다 찾으러 돌아다니고. 나 때문에...

영우 (OL) 그럼 나 때문이네.

지수 ...??

영우 재현형 그렇게 된 거 사실 나 때문이라고.

지수 무슨 소리야?

영우 내가 신고했거든. 재현 선배 수배 중일 때.

지수 (놀라는) 니가 왜..

영우 형 때문에 니가 힘들어지는 거 보기 싫어서.

지수 ...!!!

영우 (서글픈 얼굴로) 옛날이나 지금이나 니가 힘들어 하는 걸 보는 게 나는.. 제일 어려워.

지수 ...!!!

영우 그런데 형 잡혀가고 두 사람 결국 헤어지는 거 보면서 다행이다 잘 됐다.. 그런 게 아니라 너무 괴로웠어. (회한에 어린) 상처보다 오래 남는 게 죄책감이더라.

지수 (마음 아픈)

영우	죄책감 때문에 너한테 고백 한 번 제대로 할 수가 없었어. (씁쓸하게) 형을 신고하고 돌아오는 길에 그런 생각이 들더라. 나는 지수랑 잘 되기 어렵겠구나.
지수	(안타까운) 영우야.
영우	그러니까 죄책감 같은 거 안고 살지 마. 내가 누구보다 잘 알아서 그래.
지수	(마음이 아프고 괴롭다)

S#55   형성 본사 외경 (낮)
S#56   재현의 사무실 (낮)

재현, 덤덤한 얼굴로 일을 하고 있다.
하는 틈틈이 책상 위에 둔 전화기를 보는데
이때, 톡 오는 소리 들리면 잽싸게 폰을 들어 올린다.
영우의 이름을 보고 조금 아쉬운 기색인데

영우(E)	드릴 말씀이 있어요.

S#57   영우의 바 (밤)

영우, 재현의 잔에 술을 따라주며

영우	지수가 연락 안 받죠?

재현	(표정 굳어지며) 지수한테, 무슨 일이 있는 건가?
영우	지수가... 지수 아버지하고 형 아버지 일을 알게 됐어요.
재현	...!!!
영우	지수가 절대 말하지 말랬는데.
재현	그런데 왜 하는 거지?
영우	(가만히 보다가) 아버지 일... 형은 알고 있었죠?
재현	(깊어진 눈빛으로 천천히 끄덕이는)
영우	그 얘기 처음 듣고 지수도 지수지만 형 생각 많이 했어요. 그 상처를 안고 형은 지금까지 어떻게 견뎌왔을까.
재현	....
영우	정말 괜찮은 거예요?
재현	(술잔을 만지작거리며) 괜찮냐는 말이 견딜 수 있냐는 말이라면... (끄덕이며) 괜찮아. 이제는 뭐든 정말 다 괜찮아.
영우	(안쓰럽게 보며) 형이랑 지수 보면 저 너머에 사는 사람들 같아요. 내가 갈 수도 없고, 살 수도 없는 곳에 사는 사람들.
재현	(희미하게 웃는)
영우	그래서 내가 할 수 있는 게 없는데... 저 두 사람한테는 왜 저렇게 힘든 일이 많을까. 저 두 사람은 또 왜 저렇게 닮았을까.
재현	(씩 웃으며) 그냥 편하게 말해. 어찌 그리 팔자들이 드세냐고.
영우	(아프게 웃는)

S#58   지수의 집 거실 (밤)

형구의 수첩을 만지작거리며 고민하는 지수.

그러다 이내 안 되겠다는 듯 형구의 수첩을 들고 뛰어 나간다.

S#59   재현의 차 안 (밤)

재현, 차를 몰고 어디론가 가는데...

S#60   지수의 집 앞 (밤)

재현, 지수의 집을 올려다보는데 불이 꺼져 있다.
실망하는 얼굴인데 이때 톡 오는 소리.

지수(E)   선배 회사 근처인데 혹시 회사에 안 계세요?

재현, 바로 답장을 보낸다.

재현(E)   내가 거기로 갈게.
지수(E)   어디세요?
재현(E)   너희 집 앞.
지수(E)   그럼 중간에서 봐요. 그때 그 공원.

S#61   공원길 (밤)

지수, 공원 길 가운데 서서 발끝을 툭툭 차고 있다.
이때, 재현이 다가온다. 고개를 들다가 재현을 발견한 지수, 발끝을 멈춘다.
두 사람, 서로를 먹먹하게 보는데

지수	(다가가 형구의 수첩을 내밀며) 이거 주려구요. 나보다 선배한테 필요할 거 같아서.
재현	(받아서 보면)
지수	아빠 일기에요.
재현	이걸 왜 나한테...
지수	선배의 긴 싸움에 도움이 될 것 같아서요. 장회장에 대한 얘기가 있거든요.
재현	(천천히 펼쳐본다)
지수	그리고 내 싸움도 끝내고 싶어서요.
재현	(보면)
지수	그 일기를 보다가 아빠가 선배 아버지를 기소했다는 걸 알게 됐어요.
재현	(착잡한)
지수	(재현을 보지 못하고) 그리고 그날부터 혼자 싸우고 있어요. 지수1이랑 지수2랑 어떤 때는 지수3까지 나오고..
재현	(살짝 미소)
지수	또 떠나버릴까, 그냥 모른 척 할까, 다 말하고 처분을 기다릴까 머릿속에서 계속 치고받고 싸우다가 결론이 안 나요. (서글픈 눈길로) 이젠 정말 아무도 안 떠났으면 좋겠는데.. 매일매

일 조금씩 더 선배가 보고 싶은데.

재현   (마음이 뭉클한)

지수   차라리 선배한테 조언을 구할까 말도 안 되는 생각까지 했는
          데 (고개 떨구는) 막상 선배 보니까 얼굴을... 못 들겠다.

재현   (따뜻하게) 지수야.

지수   (보면)

재현   우리 아버지 일에 누구 때문에 라는 말이 붙는다면, 그건 나
          때문이어야 돼.

지수   ...?!

재현   아버님이 나를 부르셨어. 돌아가시기 며칠 전에.

지수   (놀라는)...!!!

재현   예전 일들을 다 기억하고 말씀해주셨는데 아버님이 가장 미워
          하셨던 건 나였어.

F/B) 11부 #58. 조사받고 있는 재현부. 그 모습을 보고 있는 형구.

재현   그때 내가 너를 데리고 도망가지 않았으면, 아버님의 깊은 분
          노도 없었을 거고. 그 분노가 아버지에 대한 기소로 이어지지
          도 않았을 거야.

지수   (눈빛 떨리는)

재현   5년 전의 나도 어리석기 짝이 없어서 그걸 몰랐고... 원망도
          용서도 못하고 갈팡질팡 했었지.

S#62   전략기획실 재현의 방 (밤) — 과거 / 재현의 회상

<자막> 5년 전

곤란한 얼굴의 강비서, 재현의 안색을 조심스레 살피고 있다.

강비서   (재현의 눈치를 보며) 회사 안팎에서 곤경을 겪으시던 아버님
         이 오히려 노조파괴 혐의로 기소를 당하게 되시면서 마지막
         희망을… 놓으셨던 것 같습니다.
재현   (울컥하는 마음을 누르며) 아버지를 기소한 검사는 알아봤어?
강비서   네. 근데 그게 좀 이례적인 일이었다고 하는데요. 아버님께서
         형성을 상대로 낸 고소 건을 수사하던 검사가 갑자기 지방으
         로 발령이 나면서 담당이 교체됐는데… 그 직후에 아버님이
         기소되셨답니다. 주로 담당검사가 윗선한테 불복했을 때 그런
         경우가 생긴다는데.. 하여튼 교체된 검사가 윤형구 서울중앙
         지검장 직계…
재현   (OL) 지검장이 누구라고??
강비서   (다시 자료 보며) 윤형구 지검장입니다.
재현   (큰 충격으로 눈을 감는다)

S#63   공원길 (밤)

눈을 감은 재현에서 현재의 재현으로 오버랩 되고
지수, 붉어진 눈으로 재현을 보는데

재현	널 다시 만나고 병들고 약해지신 아버님까지 뵙게 되면서 다시 전처럼 마음이 복잡했는데...
지수	(마음 아픈)
재현	그때 아버님이 날 부르신 거야. 그런데 그날, 아버님이 하셨던 사죄와 용서의 말들보다 더 오래오래 남았던 건 아픈 손가락이 더는 아프지 않게 해달라는 부탁이었어.
지수	(또 고개를 떨구는)
재현	(그런 지수의 손을, 손가락을 하나씩 잡으며) 나한테도 너는... 너무 아픈 손가락이라.
지수	(잡은 손을 보며 눈시울 붉어지는데)
재현	아버님 마음이 내 마음하고 다르지 않아서.. 네가 행복해지는 게 이 모든 괴로움의 끝이라는 걸 그때서야 깨닫게 된 거고.
지수	(잠시 말을 못 잇다가 그렁해진 눈으로 보며) 행복해져야 되니까.
재현	(천천히 끄덕이는)
지수	인생에서 가장 뼈아팠던 실수를 반복하고 싶지 않아요.

하면 재현, 대답 대신 지수의 얼굴을 감싸고 천천히 입 맞춘다.
카메라, 점점 멀어지며 그런 두 사람의 모습을 비춘다.

S#64   초록대문집 앞 (밤)

지수와 재현, 집 앞에 선다.

재현	(걱정스러운) 전보다 어둡고 길도 가파른데.

지수	그 대신, 대문이 예쁘잖아요. (미소)
재현	(둘러보며) 다시 달아야겠다. 씨씨티비, 도어락.
지수	집에 있는 거 다 가져와야죠. 비싼 건데.
재현	(피식 웃으면)
지수	(돌아서 내려가며) 영민이도 이제 중학생인데 방 하나 줘야 되구. 내방도 있어야 되고. 남은 방에선.. 꿈도 이루려구요.
재현	...?
지수	피아노 학교 열 거예요. 학원 아니고 학교.
재현	(미소) 꿈을 빨리 이룬 편이네?
지수	좀 그런 편이죠. 제가 원래 뭐든 빨랐거든요. (미소)
재현	(따뜻하게 보는)

S#65   형성그룹 본사 (낮)

S#66   재현의 사무실 (낮)

재현 앞에 강비서가 서 있다.

강비서	그 집, 계약이 됐다던데요?
재현	(의아한) 지금 사는 집 보증금으로 가능해?
강비서	그러게요. 근데 얼마에 계약하셨는지는 알려줄 수 없다고...

S#67   지수의 방 (낮)

화장대 짐을 정리하는 지수. (PPL)
그러다가 재현이 놓고 간 목걸이 상자를 발견하고는 열어 본다.
망설이다가 목에 걸고 가만히 보는데
이때 밖에서 영민이 부르고 목걸이를 건 채 방을 나가는 지수.

S#68   호텔 바 프라이빗룸 (밤)

서경, 세휘와 술을 마시고 있다.

서경   넌 요새 어때?

세휘   그냥 그래요. 연기 몇 번 했는데 아직 주연 자리는 안 오고...

서경   (빤히 보다가) 너는, 나를 왜 만나니?

세휘   당연히 (얼굴을 가까이 대며) 좋아하니까.

서경   (술을 마시며) 나를, 내 돈을?

세휘   오늘 왜 그래요? 집에서 또 무슨 일 있었어요?

서경   너는 내가 이혼을 안 했으면 좋겠지?

세휘   (가만히 보는)

서경   그래야 적당히 놀아주는 척하다가 딴 데 가서 놀 수 있지.

세휘   (졌다는 듯) 맞아요. 이혼 안 했으면 좋겠어요.

서경   (쓴 웃음)

세휘   너무 힘들어할 것 같아서.

서경   (흠칫하지만 술잔을 드는데)

세휘   아직도 많이 사랑하잖아요. 남편분.

하는데 서경, 들고 있던 잔으로 세휘 얼굴에 살짝 술을 뿌린다.

서경   (위악을 부리는) 미안. 내가 요새 이런 거 연습 중이라..

하며 일어서서 나가는데 서경의 얼굴이 조금 일그러진다.
세휘, 씁쓸하게 피식 웃으며 얼굴을 닦는다.

S#69   초록대문집 거실 (밤)

아직 썰렁한 거실 풍경이 보이고
지수와 영민, 과자를 펼쳐 놓고 바닥에 앉아 있다.
영민은 주스를, 지수는 맥주를 마시는데

지수   언제쯤 우리 아들이랑 술 한잔 하게 될라나?
영민   나 빨리 크는 거 싫다며.
지수   맞아. 지금도 크는 거 아까워 죽겠어.
영민   근데 피아노 학교는 어떻게 할 거야? 피아노도 없는데.
지수   엄마 피아노 살 돈 있어.
영민   진짜?
지수   며칠만 더 빡세게 레슨하면.
영민   며칠?
지수   한... 한 달??

영민	(걱정스럽게 보는데)
지수	일단, 피아노 시세를 좀 알아보고..
영민	그런 대책도 없이 이사부터 했어?
지수	엄마가 좀... 바빴거든.
영민	...?
지수	마음이 자꾸 갈팡질팡해서 그 마음들 잡아다 앉히고 타이르고 막 그러느라.
영민	이제 괜찮아?
지수	(끄덕이며) 이제 너랑 나랑 새집에서 새로운 마음으로 신나게 살아보자.
영민	(아빠와 얘기했던 것 때문에 마음이 무거운)
지수	건배 할까?

환하게 웃으며 잔을 들고, 영민의 주스 잔에 챙— 부딪친다.
괜찮은 척 미소 짓지만 영민은 고민이 깊다.

S#70   인천공항 앞 (낮)

차에서 내리는 서경, 선글라스를 끼고 여권을 손에 들고 있다.
김비서가 캐리어를 들고 따르면 서경, 안으로 들어간다.

S#71   낙원상가 (낮)

피아노 가게들을 지나는 지수. 천천히 보다가 샵으로 들어가려는 순간,
기타연주 소리가 들린다. 「별을 세던 아이는」이다.
우뚝 멈추는 지수, 돌아서고 천천히 소리 나는 쪽으로 간다.

S#72   핸드릭스 (낮)

지수, 설레는 얼굴로 들어선다. 소리가 나는 쪽으로 다가가는데
한쪽에서 「별을 세던 아이는」을 연주하는 사람의 모습이 보인다.
구경하는 사람에 가려져 머리가 보였다 안보였다 하고
지수, 좀 더 가까이 다가가서 보는데 낯선 얼굴이다!
혹시나 했던 스스로가 어이없는 지 피식 웃는 지수.
이때 연주를 지켜보던 남자, 돌아서는데 재현이다!
지수, 기가 막힌 얼굴로 보는데 재현도 지수를 보고 환해진다.
두 사람, 마주 보며 웃는다.

S#73   낙원상가 일각 (낮)

좁은 상가 안을 나란히 걷는 재현과 지수.
짐꾼을 피해 한 줄로 걷기도 하고, 계단을 내려가기도 하면서

지수   일 없어요?

재현	아니, 무지 바빠.
지수	(장난) 내가 그렇게 좋아요?
재현	응.
지수	(피식) 기타 사러 온 거예요?
재현	아니. 피아노.
지수	(멈추고) 왜요?
재현	내가 아는 피아노 학원이 있는데 기증하려고.
지수	(당황하는) 저 피아노 있어요.
재현	거짓말.
지수	왜 그렇게 생각해요?
재현	예전 집에 없었잖아.
지수	새로 샀죠.
재현	집세도 겨우 맞췄는데 어떻게 피아노까지 사.
지수	(졌다는 듯) 또 뒷조사 했구나. 스토커야 스토커.
재현	(못 들은 척) 집세는 어떻게 맞춘 거야?
지수	주인이랑 잘 얘기돼서 반전세로 했어요. 돌려 말하면 반전세, 그냥 말하면 월세지만.
재현	그럼 또 매달 힘들 텐데.
지수	(짐짓 밝게) 언젠 안 힘들었나...
재현	그러니까 피아노 기부할게.
지수	싫어요.
재현	학원 하면서 갚으면 되잖아.
지수	(고민하는)
재현	학원비는 얼마로 할 거야?
지수	집에서 할 거니까 학원 월세는 따로 안 나가도 되고. 선생님

월급도 안 나가도 되니까... 5만 원정도?

재현　　다른 학원은 얼만데?

지수　　12만 원, 13만 원?

재현　　(웃는) 그럼 천천히 갚아.

지수　　(전화기를 꺼내며) 아니, 계산을 좀 해볼게요. 피아노는 중고로
　　　　봐둔 게 있는데 180이고.. 한 달에 5명으로 시작하면 25만 원.
　　　　한 달에 10만원씩 갚는다 치면 1년하고..

재현　　(OL) 한 달 벌어서 피아노 값만 내나 (지수를 잡아끌며) 일단
　　　　가서 보자.

하는데 지수, 계속 전화기로 계산하는....

S#74　　피아노 샵 (낮)

같이 피아노를 보고 고르는 지수와 재현. 가끔씩 마주 보며 웃는다.

S#75　　식당 (낮)

마주 앉아 밥 먹는 재현과 지수.
지수, 고개를 숙이는데 반짝! 목걸이가 보인다. (PPL)

재현　　(미소 지으며) 예쁘네.

지수　　(놀라서 목걸이 잡으며) 아, 깜빡했어요! 잠깐 걸어본 건데.

재현	계속 하고 있어.
지수	안 할래요. 부담스러워요.
재현	알잖아. 내 사전엔 교환환불 없는 거. 니가 안 하면 버려야 돼.
지수	(삐죽)
재현	매일매일 확인할 거야.
지수	목 올라오는 옷만 입을 거예요.
재현	더 확인하고 싶어질 텐데.

그 말에 지수, 사레가 들어 켁켁 기침하는데
재현, 그런 지수가 귀엽다는 듯 미소 짓는다.
그런 두 사람을 보는 누군가의 시선.

S#76   초록대문집 앞 (새벽)

푸른 새벽. 단정히 차려입은 지수가 대문을 열고 나온다.
문을 조심스럽게 닫고 가던 지수, 갑자기 우뚝 멈춰 선다.
뭔가를 본 듯 천천히 고개를 돌리다가 놀라서 입을 막는다.
푸르던 안개가 조금씩 걷히며 드러나는
담벼락 위에 빨간 스프레이로 휘갈긴 커다란 X와 '철거예정' 글씨.
그 모습이 공포스럽기까지 한데. 그 앞에 얼어붙은 듯 서 있는 지수,
격하게 떨리는 눈으로 그 모습을 보는데서.

— 12부 엔딩 —

13부

나도 이제 당신이 괴로워할 일을 할 거야

S#1 초록대문집 앞 (새벽)

가슴에 손을 올리며 놀란 마음을 진정시키는 지수,
참담한 얼굴로 천천히 뒤돌아선다.

S#2 부동산 사무실 (아침)

지수, 중개인 앞에 앉아 있다.

지수   (놀라는) 주인이 바뀌었다구요?

중개인 네... 새 주인이 철거하려는 것 같아요. (하면서 어딘가로 전화
하는데)

지수   (당혹스러운) 아니 임차인한테 말도 안 하고 철거를 해요? 제
가 여기 온 지 아직 한 달도 안 됐는데.

중개인 (한숨) 그러게요.. 근데 새 주인분이 전화를 안 받으시네.

지수   그럼 어떡해요?

중개인   좀 기다려 보세요.. 뭐 바로 철거야 하겠어요?

지수   (답답한)...!!!

S#3   재현의 사무실 (아침)

재현, 모니터 앞에 앉아 일하고 있고

강비서, 드립 커피를 내려서 재현 책상 위에 놓는다.

재현, 한 모금 마시는데 (PPL)

강비서   대표님이 이번 괌 여행에 김비서를 동행했다고 합니다.

재현   ...?!

강비서   출장도 아닌데 좀 의아해서요.

재현   언제 온다고 했지?

강비서   비서실에 알아보니까, 돌아오는 티켓은 안 끊으셨다고.

재현, 그 말에 떠오르는

F/B) 12부 #36.

서경   이게 원래 나야. 니들이 이러니까 생긴 대로 살아야겠다는 생
            각이 자꾸 드네.

재현, 지수한테 뭔가 하려는 건가 걱정인데..

S#4   거리 / 혜정의 사무실(연구실) (낮)

근심 어린 얼굴로 가는 지수, 혜정과 통화 중이다.
컴퓨터 앞에 앉아 있는 혜정과 교차.

지수   집주소, 톡으로 보냈거든. 등기부등본 확인 좀 해주라.

혜정   기다려봐. 근데 너 이사 갈 때 확인 안 했어?

지수   당연히 했지.

혜정   근데 왜 또 하구 그래. 어디 보자... (하다가).. 어??

지수   왜??

혜정   너 이 여자랑 계약했니?

지수   누군데?

혜정   주인이.. 장서경인데?

지수   (쿵)...!!!

S#5   (해외) 호텔 스파 (낮)

가운 차림의 서경, 핸드폰을 보고 있다.
발신인 '윤지수'라는 이름을 보며 입꼬리가 살짝 올라간다.
계속 벨이 울리는 전화기를 내려놓고 보기만 할 뿐 받지 않는다.

S#6   초록대문집 앞 / 사무실 (저녁)

혜정과 지수, 대문 앞에 서 있다.
혜정, 담벼락을 보고 기가 막힌 얼굴인데.

혜정   아주 작정을 하고 갔구나.

지수   갔다구?

혜정   회사에 물어봤더니 해외 출장 중이란다, 장서경.

그 말에 짚이는 게 있는 지수, 떠올리는
F/B) 12부 #34. 찢은 종이를 지수에게 날리고 가는 서경.

서경   (계속 찢으며) 그쪽은 그쪽 스타일대로 가세요. 난 내 스타일대
           로 갈 테니까.

지수, 탄식이 나온다. 쉽게 끝나지 않겠구나 싶은데

혜정   재현 선배는..

지수   (OL) 알면 안 돼.

혜정   그니까. 재현 선배는 알면 안 되니까 전문가 비슷한 사람, 불
           렀어.

동진(E)   어이~!!!!

소리에 돌아보면, 동진이 헉헉대며 올라오고 있다.

혜정	빨리 오세요, 슨생님!
동진	내가 이런 험지를, 심지어 걸어서 (헉헉) 다닐 사람이 아닌데...
혜정	말 안 하면 훨 수월하겠구만!

하는데 동진, 다 와서 멈추고 숨을 고른다.

동진	나한테 대체 왜 이러는 거냐... (하다가 담벼락을 본다)
지수	왔어요. 선배..
동진	(당황하는) 니네. 나 잘못 부른 거 같은데... 나.. 이혼 전문 변호사야. (가며) 이혼할 때 불러라.

하는데 혜정, 동진의 옷을 잡는다.

혜정	그때도 꼭 선배 부를 테니까 일단 들어갑시다.

하며 동진을 끌고 들어간다.

S#7 장회장의 서재 (저녁)

장회장, 소파에 앉아 생각에 잠겨 있는데
준서, 문을 빼꼼 열고 들어온다.

장회장	(힐끗 보는 눈으로) 니가 어쩐 일이냐.

준서	(들어와서 맞은 편 소파에 앉는다)
장회장	(빤히 보며) 돈 줘?
준서	할아버지가.. 말리면 안 돼?
장회장	뭘?
준서	엄마랑 아빠.. 이혼하는 거.
장회장	(표정이 굳어지며) 왜 그래야 되는데?
준서	(삐쭉) 이혼하면.. 쪽팔리니까.
장회장	(언짢은) 너도 이제 다 알고 있다니까, 내 편하게 얘기하마. (고쳐 앉으며) 지금 그 이혼은 니 엄마가 아니라 니 아빠가 하겠다는 거야.
준서	....
장회장	그냥 이혼도 아니고, 집 밖에 좋아하는 여자 생겨서 하는 거고. 아무리 세상이 말세라지만, 니 아빠라는 인간이 그런 놈이야.
준서	(입을 앙다무는)
장회장	(감정이 고조되며) 게다가 니 할아버지의 할아버지부터 시작한 이 회사를 다 먹겠다고, 온갖 짓을 다 하고 있어.
준서	...!!
장회장	가진 거 하나 없는 물건 데려와서 기껏 사람 만들어놨더니 평생 엎드려서 감사는 못할망정 등에다 칼을 꽂는 놈인데, 이혼을 말려? 이참에 니 이름도 장준서로 바꿀까 싶다!
준서	(괴로운)
장회장	(화가 가라앉지 않는) 왜? 싫어? 그럼 너도 아빠 따라 나가.
준서	(더욱 괴롭다)

S#8   지수의 집 거실 (밤)

지수와 혜정, 동진이 마주 앉아 있다.

동진   그러니까 지금 상황은, 나 같은 고급 변호사한테 물어볼 것도
        없이 백퍼센트 퓨어하게 불법이라는 거야. 재현이 와이프는
        불법이고 뭐고 간에 '돈 다 물어줄 테니까 이 꽉 다물어, 옥수
        수 털어줄게!' 하는 거고.
지수   (착잡한)
혜정   옥수수 그런 거 말고 좀 전문적인 얘긴 없어요?
동진   세입자한테 나가라고 하고 싶으면 명도소송이란 걸 하기도 하
        는데.. 얘가 뭐 인제 한 달도 안 됐는데, 월세를 밀린 것도 아
        니고 뭔 불법을 한 것도 아니니까 그것도 쉽지 않아. 한다 해
        도 시간도 오래 걸리고.
혜정   그래, 그런 거!
동진   (차분한 목소리로) 그리고 지수야.
지수   (보면)
동진   법대에 들어가면 맨 처음 배우는 말이 있어.
지수/혜정 ...??
동진   (진지하게 손짓하며) 권리 위에 잠자는 자는, 보호받지 못한다!
지수   ...!!!

S#9 재현의 방 (밤)

재현, 서경에게 전화하는데 받지 않는다.
불안한 얼굴인데... 이때, 노크 소리와 함께 준서가 문을 연다.

재현	응. 준서야.
준서	(들어와 재현 침대에 앉는다)
재현	무슨.. 할 얘기 있어?
준서	아니. 그냥 엄마도 없고 심심해서.
재현	같이 뭐 할까?
준서	아니. (하더니 뒤로 벌렁 눕는다)
재현	(미소) 여기서 잘래?
준서	(일어나지 않으면서) 몰라.

하면 재현, 준서를 옆으로 밀며 눕는다.
얼떨결에 같이 자게 된 모양새. 준서, 입이 삐죽 나와 있다.

재현	울 아들이랑 오랜만에 같이 자네~
준서	(뒤돌며) 그게 뭐..
재현	(피식 웃으며) 옛날엔 잠도 같이 자고, 목욕도 같이 하고 그랬는데.
준서	(뒤돌아 있는데 자고 있지는 않다)....
재현	(이불을 잘 덮어준다)
준서	(기분이 이상해지고 입이 삐죽 나온다)

S#10   지수의 방 (밤)

지수, 혼자 자는데 쿵쿵 소리가 들린다.
꿈인지 현실인지 잠든 상태에서 괴로워하는데.
F/B) 10부 #76.

앵커(E)   또 다시 초유의 사태가 벌어졌습니다. 서울 시내 유명 백화점
            한 동이 붕괴됐습니다.

F/B) 10부 #63.

지영   오늘 시계 고치러 엄마랑 백화점 갈 건데 거기 딸기 케익 사올까?

어지럽게 떠오르는 영상들 사이사이.. 쿵쿵 쿠르릉
어딘가 무너지는 소리가 들리고
벌떡 일어나는 지수! 얼굴이 하얗게 질리고 식은땀이 흐른다.
쌕쌕.. 거친 숨을 몰아쉬다가 이불을 걷어내고 방을 나가는데.

S#11   대문 (밤)

지수, 대문 밖으로 나와 보는데 아무 것도 없다.
돌아서는 지수, 담벼락을 심란한 얼굴로 보며 곰곰 생각하는데
그 위로 떠오르는

동진(E)   (진지하게) 권리 위에 잠자는 자는, 보호받지 못한다!

S#12   골목 / 초록대문 앞 (다음날 낮)

짐칸에 포크레인을 실은 트럭이 올라오고 있고

그 뒤로 철거업체 인부들을 태운 승합차가 따라가고 있다.

트럭 기사 시점으로.. 초록대문집 골목이 보이기 시작한다.

초록대문집이 점점 가까워지고 담벼락도 조금씩 보인다.

빨간 X자와 '철거예정' 글씨가 가까워지는데

X자가 쓰여진 담벼락 위에 누군가 앉아있다!

트럭이 멈춰서고 뒤이어 승합차가 멈춰선다.

승합차에서 인부들 내려서 보는데

담벼락 위에 앉아, 천천히 툭툭 발로 벽을 차는 사람... 지수다!

지수   (발을 멈추고 미소 지으며) 오시느라 고생 많으셨는데... 지금
           하시려는 거, 전부 불법입니다. 불법 철거 진행하시면 주거침
           입과 재물손괴 현행범으로 처벌받습니다. (전화기 들어 112 누
           르고 발신 버튼에 손 올리며) 이거 누르면, 바로 오실 거구요.

인부들, 어이없다는 듯 보는데

지수   전, 여기서 한 발짝도 움직이지 않을 겁니다.
인부1   아, 내려와요!! 끌어내리기 전에!
지수   (씨씨티비 가리키며) 지금 씨씨티비, 다 찍고 있습니다~

난감한 얼굴의 인부들, 웅성거린다.

그 모습을 보다가 다시 천천히 발을 차는 지수...

S#13   기찻길 옆 학교 앞 (낮) — 과거

<자막> 1994년 10월

'기찻길 옆 꼬마학교' 간판이 바닥에 떨어져 부서져 있다.

학교 건물의 모습은 온데간데 없고 잔해들만 수북이 쌓여있다.

망연자실한 얼굴의 지수, 그 앞에 주저앉아 있는데

머리는 헝클어져 있고 얼굴엔 시커먼 게 잔뜩 묻어 있고

이마와 손에는 상처가 나 있다.

그런 지수를 기가 막힌 얼굴로 보는 재현, 영우, 화진.

영우	어떻게 된 거야??
지수	(씰룩씰룩) 나쁜 새끼들!
일동	(거친 말에 놀라는)...!!
지수	애들이 울고불고 그러는데도 막 책상이랑 의자랑 던지고...
	(재현 보며) 선배, 우리 그냥 이렇게 당하고 있어요?
재현	(어이가 없다)
지수	꽃병 만들까요?? 아님, 각목 같은 거 구해올까요?
영우	(큭 웃는)
화진	쟤가 진짜.. 사고 치겠네. 너 집에 안가?
지수	(글썽해지며) 어떻게 가요.. 또 들이닥치면 어떡해요.. 남은 집에
	애들도 많은데. (하며 코를 쓱 훔치면, 검은 콧수염이 생긴다)
재현	(피식 웃는)

S#14 철거촌 일각 (밤) ― 과거

재현, 지수의 손과 이마 상처에 약을 발라주고 있다.

재현   (이마에 약을 발라주며) 안 무서웠어?

지수   (아픈지 살짝 찡그리며) 평소 같으면 무서웠을 텐데.. 애들이
         있었잖아요. 내가 애들 보호자인 거구.. 나만 보고 있으니까
         눈에 뵈는 게 없더라구요.

재현   (피식)

지수   선배도 나 데리고 다닐 때 이런 기분이었어요?

재현   더 힘들었지. 애들은 말이라도 잘 듣는데 넌 꼬박꼬박 말대답
         에...

지수   (OL) 내가? 언제요? 나, 말 잘 듣는데??

재현   (멈추고 손 내밀며 강아지한테 하듯이) 손!

지수   (착 내밀면)

재현   (미소) 잘했어.

지수   (히죽)

재현   (손에 약 발라주는) 그런데 지수야.

지수   (보면)

재현   이제 넌, 여기 나오지 마.

지수   왜요?

재현   점점 더 위험해질 거야. 어차피 학교도 없어졌으니까 나올 필
         요 없어.

지수   선배는요?

재현   나는 나와야지. 언제 또 침탈 들어올지 모르고.

지수	왜.. 나는 그렇게 골라서 해요? 편하고 쉬운 것만.
재현	(말문이 막히는)
지수	여자라서?? 근데 여자라고 부당한 일을 안 당하나?
재현	(맞는 말이긴 한데)
지수	(결의에 찬 눈으로 본다)

S#15   버스정류장 (밤) — 과거

버스, 멀어지고 있고 지수와 재현이 뛰어온다.

지수	(헉헉) 아... 어떡해요?? 저거 막찬데...
재현	(헉헉)
지수	택시 타야 되나? (하며 지갑을 여는데 천 원짜리 세 장이다) 아까 애들 준다고 먹을 거 사서...
재현	(뒤돌아서 지갑을 여는데 아예 지폐가 없다)
지수	(힐끔 보는데)
재현	(휙 지갑을 닫는)
지수	어떡해요? 어쩔 수 없이... 집에 못 들어가나...?
재현	(꿀밤) 암튼 틈만 나면.
지수	(문지르며) 그럼 어떡해요?
재현	(손잡고 끌며) 걸어가야지.
지수	(환해지는) 재밌겠다!!

S#16   마포대교(밤) — 과거

손잡고 걷는 재현과 지수.

재현   힘들지?

지수   별루.

재현   힘들면 말해. 업어줄게.

지수   안돼요. 선배 힘들어서.

재현   (피식) 돈도 없어서 고생만 시키는데, 뭐가 그렇게 좋아.

지수   착해서.

재현   (보면)

지수   우리 과에 돈 많은 애들, 차 있는 애들, 비싼 옷 입는 애들 쌔고
          쌨는데... 그 와중에 얼굴까지 잘 생긴 애들도 있는데...

재현   (삐죽)

지수   (미소) 선배만큼 착한 사람은 없어요. 그냥 착한 게 아니라 마
          음을 막 울리는 사람...

재현   ...!!

지수   내가.. 미저리잖아요. 선배만 보는. 그래서 잘 알아요. 선배
          어떤 사람인지.

재현   (피식) 또 속았네. 미저린 줄 알았는데 바보였어.

지수   바보 맞지. 재현이 바보.

재현   (뭉클) 우리 바보, 업어줄게. 진짜루.

지수   (고개 저으며) 같이 걸으니까 힘도 하나도 안 들고. 이렇게 깜
          깜한데도 하나도 안 무서워요.

재현   (먹먹해지고) 그거.. 잊지 마.

지수	...?
재현	같이 있으면 하나도 안 힘들고. 아무리 깜깜해도 안 무서운 거. 그래서 나는 내일... 또 철거촌에 갈 거고.

지수, 그런 재현이 예뻐서 빤히 보는데
재현, 민망한지 난간 쪽으로 가서 몸을 대고 강을 본다.
지수, 따라가서 보고

지수	와, 한강 이렇게 처음 봐요!! 엄청 시커멓다!!!

그런 지수를 보며 미소 짓는 재현.
두 사람, 강바람을 맞으면서 환하게 웃는다.

S#17   초록대문 앞 (낮)

포크레인과 승합차가 멀어지는 모습 보이고
지수, 앉아서 그 모습 보는데

영민(E)	엄마~

그 소리에 보면 영민, 의자를 갖다놓고 서 있다.
미소 지으며 의자를 딛고 내려오는 지수.
긴장이 풀려서인지 살짝 휘청한다. 센 척 했지만 실은 엄청 쫄았던 듯
영민을 폭 안으면서 휴— 안도의 한숨을 쉰다.

영민	엄마, 무서웠어?
지수	(거짓말) 아니~ 완전 재밌었는데?
영민	엄마 손 떨리는데... (하고 도망가면)
지수	아니라니까~

하며 영민을 쫓아 들어간다.

초록대문 너머로 두 사람의 웃는 소리가 들린다.

초록대문 위로 날이 어두워지고 이내 다시 날이 밝는다.

S#18   구멍가게 (다음날 아침)

콩나물, 두부, 계란 등의 찬거리를 장바구니에 담는 지수.

할머니, 계산하고 있는데...

할머니	니 술 끊었나? 인자 술 안 사묵네?
지수	안 사묵을라고. (씨익)
할머니	철들었네 문디 가시나.
지수	(피식) 애랑 같이 사니까, 술을 안 먹게 돼. 밥하기 바쁘고.
할머니	근데 와, 얼굴은 안 좋노?
지수	나는... 하나 가니까, 하나 오는 게 아니라.. 하나 가니까, 여러 개가 막 떼로 몰려와. 좀비처럼.
할머니	(끄덕이며) 좀비 갸들이 흉악스럽긴 하대. 콱, 물어쌓고.
지수	(피식) 신식 할머니네. 좀비 나오는 것두 다 보고.
할머니	내, 요새 아~들이 보는 거 다 본다. 뭔 플릭스로..

지수	(피식) 그럼 할머니, 나 여기 들어와 사까? 내가 가게도 봐주구
	살림도 해줄게. 할머니는 티비 봐.
할머니	안 된다, 니는.
지수	와 안 되는데?
할머니	여는 술이 천지삐가리 아이가? 눈에 보이면 또 묵게 돼있다.
지수	(삐죽하는데)

재현에게서 톡이 온다.

| 재현(E) | 지금, 피아노가 집으로 갈 거야. |

헉 놀라는 지수, 얼른 장바구니를 챙겨 나가면서

| 지수 | 그래도 한번 생각해봐 할머니~~!! (뛰어 나간다) |
| 할머니 | (지수 뒤에 대고) 뛰지 마라~ 또 자빠져가 마빡 갈끼가~~?!! |

S#19   초록대문집 앞 (낮)

피아노를 실은 트럭이 집 앞에 선다.
강비서, 뒤따라온 차에서 내리다가 담벼락을 보고 놀라는!!

S#20   재현의 사무실 / 초록대문집 앞 (낮)

재현, 강비서와 통화 중이다. 이하 교차.

재현   (심각한 얼굴로) 그래서.. 집주인한테 연락해봤어?

강비서   (난감한) 근데 그 집 주인이요...

재현   주인이 왜?

강비서   장대표님... 입니다.

재현   (놀라는)...서경이?

강비서   네...

재현   어떻게 그럴 수가 있지?

강비서   얼마 전에, 원래 가격의 두 배를 주고 매입하셨답니다.

재현   ...!!!

S#21   초록대문집 앞 (낮)

영민, 나와 있는데 지수가 뛰어온다.

헉헉 숨을 고르며 강비서를 보는데, 강비서 꾸벅 인사한다.

지수   (울상) 선배한테 말씀하셨어요?

강비서   네..

이때 철거 인부들을 태운 승합차가 도착한다.

지수, 못살겠다는 얼굴이고 강비서는 기가막힌 얼굴이다.

Cut to.

조금 떨어진 곳에서 강비서, 인부들과 얘기하고 있다.

지수, 불안한 얼굴로 왔다 갔다 하는..

Cut to.

강비서, 지수에게 얘기하고 있다.

강비서   이제 그 사람들, 안 올 겁니다.

지수   어떻게 하신 거예요?

강비서   부사장님께서 조치를 취하셨습니다.

지수   무슨 조치요?

강비서   (거짓말) 글쎄요.. 저는 잘 모르겠습니다.

지수   (어이없다는 듯 보는)

S#22   **인천공항 앞 (다른 날 낮)**

서경, 밖으로 나오는데 떠오르는

김비서(E)   부사장님이 철거업체한테 비용을 전부 지불하시고 철거를 중
               지시켰답니다.

짜증나는 얼굴로 전화기를 든다.

S#23   지수의 방 (낮)

이부자리에 앉은 채 약을 털어 넣고 있는 지수.. 안색이 안 좋다.
이때 서경에게서 전화가 온다. 지수, 얼른 받는데

서경(F)   비겁하게 재현씨 뒤에 숨어있지 말고, 나오시죠?
지수   숨어있던 건, 그쪽 아닌가요?
서경(F)   (피식) 틀린 말은 아니니까, 제가 그리로 가죠.

S#24   초록대문집 앞 (밤)

지수, 기다리고 있는데 서경이 다가온다.
높은 하이힐에 울퉁불퉁한 바닥이 거슬리는지
천천히, 짜증스러운 얼굴로 다가 온다.

지수   와보지도 않고 집을 사셨나보네요.
서경   당연하죠. 살 의도는 딱 하나였으니까.
지수   (보면)
서경   윤지수 흔들기.
지수   아무리 집주인이어도 사전 통보나 보상 없는 철거는 불법이에요.
서경   그래서 왔어요. 통보하려고.
지수   ...?!
서경   이 집, 철거할 거예요. 됐죠?
지수   (기가 막힌데)

서경	보상은, 여기 보증금이면 되죠? (가방에서 봉투를 꺼내 건네며) 은행 갈 정도도 안 되길래.. 이사비도 넉넉히 넣었어요.
지수	(받지 않고 보는)
서경	안 받아요?
지수	네. 원칙대로 할 거라서요. 원래 보증금은 이사 나갈 때 받는 거니까.
서경	(어깨 으쓱하고) 암튼 난 통보했고, 보상도 한다고 했으니까 하루라도 빨리 나가세요. 나는 나대로 진행할 테니까.
지수	(지지 않고) 빨리 알아볼 테니까, 철거는 중단해주세요. 어차피 다 불법..
서경	(OL) 싫어요. 계속 괴롭히고 위협할 거예요. 미안하지만, 다른 데로 이사 가도 똑같이 할 거고.
지수	(기가 막힌)...!!!
서경	당신이, 재현씨 떠날 때까지.
지수	...!!!

S#25　장회장 사무실 (낮)

황학수와 이실장, 종종걸음으로 들어와 장회장에게 꾸벅 인사 한다.
장회장, 등을 돌리고 앉아 창밖을 보고 있다.

황학수	회장님. 이사회 방금 끝났습니다. 이사회 결의도 원안대로 만장일치 통과됐구요. (손목시계를 힐끗 보고) 오늘 오후장 끝나는 대로 공시될 예정입니다.

장회장, 계속 등 돌리고 있는 채로

장회장   그 당연한 얘길, 무슨 보고할 게 있다고 둘이서 몰려다녀.

황학수, 바짝 마른 입술을 깨물며
옆에 서있는 이실장에게 턱짓으로 채근한다.

이실장   그리고 방금 검찰에서 연락이 왔습니다.

장회장   …

이실장   모레 오전까지 출두해주십사… 하고..

황학수   (빠르게) 지금 김학철 부장검사 쪽에 연락을 넣고 있습니다.

장회장   (OL. 낮은 목소리로) 걔는 이제 됐어.

황학수/이실장   …?!!

장회장   (건조하게) 나가봐.

황학수/이실장   …??

장회장   (권태롭게) 나가라고.

황학수/이실장   네..

황학수와 이실장이 황급히 인사하고 나가면
장회장, 천천히 의자를 돌려 앉는다.

장회장   (낮게 으르렁거리듯) 세상이.. 아주 망가져 있네.

하고는 인터폰을 든다.

비서(F)　　네. 회장님.

S#26　　재현의 차 안 (낮)

재현, 혼자 운전해서 가고 있는데
강비서한테서 전화오고. 받으면

강비서(F)　　(당혹스러운) 부사장님. 오늘 긴급 이사회가 소집됐는데, 제3
　　　　　　　자 배정 유상증자가 결정됐다고 합니다.

재현　　　　(굳어지는)

강비서(F)　　잠시 후에 장 끝나면 공시될 예정이랍니다.

재현　　　　지명된 상대가 어디야?

강비서(F)　　신일자산운용이라는데 여의도에서도 잘 알려져 있지 않은 곳
　　　　　　　이라고...

재현　　　　그 회사에 대해서 좀 알아보고 우리 쪽 투자자들 미팅을 좀 잡아.

강비서(F)　　네. 알겠습니다.

전화를 끊는 재현의 얼굴이 굳는다.

S#27　　재현의 집 외경 (저녁)
S#28　　AV룸 (저녁)

서경, 재현이 늘 앉아 있던 소파(의자)에 앉아 있다.

팔짱을 끼고 앞에 있는 스크린을 가만히 응시하고 있다.

영화를 보고 있는데... 어느 순간부터 울고 있다.

Cut to.

어둑했던 실내에 불이 들어오는데 재현이 서 있다.

팔로 눈을 가리고 있던 서경, 팔을 내리는데

서경	(재현을 보고는) 자기가 러브레터 아니면 이 영화만 보길래 한
	번 봤는데.. 재미는 없다. 아비정전.
재현	....
서경	(일어서며) 그래서, 이 방을 없앨 생각이야. 드레스룸을 만들
	까 와인바를 만들까 고민 중이고.
재현	...!!
서경	자기가 여기서 추억팔이 하다가 우리가 이 지경이 된 것 같아서.
재현	지수를 만나기 전부터 우리 결혼은 끝나 있었어. 나는 무심했
	고 당신은 다른 사람을 만났고.
서경	(앙다무는)
재현	아버님은 점점 더 노골적으로 나를 이용했고. 난... 내 아버지
	의 죽음에 아버님이 있다는 걸 알았어.
서경	...!!!
재현	나와 아버님과의 싸움이 끝나면 둘 중 하나는 죗값을 치르게
	될 거야. 그게 나든 아버님이든 당신은 견디기 힘들 거고.
서경	다 지난 일인데 꼭 그렇게 끝을 봐야 돼?
재현	내 아버지를 위한 싸움이기도 하지만... 나를 위한 싸움이기
	도 해.
서경	...!!

재현	쓰다 버려지는 게 나라는 인간에게 닥칠 수순.. 이었거든.
서경	(눈빛 흔들리는)
재현	이 싸움 어디에도 당신 책임은 없어. 그런데도 당신은 상처받을 거고. 그래서 당신한테 해줄 수 있는 최선이 뭔지... 계속 생각 중이야.
서경	내가 원하는 건 한 가지밖에 없어.
재현	(안타까운)
서경	(악물며) 미안한데 이혼은 못해주겠다. (글썽) 내가 이렇게 눈물 나는데... 그 여자도 눈물 나야지. 내 사랑이 없으면... 그 여자 사랑도 없어야지.
재현	(착잡한)
서경	(앙다물며) 괴물 같아 보여도, 내 사랑도... 사랑이니까.

하고 재현을 빗겨서 나가는 서경.
재현, 괴롭고 마음 아프다.

S#29   형성그룹 본사 외경 (다음날 낮)
S#30   재현의 사무실 (낮)

재현, 동진과 함께 있다.

동진	클라이언트가 오라고 하면 와야지. 난 을이니까 말야.
재현	미안. 내가 좀 바빠서.
동진	근데 왜 오라고 한거야?

재현	소장을... 접수해줘야겠다.
동진	(쩝) 돌아올 수 없는 강을 드디어 건너는 건가?
재현	(착잡한) 붙잡고 있는 게... 서경이한테도 좋을 리 없어서.
동진	이혼해도, 영감하고 싸우는 데는 지장 없는 거야?
재현	(차분하게) 계획하던 일엔 아무 지장이 없지만, 욕은 원 없이 먹겠지. 처자식 버리고 장인 뒤통수 친 천하의 개자식이라고.
동진	그건 뭐 늘 듣던 소리잖아? 그 정도면 그냥 니 이름이라고 봐야 되는 거 아니냐?
재현	(피식) 미친놈.
동진	그건 내 이름이고.
재현	(웃지만 마음이 무겁다)
동진	지수 집 상황, 알았다며?
재현	(힐난하듯이) 진작 알았으면서 왜 나한테 얘길 안 했어?
동진	지수가 나한테 협박, 공갈, 회유... 할 수 있는 건 다 해가면서 말하지 말라고 하더라. 니 와이프가 한 일이라 너 힘들어 한다고.

S#31   재현의 사무실 / 지수의 방 (밤)

컴퓨터 보며 일하고 있는 재현. 전화벨이 울리는데... 지수다.
반가운 얼굴로 전화를 받으면

영민(F)	안녕하세요.. 저 영민인데요..
재현	(흠칫 놀라며) 어, 영민아. 무슨 일이니?

지수의 방에 있는 영민과 교차된다.

영민, 잠든 지수를 힐끗 보고는 조심스럽게

영민	저기... 엄마가...
재현	...?
영민	많이 아픈 것 같아요.
재현	(놀라는)...!!!
영민	약도 먹었는데 열이 안 내려요.. 병원을 가야 될 것 같은데.. 혜정이 이모는 전화를 안 받으세요.

S#32   초록대문집 앞 (밤)

파리한 지수를 억지로 끌고 나오는 재현. 영민, 그 뒤를 따른다.

지수	(우뚝 멈추고, 힘없는 목소리로) 하룻밤만 자면 나아요..
재현	하루 밤 자는 걸로 해결 될 수준, 아니야.
지수	(고개 저으며 문잡고 버티는) 아니 수준이고 뭐고... 내가... 내가 알아요. 그리고 영민이 혼자...
재현	(OL) 영민아, 문 잘 잠그고. 혼자 있을 수 있지?
영민	(끄덕이며)...네.
재현	(지수를 번쩍 업는다)
영민	(살짝 놀라지만 고맙기도 하고 든든하기도 한)
지수	(목소리도 잘 안 나오는데) 아니... 진짜.. 괜찮다고오...!!

하는데 그런 지수를 차에 태우는 재현.

S#33   도로 / 재현의 차 안 (밤)

달리는 재현의 차가 보이고.
조수석에 거의 누워 있는 지수, 아파서 눈도 못 뜨면서

지수   병원.. 안 가도 되는데.. 진짜루.. 어후.. 추워...

하면 내비게이션 창에서, 지수 좌석의 열선을 켜는 재현. (PPL)

S#34   응급실 (밤)

링거 맞으며 잠든 지수. 재현, 옆에 앉아서 지수를 안쓰럽게 본다.
식은땀이 나는 이마를 조심스럽게 닦아주는데...

S#35   도서관 (낮) － 과거

<자막> 1994년 10월

지수와 재현 나란히 앉아 있고, 재현은 공부하는데
책을 베고 있는 지수, 고개를 재현 쪽으로 하고 엎드려있다.

재현, 그런 지수를 보며 피식 웃다가 지수 쪽을 보며 엎드린다.
지수는 눈감고 있는데 얼굴이 하얗다. 식은땀도 나고.

재현   (놀라서 이마 짚어보다가)... 너!!!
지수   (놀라서 눈 뜨는)...??

순간, 조용했던 도서관의 정적이 깨지고 학생들, 노려보는데
재현, 가방을 챙긴다. 지수 가방까지 챙겨서 어깨에 메면
지수, 당혹스러운 얼굴이다.
그러거나 말거나 지수를 데리고 나가는 재현.

S#36   도서관 앞 (낮) ― 과거

재현, 지수를 끌다시피 하면서 나온다.

재현   열이 이렇게 나는데, 학교엔 왜 와?
지수   선배랑 도서관에서 공부하는 게... 소원이었거든요. 겨우 약
            속 잡았는데.. 아픈 게 뭐가 중요해요..
재현   (속상한) 그날, 밤새 걸어서 그랬나보다. (하며 계속 가는)
지수   근데 우리, 어디 가요?
재현   병원 갔다 집에 가야지.
지수   (우뚝 멈추고) 싫어요.
재현   너 진짜...
지수   도서관에서 같이 공부하는 거.. 처음이잖아요.

재현	너.. 공부도 안 했잖아.
지수	(고개 저으며) 난 안 가요, 아니 못가요! (울상) 날씨도 이렇게 좋은데..!!!
재현	(못 말린다는 표정)

S#37   학교 일각 (낮) － 과거

벤치. 지수가 재현의 무릎을 베고 누워있다.
약 봉투가 벤치 위에 놓여 있는데
재현은 책을 읽고 있고, 지수는 이마에 찬 수건을 올려놓고 있다.
기분 좋은 바람이 지수의 머리카락을 흩날리면
잠든 지수의 얼굴에 미소가 번진다.
다리가 저린 지 손가락에 침 묻혀서 코에 바르던 재현,
지수를 가만히 보다가 미소 짓는데
갑자기 지수 입술에 쪽! 입맞춤한다.

지수	(놀라서 눈 반짝 뜨며) 어, 안 돼요! 감기 옮는..
재현	(OL) 그러라고. (하며 다시 입 맞춘다. 처음보다 조금 긴 뽀뽀!)
지수	(눈 동그래지다가 얼굴 붉어지는데)...!!!

입 맞추고 난 재현, 민망한지 책을 들어 자기 얼굴을 가리는데
지수, 이마에 있던 손수건을 내려 붉어진 얼굴을 가린다.

S#38　　　응급실 (아침)

팔짱을 낀 채 의자에 앉아서 자고 있는 재현,

무슨 꿈인지 미소를 머금고 있는데

이때 잠에서 깬 지수, 그런 재현을 보며 미소 짓고는

재현을 향해 모로 눕는다.

재현의 얼굴을 애틋하게 보다가

천천히 손을 들어 얼굴에 닿으려고 하는데 이때, 눈을 뜨는 재현!

그대로 정지화면이 된 지수, 민망한지 슬그머니 손을 내리는데

재현, 그런 지수의 손을 잡는다.

지수, 흠칫 놀라는데

재현, 지수의 손을 만져보고 또 지수의 이마를 짚어본다.

재현　　　좀 내렸다, 열은.

지수　　　잘 자서 그런가 봐요.

재현　　　그래도 조금 더 누워 있어.

지수　　　답답해서... 나가고 싶어요.

S#39　　　공원길 (낮)

산책하는 재현과 지수. (PPL)

공원 한 쪽에 피아노가 놓여 있다.

지수가 아닌 재현이 성큼 가서 앉더니

「첫날처럼」의 앞부분을 손가락 하나로 천천히 친다.

그 모습 보던 지수, 피식 웃는다.

재현, 한 손가락으로 열심히 치면

지수, 옆에 앉아 제대로 치기 시작하는데

같이 치면서 환하게 웃는 두 사람.

Cut to.

「첫날처럼」 계속 이어지고

양쪽으로 가로수가 늘어진 길을 천천히 걷는 재현과 지수.

재현	얼굴은 마음의 거울이라던데...
지수	(천천히 끄덕이는)
재현	니가 얼마나 힘들었는지 알겠다.
지수	(뺨을 감싸며) 내 얼굴 그렇게 별루예요?
재현	예쁜 얼굴이 반쪽이 됐어.
지수	(피식) 근데 마음의 거울, 아닌가 보네요. 나 요새 되게 좋은데.
재현	집 때문에 힘들었을 텐데?
지수	(우뚝 멈추고) 사랑이 밥 멕여주나?
재현	...??
지수	정말 하루하루 먹고 살기도 빠듯하던 시절에, 그런 생각이 들었어요. 밥숟가락 던지고 오는 사랑... 그딴 거 없다고.
재현	(보면)
지수	그런데 지금 나는, 사랑 같은 거 집어 던지고 밥숟가락 챙겨야 되는 날들은 아니니까. 사랑이 밥도 되고, 반찬도 되고, 달달한 디저트도 되니까.. 그걸로도 충분히 감사해요.
재현	(미소 지으며) 살이 많이 찌면 좋겠다.
지수	그건 아니구요.

재현　　　 (피식)

웃으며 걷는 두 사람 보이고 이를 찍는 카메라의 컷컷.

S#40　　　서경의 방 (아침)

서경, 화장대 위의 우편물들을 보다가 멈칫한다.
'서울가정법원'에서 온 봉투다.
서경, 떨리는 손으로 열어 보는데 이혼청구소송 소장이다.

S#41　　　재현의 방 (아침)

서경, 벌컥 재현의 방문을 여는데. 짐을 뺀 건지 횅한 가운데
재현이 창밖을 보고 서 있다.

서경　　 (눈빛 떨리며) 어쩌자는 거야?

재현　　 (돌아서서 서경을 보며) 이혼 소송을 하면서... 같은 집에 있을
　　　　　 수는 없으니까.

서경　　 (이 악무는)...!!!

재현　　 뭘 뺏겠다는 소송이 아니야. 당신이 원하는 건 가능한 다 해줄
　　　　　 생각이야. (마음 아프지만) 당연히 준서도.

서경　　 (눈빛 흔들리는데, 이 악물며) 그래, 맘대로 해. 근데 난 착한 싸
　　　　　 움 같은 거 몰라. 개싸움이든 진흙탕 싸움이든 할퀴든 물어뜯

든 무슨 짓을 해서든 이겨 줄게.

하고 돌아서서 나가는데 재현, 착잡하고 마음이 무겁다.

S#42　　**형성그룹 본사 외경 (낮)**
S#43　　**서경의 사무실 (낮)**

차갑게 굳은 서경이 앉아 있고, 그 앞에 김비서가 서 있다.

서경　　　강비서한테 전화 해.

김비서　　네. (전화 걸고 받으면) 네, 강비서님. 잠시만요. (전화기 건네는)

서경　　　(받고) 강비서.

강비서(F)　네.

서경　　　재현씨 어딨어?

강비서(F)　사무실에 계십니다.

서경　　　어디서 지내냐고 묻는 거야.

강비서　　….

서경　　　말 안 하면... 강비서 해고야.

강비서(F)　...벨 호텔입니다.

서경　　　(뚝 끊고는) 벨 호텔이랑 윤지수쪽 계속 사람 붙여.

김비서　　네. 알겠습니다.

S#44   지수의 집 거실 (밤)

지수, 양치하면서 핸드폰을 보고 있다.
아무렇지도 않게 보다가 갑자기 뚝! 핸드폰을 떨어뜨린다.
얼굴은 하얗게 질리고, 손이 덜덜 떨리는데
지수, 다시 들어서 핸드폰을 보면
인터넷 창에 실린 재현과 자신의 사진이다!
지수의 얼굴은 블러 처리가 되어 있지만
'형성그룹 사위 한재현 부사장, 미모의 싱글맘과 연애 중'
자극적인 헤드라인이 보인다.

S#45   형성그룹 본사 로비 (아침)

기자들이 몰려 서있다.
재현, 로비에 들어서면 몰려드는 기자들.
재현, 굳은 얼굴로 가는데
기자들 플래시를 터뜨리고, 마이크를 들이대고 아수라장이다.
강비서, 기자들을 막으며 가는데
재현은 굳은 얼굴로 꿋꿋이 간다.

S#46   장회장의 사무실 (낮)

장회장, 휴대폰으로 재현의 기사 보고 있다. 그 앞에 황학수가 서 있는데

장회장	(비릿하게 피식) 지 손으로 지 얼굴에 똥칠을 했구만. 나나 서
	경이한테까지 똥물을 튀긴 것 같아서 짜증은 나는데... 어차
	피 버릴 놈이었으니 별 수 없지.
황학수	나중에 오히려 회장님이나 아가씨한테 동정표가 쏟아질 겁니다.
장회장	내가 왜 쓸데없이 동정표를 받아?
황학수	아.. 그런 뜻이 아니라..
장회장	암튼, 회사를 책임지기엔 자질이 부족하고, 도덕성에 심각한
	결함이 있다. 기사들 올리라고 해. 우리 직원 놈들도, 곱게는
	안 볼 거야.
황학수	예, 알겠습니다.

S#47   버스정류장 (낮)

지수와 영민, 벤치에 앉아 있다.

영민	나 혼자 가도 되는데...
지수	아빠도 기사 봤을 텐데... 너 힘들어. 엄마가 얘기할게.
영민	(아빠랑 했던 얘기를 차마 못하겠는)

이때 한 남자, 옆에서 셀카를 찍는 척하며 두 사람을 찍는다.
영민, 그 남자를 보다가

| 영민 | (지수 귀에 대고) 근데 저 사람, 우리 찍는 거 같아. |

놀라는 지수, 옆에 있던 쓰레기통을 들어 기자에게 쏟아버린다.

기자	(더러운 게 잔뜩 묻고) 아, 뭐야!!!! (하며 옷을 터는)
지수	(태연하게) 죄송해요. 손이 미끄러져서.
기자	그게 말이 돼요?
지수	그러게요. 저도 그게 왜 그쪽한테 미끄러졌는지 모르겠네요.
영민	(고개 숙이고 풋 웃는)
기자	이 아줌마가 진짜.. (하며 툭툭 터는데)
지수	(핸드폰을 들어 기자의 사진을 찍는다)
기자	뭐하는 겁니까?!!!
지수	저희 사진 찍으셨잖아요. 우리 사진이 어딘가에 나오면 이 사진 들고 가서 고소하려구요.
기자	(황당한)...!!!
영민	(저쪽 보다가) 엄마, 버스 온다!

하면 지수와 영민, 버스 쪽으로 뛰어간다.

S#48 세훈의 집 앞 (낮)

세훈, 서 있고 영민과 지수가 그 앞으로 온다.

세훈	영민아 먼저 들어가 있어.
영민	네...
지수	(씩씩하게 손 흔들며) 모레 보자, 영민아.

영민	(고개만 끄덕이고 들어가는)

S#49   카페 (낮)

세훈과 지수, 마주 앉아 있다.

세훈	기사 같은 건 상관없어. 어차피 알고 있었던 거니까.
지수	(보면)
세훈	문제는 영민이가 더 이상 그런 위험한 환경에 있어서는 안 된다는 거야.
지수	영민이하고 내가 해결할 문제야. 충분히 얘기하고 있고.
세훈	(불쑥) 나랑 살겠다고 했다면?
지수	무슨.. 소리야?
세훈	(비아냥거리듯) 아들에 대해서 잘 모르는 건가... 아님, 연애하느라 신경을 못 쓴 건가?
지수	...!!!
세훈	당신 결혼에 자기가 방해가 될 것 같다더군.
지수	(쿵)...!!!
세훈	그래서 엄마를 놔주고 자기는 아빠랑 살겠다고 했어.
지수	(눈빛 떨리는) 그럴 리가.. 없어... 방금까지도 나하고...
세훈	(OL) 아버님 돌아가시고 당신 힘들 거라고. 시간을 달라고 해서 기다리고 있었던 건데 이제 더는 안될 것 같네.
지수	(충격으로 멍해지는)
세훈	돌아가신 당신 아버님이 그러셨다지? 하나를 선택하면, 다른

하나를 포기해야 된다고.

지수   ...!!

세훈   (일어서며) 난 이제 당신은 포기하려고.

지수   (기가막힌 얼굴로 보는데)

세훈   (싸늘하게) 대신, 영민이는 가능한 빨리 데려올 생각이야.

지수   (충격으로 멍해지는)

S#50   거리 (밤)

지수, 심란한 얼굴로 걷는데 혜정에게서 톡이 온다.

혜정(E)   오늘 영민이 집에 없다 그랬지? 내가 하루 같이 자줄게. 철
             거 올까봐 무섭잖아. 신랑한테 허락 받았어. 덕분에 자유부인
             ~~!!

지수, 힘없이 피식 웃는다.

S#51   초록대문집 외경 (밤)
S#52   지수의 방 (밤)

지수, 무릎을 끌어 앉고 영민의 어릴 때 앨범을 보고 있다.
귀엽고 예쁜지 연신 미소를 짓는데
잠옷 차림으로 혜정이 들어온다.

혜정	(옆에 앉으며) 우리 영민이, 어릴 때 진짜 한 미모 했지~
지수	말해 뭐해. 아역 모델 하라고 최근까지 연락 왔어.
혜정	(딱하게 보며) 그래서, 맨날 사진 끌어안고 눈물 바람 할거야?
지수	(앙다물며) 아니.. 얘기해봐야지. 영민이랑.
혜정	진짜.. 아빠랑 살겠다고 하면?
지수	(울컥하지만) 그건 그거대로... 받아들여야지..
혜정	얼씨구?
지수	근데... 억지로, 누구 위해서, 원하지도 않는 걸 하지는 말라고 얘기할 거야. 영민이 똑똑해서... 잘 알아들을 거구.
혜정	(지수 안아주며) 나는 니 옆에 있으면.. 자꾸 목이 타~
지수	왜...?
혜정	(지수 안고 흔들흔들하며) 짜도 너무 짜서. 윤지수 짠내, 진짜 오지구요~!
지수	(아프게 피식)

S#53   호텔방 (다음날 낮)

재현, 노트북을 펼쳐놓고 이유신, 송인수(12부의 개인투자자들)와
한창 회의 중이다.

이유신	저번에 한부사장이 얘기한 장회장의 카드가, 그건가?
재현	네. 기존의 전체 주주가 아니라, 특정한 상대에게만 새로 주식을 발행하는 제3자 배정 유상증자.
송인수	그 상대방은 당연히 장회장 편이겠죠? 신일자산운용이라는

회사.

재현 (끄덕이며) 네. 장회장의 비자금을 관리해온 회삽니다.

송인수 (심각해지는)

재현 장회장이 자기편을 상대로 주식을 대량 발행해서 전체 지분율을 희석하려는 겁니다.

이유신 기존 주식의 20%나 되는 물량이면 우리는 지분경쟁이고 뭐고 상대가 안되겠구만.

송인수 유상증자면 돈을 내고 사야하는 건데, 신일에서 내는 돈도 결국은 장회장돈이겠네요?

재현 네. 우선은 큰돈을 내야하지만, 다음에 도로 가져갈 방법은 많습니다.

이유신 그래서 한부사장은 어쩌실 생각인가? 아직은 이사회도 경영권도 저쪽이 가지고 있으니까 어찌 할 방법이 없을 것 같은데...

송인수 (돌려서 비난하는) 부사장님.. 도덕성 문제가 나온 것도 좀 걸리구요..

하면 재현, 살짝 굳는데 핸드폰의 진동이 요란하게 울린다.
재현, 힐끗 보고 무시하려는데, 끊어졌다가 다시 울린다.

재현 잠시만 실례하겠습니다.

하면 이유신, 송인수 고개 끄덕이고. 재현, 받으면

강비서(F) 부사장님... 제가 보내드린 톡을 좀 봐주십시오.

S#54　　아파트 안 (낮)

지수, 레슨이 끝났는지 방에서 아이와 함께 나오는데

엄마　　민지야 잠깐 들어가 있어.

하면 민지, 들어가고.

엄마　　(지수에게) 잠깐 앉으세요.

지수　　네..

엄마　　(냉랭하게) 레슨.. 오늘까지만 할게요.

지수　　(놀라는) 네? 아.. 근데.. 지난주에 한달치를 선불로 주셨는데..

엄마　　괜찮아요. 그건 그냥 감사의 뜻이라고 생각해주세요.

끝내고 싶다는 의지가 강해 보이고. 지수, 당혹스럽다.

지수　　이유를 여쭤 봐도 될까요?

엄마　　(어색하게) 그냥 뭐.. 애가 여자애다 보니까 조심스럽네요.

S#55　　거리 (낮)

지수, 착잡한 얼굴로 가다가 뭔가 생각난 듯 폰을 든다.

'한재현'을 검색하다가 쿵!! 하는.

블러처리 되지 않은 지수의 사진들이 돌아다니고 있다!

S#56   영우의 바 (낮)

같은 사진을 보고 있는 영우, 어두워지는데...
심지어는 동영상도 있다. 서경이가 가지고 있던 바닷가 동영상이다.

S#57   세훈의 집 거실 (낮)

세훈, 동영상을 보고 있다.
영민, 방에서 나오는데 세훈, 전화기를 끄고

세훈   영민아. 당분간, 폰은 보지 말아라.
영민   왜..요?
세훈   어.. 공부해야지. 아빠가 맡아두고 있을게.
영민   엄마가 연락할 텐데...
세훈   연락 오면, 내가 바꿔줄게. (하며 손을 내밀면)
영민   (시무룩한 얼굴로 폰을 건넨다)

S#58   재현의 사무실 (낮)

재현, 동진, 강비서와 함께 있다.

동진   최초 유포자 찾아서 초상권 침해, 명예훼손으로 집어넣을 거야.
재현   (끄덕이는)

강비서	그런데 그 동영상은요?
재현	(보면)
강비서	최초 유포자가 장대표님일 수도...
동진	미안하지만 그건 우리 입장에선 땡큐야. 도그 파이팅 느낌이 없지않아 있지만.
재현	(씁쓸한)

S#59   서경의 사무실 (낮)

서경, 의자에 몸을 잔뜩 기댄 채 앉아있다.

서경	멀쩡히 밥도 먹고, 일도 한다구?
김비서	일은 많이 줄어든 것 같긴 합니다.
서경	(불안한) 근데 윤지수는, 자기 힘들다고 도망가는 스타일은 아니야.
김비서	네. 보기보단 강단이 있는 것 같습니다.
서경	(곰곰 생각하다가) 대신 그런 스타일은 민폐 끼치는 거, 못 견디지.

S#60   초록대문집 앞 (밤)

망연자실한 얼굴의 지수, 집 앞으로 오는데
골목 안으로 휙 숨는 그림자.
지수, 참담한 얼굴로 잠시 서 있다가 들어간다.

S#61   세훈의 집 거실 (밤)

세훈, 영민의 폰에서 지수의 톡을 보고 있다.

지수(E)   영민아.. 엄마가 내일 데리러 갈게. 1시쯤.

그러다 무슨 생각인지, 지수와 재현의 동영상을 플레이하는 세훈..
그 상태 그대로 전화기를 끈다.
서늘한 표정으로, 폰을 소파 위에 놓고 일어선다.
Cut to.
영민, 방에서 나온다.
화장실을 가려다 소파 위에 놓인 전화기를 본다.
눈빛 흔들리는 영민... 천천히 다가가서 폰을 켜보는데...

S#62   지수의 방 (밤)

지수, 전화기를 들고 영민의 톡을 기다리고 있는데
순간, 톡이 온다.

재현(E)   보고 싶다.

지수, 울컥하는 얼굴로 답장을 보낸다.

지수(E)   나도.

재현(E)   그리고 미안하고.

지수(E)   (짠하게 보다가 장난스레) 난 그건 아님.

S#63   재현의 호텔방 (밤)

피식 웃는 재현, 지수의 톡이 지수라도 되는 양 애틋하게 보다가
금세 또 마음 아파서 안쓰럽게 본다.

S#64   세훈의 집 영민의 방 (밤)

침대 위에서 무릎을 감싸고 앉아 있는 영민, 생각이 많은 얼굴이다.

S#65   세훈의 집 앞 (다음날 낮)

지수, 발로 땅을 툭툭 차며 기다리고 있는데 세훈 혼자 나온다.

지수   (의아한) 영민이는..?

세훈   영민이가 당신 기사하고 그 영상을 봤어.

지수   ...!!!

세훈   당분간은 당신을 안 보고 싶다네.

지수   (쿵)...!!!!

세훈   (들어가려는데)

지수   (떨리는) 영민이랑.. 통화하게 해줘.

세훈	(차갑게) 통화하고 싶지 않다고 했어.
지수	…!!!
세훈	영민이가 진정 되는대로 연락하지. 그리고 가능한 한 빨리, 양육권 친권 반환소송을 할 생각이야.
지수	(쿵)…!!!
세훈	영민이가 자퇴를 한 게 당신과 그 사람 때문인 것도 알고 있어. 양육권을 가져 올 근거들은 차고 넘친다는 말이야.

지수, 충격에 할 말을 잃는다.

S#66   거리 (저녁)

지수, 무너진 마음을 겨우겨우 추스르며 걷고 있는데
전화벨 울린다. 망설이다 받으면

지수	네.. 언니…
아줌마1(F)	영민아.. 혹시 지금 바빠?
지수	아, 아뇨.. 괜찮아요.
아줌마1(F)	잠깐 좀 볼까?
지수	지금이요..?
아줌마1(F)	선희씨 일이야.

S#67   세훈의 집 거실 (저녁)

영민, 밖으로 나온다. 세훈이 앉아 있는데

영민   엄마한테 혹시 연락 안 왔어요?

세훈   응 엄마가 바쁜가부다.

영민   (끄덕이며) 네... (다시 들어가면)

세훈   (싸늘한 표정이다)

S#68   카페 (저녁)

지수와 아줌마1이 앉아 있다.

아줌마1   말을 안 할까 싶었는데... 아무래도 자기가 알아야 될 거 같아서.

지수   ...?

아줌마1   선희씨가 얘기할 리도 없고.

지수   무슨 일이 있나요? 선희 언니한테?

아줌마1   (망설이다가) 갑자기 해고 통보를 받았어.

지수   (놀라는) 왜요??

아줌마1   공식적으로는, 업무능력 때문이라는데... 장서경 대표가 직접
             지시했다 그러더라구.

지수   (머리가 하얘진다)...!!!!!

S#69　거리 (밤)

굳은 얼굴로 걷는 지수. 계속 서경에게 전화하는데 받지 않는다.
이때 문자 오는

서경(E)　전화 못 받아요. 할 얘기 있으면 내일 회사로 오세요.

지수, 뜨거운 게 치밀어 오르는데.

S#70　카페 안 (다음날 낮)

통유리 앞에 앉아 있는 지수, 서경과 통화를 하고 있다.

지수　회사 앞 카페에 와 있습니다.

서경(F)　아, 영민 어머니~ 근데 어제, 전화는 왜 하셨어요?

지수　(누르며) 최선희씨 문제, 가만히 있지 않을 겁니다. 분명 불법..

서경(F)　(OL) 그 얘기라면, 그쪽 만날 생각 없어요. 근데, 최선희씨 말고도 그때 복직한 캐셔들 꽤 많지 않나요?

하면 지수, 뭔가로 쿵! 얻어맞은 듯한데...

S#71   서경의 사무실 (낮)

서경, 소파에 앉아 있다.
그 앞에 현우맘과 성준맘이 차를 마시고 있다. 서경, 전화를 끊는데

현우맘   설마, 영민 엄마예요?
서경   회사 앞 까페에 와 있다네요.
성준맘   어머, 너무 뻔뻔한 거 아니에요?
서경   (미소 지으며) 신경 쓰지 마시고 차들 드세요.

하면 현우맘과 성준맘, (지수가) 짜증난다는 듯 눈빛 교환하는.

S#72   카페 안 (저녁)

착잡한 얼굴로 생각에 잠겨 있는 지수의 모습.

S#73   카페 앞 (저녁)

굳은 얼굴의 지수, 문을 열고 나오는 순간
어디선가 달걀이 날아와 퍽! 지수 쇄골 근처에서 터진다.
지수, 놀라서 보는데 현우맘과 성준맘이다.
지수, 기가 막힌 얼굴로 보는데

현우맘	오랜만이다, 영민 엄마.
지수	(누르며) 무슨 짓이에요?
현우맘	학교 이름 더럽힌 거 어떻게 책임질 거야? 두 사람, 우리 학교 학부모로 처음 만난 거 소문 다 났어.
지수	…!!
현우맘	근데도 참 뻔뻔하게 잘도 돌아다닌다.
지수	(앙다물고 보는데)
현우맘	왜 그렇게 봐? 또 물어뜯으려고?
성준맘	(경멸스럽게 보며) 이제 가자, 언니.

하고 가면.. 지수, 앙다물어 보지만 이가 덜덜 떨린다.

S#74   초록대문집 앞 (저녁)

영우가 서 있다. 걱정스러운 얼굴로 왔다갔다 하는데
멀리서 고개를 떨군 지수가 올라온다.
영우, 반가운 얼굴로 손을 들다가 멈칫한다.
지수의 머리와 옷에 달걀의 흔적이 남아 있다.
고개 숙인 지수, 문 앞에 오는데

영우	너, 무슨 일이야?!!!
지수	(고개 들고) 어, 영우야…
영우	(옷을 보며) 그게 다 뭐야?
지수	늦었다… 담에 보자…

영우   (잡는) 누가 이랬는데?!!

지수   내가.. 그런 거야..

하고는 영우의 손을 떼어놓고 들어가 버린다.

영우, 문을 두드리면서 지수를 부르는데 지수, 스르륵 주저앉는다.

눈시울 붉어지지만 눈물을 삼키려는 듯 하늘을 보면서 곱씹는다.

서경(E)   (OL) 싫어요. 계속 괴롭히고 위협할 거예요. 미안하지만, 다른
           데로 이사 가도 똑같이 할 거고.

세훈(E)   영민이가 당신 기사하고, 그 영상을 봤어. 당분간은 당신을 안
           보고 싶다네.

아줌마1(E) (망설이다가) 갑자기 해고 통보를 받았어. 공식적으로는 업무능
           력 때문이라는데... 장서경 대표가 직접 지시했다 그러더라구.

서경(F)   근데, 최선희씨 말고도 그때 복직한 캐셔들.. 꽤 많지 않나요?

S#75   영우의 차 안 (밤)

굳은 얼굴로 운전해 가는 영우.

뭔가 생각하다가 블루투스로 전화를 건다.

영우   저 영우에요.. 혹시 지금 어디 계세요?

S#76   형성그룹 본사 외경 (밤)

S#77   재현의 사무실 (밤)

재현과 영우, 소파에 마주 앉아 있다.

영우	비겁하다는 생각, 안 들어요?
재현	무슨 말이.. 하고 싶은 거니?
영우	손에 쥔 건 아무 것도 놓지 않으면서. 누구한테도 상처주지 않겠다는 착한 얼굴로 그렇게 서 있기만 하는 게... 형이 하는 사랑이에요?
재현	...!!!
영우	지수만 벼랑 끝에 세워놓고 왜 뒤에서 보기만 하는 건데요? 쓰러지면 그때 가서 업고 뛰면 되는 건가? 그 무서운 곳에, 지수 혼자 있다는 생각은 왜 안 해요?
재현	...!!
영우	옆에서 보고 있을 수도 없을 정도로 지수는 힘든데...
재현	(마음 아픈)
영우	(눈시울 붉어지며) 내가... 할 수 있는 게 없어요. 내가 할 수 있는 거면 뭐든 하겠는데. 형한테 이러는 거 말고, 내가 할 수 있는 게 없다구요.
재현	(눈빛 흔들리는)
영우	(물기어린) 제발... 지수 옆에 있어요. 혼자 서 있게 하지 말고. 눈이든, 비든, 바람이든 두 사람이 같이 맞으면.. 그럼 나도 (고개 주억이며) 나도 살 수 있을 것 같아요.

S#78   지수의 방 (밤-새벽)

소파에 우두커니 앉아 있는 지수.
생각에 깊이 잠겨 있는데 그 위로, 조금씩 날이 밝는다.

S#79   서경의 사무실 (아침)

서경, 문자를 보고 있다. 심각한 표정인데

지수(E)   나도 이제 당신이 가장 괴로워할 일을 할 거야. 당신이 가진 힘
               과 돈과 시간을 모두 쏟아 부어도 당신은 절대 할 수 없는 일.

서경, 코웃음을 치는데 찜찜하고 기분이 나쁘다.
미간을 찡그리며 인터폰을 든다.

서경   김비서 들어오라고 해.

S#80   지수의 방 (저녁)

화장대 앞에 앉아 화장하는 지수.
평소와는 다르게 오래 시간 공들여서 화장을 한다.
점점 아름답고 고혹적인 분위기로 변신하는데
어딘가 처연하고 서늘한 표정이다.

Cut to.

옷장을 여는 지수.

재현이 넣어두고 간, 비닐도 뜯지 않은 옷들을 본다.

Cut to.

신발장을 연다. 역시 재현이 넣어두고 간, 새 구두를 꺼낸다.

S#81   초록대문집 앞 (저녁)

긴 머리를 우아하게 풀고, 고혹적인 메이크업을 한 지수.

몸매가 살짝 드러나는 원피스에 하이힐을 신고 있다.

(고급스럽고 우아하면서 도발적인. 최근 코스모폴리탄 화보 느낌)

문을 나서고는, 시선을 의식하듯 잠시 멈췄다가 또각또각 걸어간다.

S#82   서경의 사무실 (밤)

서경, 김비서를 올려다보고 있다.

서경   (기가 막힌) 그 여자가 어딜 갔다고?
김비서   (난감한) 부사장님 계신 호텔입니다.
서경   (쿵)...!!!!

S#83   호텔 로비 (밤)

또각또각 로비를 걸어오는 지수.
떨리고 긴장한 눈빛이지만
흔들림 없는 걸음걸이에서 단호함과 결의가 느껴지는데.

S#84   서경의 사무실 (밤)

서경, 핸드폰에 전송된 지수의 사진을 보고 있다.
이를 악물다가, 김비서에게 소리치는

서경   (초조한) 재현씨는? (책상을 치며) 재현씨는 어딨는데?!!!

S#85   호텔방 (밤)

재현, 창밖을 보고 서 있다. 감정을 알 수 없는 담담한 표정이다.

S#86   호텔 복도 (밤)

어둑한 조명의 복도를 천천히 걸어가는 지수.

INS) 사무실의 서경, 책상 위의 물건들을 확 쓸어버린다.

서경　　　(이 악물다가 헛웃음) 너도.. 미쳤구나?

지수, 수많은 생각들이 스쳐 지나가는데.
깊어진 눈빛과 굳게 다문 입술을 하고
또각또각.. 느리지만 흐트러짐 없이 걸어간다.
비장하면서도 조금은 위태로워 보이는 지수의 모습에서.

— 13부 엔딩 —

14부

선배도 다시
그때로 돌아왔으면 좋겠어요

S#1　　　주차장 (밤)

서경, 초조하고 불안한 얼굴로 차에 오르고
쾅! 차문을 닫는다. 차 안에서 지수의 문자를 다시 보는데

지수(E)　　나도 이제... 당신이 가장 괴로워할 일을 할 거야.

S#2　　　호텔방 앞 (밤)

(재현의 방) 문 앞에 선 지수, 긴장된 얼굴로 서 있다.

S#3　　　서경의 차 안 (밤)

운전하는 서경, 초조한 얼굴로 곱씹는

지수(E)　　　당신이 가진 힘과 돈과 시간을 모두 쏟아 부어도, 당신은 절대
　　　　　　　할 수 없는 일.

S#4　　　호텔 입구 (밤)

끽— 급하게 와서 서는 서경의 차.
서경, 운전석에서 내리며 차를 버리다시피 하고 들어가는데.

S#5　　　엘리베이터 안 (밤)

서경, 초조하고 불안한 얼굴로 점점 올라가는 숫자를 보고 있다.
손톱을 깨물고 있는데 띠링~ 하고 문 열린다.

S#6　　　복도 (밤)

빠르게 걷는 서경.
초조함, 두려움, 자괴감, 분노까지 복잡하고 괴로운 심정인데...
문 앞에 서는 서경, 문을 두드리려다가 손을 멈춘다.
눈시울이 붉어지는데.. 입술을 깨물고는 쾅쾅!! 문을 두드린다.
답이 없고 다시 쾅쾅! 두드리는데
문을 여는 재현, 서경을 보고 놀라는 얼굴.

재현   서경아..

서경, 그런 재현을 확 밀치고 방으로 들어간다.
그런데 지수가 없다!
서경, 당혹스러운 얼굴로 침실로 들어가 보고
다시 나와 욕실을 열어보지만..!

재현   무슨 일이야..?
서경   (악물며) 어디에 빼돌렸니??
재현   (미간 좁혀지며) 무슨 말이야?

서경, 재현이 거짓말을 하고 있는 것 같지는 않다.
그래도 원망스럽게 보다가

서경   (악물고) 자기가 차라리... 사라져버렸으면 좋겠어.

하며 나가 버리고 쾅! 닫히는 방문.
재현, 혹시나 싶어 전화기를 보는데 아무 것도 온 게 없다.

S#7   복도 (밤)

서경, 붉어진 눈시울로 빠르게 걸으며

서경   (낮게. 자조적으로) 진짜.. 바닥이구나...

화양연화   312

S#8   로비 (밤)

서경, 로비로 나오는데 로비 끝쪽 소파에 앉아 있는 지수가 보인다!
서경, 얼굴이 굳고 천천히 다가가 그 앞에 앉는다.
지수, 차가운 얼굴로 그런 서경을 보는데

서경   (비웃듯) 고고한 척 하더니, 낚시질이나 하고. 당신도 별 수 없네.

지수   (담담히) 그래야, 당신이 상처받을 테니까.

서경   (쿵.. 내려앉지만) 여기까지 와놓고 왜 이러고 있어요?

지수   말했잖아요. 내가 왜 왔는지.

서경   (악물며) 내가 받기만 하는 사람은 아니라서 몇 배로 돌려줄
         텐데... 괜찮겠어요?

지수   나 혼자 받는 거라면 뭐든, 상관없어요. 내가 자초한 일이고,
         내가 책임질 일이니까. 하지만 다른 사람한테까지 피해를 주
         는 건, 참지 않을 겁니다.

서경   안 참으면?

지수   힘껏 싸울 거예요. 정당하고 바른 방법으로.

서경   (코웃음) 지금, 여기 와 있는 게 바른 거라고?

지수   오늘 당신이 상상한 일 같은 건, 하지 않아요.

서경   ...!!!

지수   그게 내 방법이에요.

하는데 눈빛 흔들리던 서경, 이를 악물더니
옆에 있던 스탠드를 팔로 쳐서 옆으로 넘어뜨린다.
와장창!! 스탠드가 깨지고

순간, 찬물을 끼얹은 듯 조용해지는데 지수, 동요하지 않는다.

서경   (앙다물며) 이건 내 방법이야. 다 망가뜨리는 거.

지수   (깨진 스탠드를 보다가) 망가뜨리고 상처 주니까..

서경   (노려보는데)

지수   후련하고 편해지나요?

서경   (쿵)...!!

지수   해보니까.. 나는 안 그렇던데.

서경   (눈빛 격하게 떨리는)...!!!

지수   (안쓰럽기도 한) 오히려 더 아프고 더 괴로워지던데...

하면 서경, 눈시울이 붉어지고 필사적으로 이를 악문다.
이때 재현이 달려온다. 당혹스러운 얼굴로 깨진 스탠드를 보는데
더는 못 참겠다는 듯 일어서던 서경, 그런 재현을 보며

서경   (이 악물고) 이렇게 정의감 쩌는 여자, 괜찮겠어? 그동안 당신
           이 한 짓이 있는데.

재현, 굳어진 얼굴로 보는데
서경, 그런 재현을 노려보다가 가버린다.
지수, 떨리는 한숨을 가만히 내쉬고
재현도 마음이 무겁다.

S#9　　호텔 정문 앞 (밤)

회전문 안에서 천천히 걸어 나오는 서경
로비에서의 모습과는 달리, 어깨가 축 쳐져 있다.
발렛요원이 다가가 키를 건네는데 받는 듯 하더니 놓치고 만다.
떨어진 자동차 키를 주울 생각은 않고 망연히 보기만 한다.
서글프고 지친 얼굴로 전화기를 꺼내는 서경.
김비서에게 부재중 전화가 10통이나 와 있다.
쓸쓸하게 보다가 세휘에게 전화한다.

서경　　　내가 기운이 없어서 그러는데.. 와서 운전 좀 해줘.

S#10　　로비 (밤)

같은 자세로 꼿꼿이 앉아 있는 지수.
재현, 호텔 직원에게 뭔가 얘기하면 직원, 알겠다는 듯 끄덕인다.
재현, 지수 쪽으로 걸어와 지수 앞에 앉는다.
지수, 서경하고 있을 때와 달리 어딘가 서글픈 얼굴인데.

지수　　　(물기 어린 눈으로) 장서경씨한테 상처를 주고 싶었어요.
재현　　　(착잡한)
지수　　　(앙다물며) 너무 많은 사람들이... 상처를 받아서...

S#11   서경의 차 안 (밤)

세휘, 운전석에 앉아 있다.
서경, 이마에 손을 올린 채 창밖을 보고 있는데

세휘   기왕이면 물도 뿌리지. 머리채를 잡던가.
서경   (서글픈) 둘이 잘 어울리더라.. 재수 없게.
세휘   (피식) 그래서 울컥했구나.
서경   ....
세휘   근데, 왜 먼저 나와 버렸어요? 둘이 뭐 하면 어떡하려고.
서경   (허탈한) 그럴 리가 없으니까.

S#12   마포대교 (밤)

과거의 지수와 재현, 손잡고 걷고 있다. (13부 #16)
뒤에서 그 모습 보며 나란히 걷고 있는 지수와 재현.

재현   20대 때나 이렇게 돌아다니는 거지. 어른들은 이러면 안 되는
       데. 골병 나서.
지수   (피식)
재현   안 추워?
지수   좀 춥네요.
재현   그때처럼, 집까지 걸어갈 수 있겠어?
지수   그건 안 되겠어요.

재현   (피식)

지수, 천천히 난간 앞에 선다. 팔을 난간에 올리면
재현, 그 옆에 와서 서는데. 지수, 검게 일렁이는 강물을 보다가

지수   마음에.. 돌덩이가 달렸어요.

재현   (보면)

지수   이런 자극적인 쇼 말고 다른 방법은 없었을까... 싶어서.

재현   (천천히 끄덕이는데)

지수   아무 상관도 없는 선희 언니까지 해고를 했다니까. 머릿속에
서 뭔가가 툭— 끊어지면서 잠깐, 이성을 잃은 것 같아요.

재현   (역시 마음이 무거운)

지수   (조금 시무룩하게) 오늘의 나는, 잊어 주세요.

재현   (피식) 잘 될지 모르겠다.

지수   (못 살겠다는 듯 난간에 머리를 살짝 쿵 찧는)

재현   (옅게 웃는)

S#13   서경의 차 안 (밤)

세휘, 운전하고 있고
서경은 폰으로, 마포대교에 있는 재현과 지수의 사진을 보고 있다.
차가 신호에 걸리고 멈추면 세휘, 서경의 폰을 보고는

세휘   (코웃음) 자기 말이 맞네.

하는데 서경, 폰을 내리고 창밖을 심란하게 본다.

S#14   몽타주 (밤)

「첫날처럼」 음악 흐르고
#마포대교를 천천히 걷는 재현과 지수.
앞서거니 뒤서거니 하면서 얘기도 하고
무슨 얘기를 했는지 옅은 미소를 짓기도 하지만
조금은 마음이 무겁고 복잡한 심정이다.
#택시 뒷자리에 앉은 두 사람, 각각 창밖을 보고 있는데
어느 순간, 서로의 머리를 기대고 잠들어 있다.

S#15   초록대문집 외경 (아침)
S#16   지수의 방 (아침)

어제 입었던 옷들을 옷걸이에 거는 지수,
옷장 안에 조심스럽게 집어넣는다.

S#17   형성그룹 본사 외경 (아침)
S#18   재현의 사무실 (아침)

재현, 깍지 낀 손을 책상 위에 올리고 생각에 잠겨있다.

카메라 다가가면, 책상 위에 형구의 수첩이 펼쳐져 있다.

'형성철강 한인호 사건. 최재혁 검사 수사내용 요약' 메모가 보이고

재현, 자리에서 일어나 창밖을 보며 다시 생각에 잠기는데

F/B) 11부 #58.

형구(E) 장회장은, 형성에 대한 자네 아버지의 고발을 묵살해달라고
했는데, 난 그 정도가 아니라 오히려 자네 아버지를 기소하도
록 했어.

F/B) 12부 #62.

강비서(E) 아버님께서 형성을 상대로 낸 고소 건을 수사하던 검사가 갑
자기 지방으로 발령이 나면서 담당이 교체됐는데, 그 직후에
아버님이 기소되셨답니다. 주로 담당검사가 윗선한테 불복했
을 때 그런 경우가 생긴다는데...

Cut to.

강비서, 재현 앞에 서 있다.

재현 사람 하나 찾아봐야겠다.

강비서 네. 누굴 찾을까요?

재현 아버지 사건 처음 맡았다가, 교체됐던 검사.

S#19   세훈의 집 거실 (낮)

세훈모, 소파에 앉아서 TV를 보고 있는데 초인종이 울린다.

세훈모   영민아~ 뭐하니~~?!

하면 영민, 방에서 나와 현관문을 여는데 지수다!
영민, 눈이 동그래지며

영민   엄마..?
지수   (미소)

그 소리에 세훈모, 멈칫하고 방에서 나오던 세훈, 얼굴이 굳는다.

세훈모   (일어서며) 감히 누가 와?
세훈   (막으며) 계서 보세요.

S#20   문 앞 (낮)

지수, 영민을 보며 미소 짓다가

지수   영민아, 가자. 나와.
영민   (멍하게 보는)
지수   엄마 안 보고 싶은 거 아는데. 그래도 가자. 가서 얘기해.
영민   (의아한) 엄마... 나한테 연락 했었어?
지수   (놀라는) 엄마가 계속 톡 보냈는데.. 너 못 받았어?

이때, 세훈이 나온다.

세훈	뭐하는 거지?
지수	(화가 치미는) 연락을 가로챈 것 같은데. 소송을 하든 뭘 하든 아직 양육권, 친권, 나한테 있어. 당신이 가진 면접교섭권은 2주에 1회. 1박2일을 넘을 수 없고.
세훈	(말문이 막히는)
지수	영민아. 짐 챙겨서 나와.

영민, 들어가는데 세훈모가 나온다.

세훈모	불륜녀라고 온 나라에 얼굴 다 팔려 놓고, 뻔뻔하게 내 새끼를 계속 키우겠다는 거야?
지수	(꿋꿋이) 양육권, 친권, 저한테 있습니다. 영민이가 여기 온지 4일이 지났고, 명백한 위법이구요.
세훈모	(손 올리며) 이게 진짜..!
지수	(눈도 깜빡 안하고) 어머니.
세훈모	(멈추고)
지수	털끝 하나라도 건드리시면, 폭행죄까지 물을 겁니다.
세훈	(세훈모의 손을 잡아 내리는데)
지수	다시는 내 아들 앞에서 저한테 손대지 마세요.

이때 영민 나오는데 지수, 영민의 손을 잡고 돌아선다.
영민은 그래도 꾸벅 인사하고 가고
세훈과 세훈모의 표정은 일그러진다.

세훈모	내가 언제까지 저 꼴을 보고 있어야 되니?

세훈   (어두워지는)

S#21   놀이터 (낮)

지수와 영민, 나란히 그네에 앉아 있다.

지수   (그네 천천히 흔들거리며) 영민아.

영민   (보면)

지수   너 정말 엄마랑 살기 싫은 거야?

영민   (말 못하는)

지수   정말 그런 거라면... 보내줄 수 있어. 그런데 엄마 위해서 그러
            는 거면, 엄마는 못 보낼 것 같아.

영민   (그네만 흔들흔들)

지수   학교에서 힘들 때, 입 꼭 닫고 있었던 것도 엄마 때문인 거 알
            아. 그 작은 머릿속에 무슨 걱정이 그렇게 많은지... 할 수만
            있으면, 하나하나 다 찾아내서 지웠으면 좋겠어.

영민   생각해볼게. 아빠한테도 말한 게 있어서.. 당장 결정하긴 힘
            들어.

지수   (끄덕이다가) 그네 밀어줄까? 엄마 그네 잘 미는데.

영민   (피식)

지수   너 어릴 때 엄마가 그네 밀면, 그네가 막.. 한 바퀴 돌고 그랬어.

영민   (웃는) 왜 점점 뻥이 늘어.

지수   (미소) 너, 웃으라고.

영민   (먹먹한 얼굴로 미소 짓는)

S#22   장회장 집 서재 (낮)

소파에 장회장과 황학수, 이실장이 앉아있다.

황학수   저쪽은 지분 매입만 계속 하고 있습니다. 현재 저희가 36.8,
         한부사장 쪽이 38.85 퍼센트인데, 3자 배정 유상증자가 되면
         저희가 56.8 퍼센트가 됩니다.

장회장   (끄덕이고) 법원 쪽 알아본 건?

황학수   (자신 있게) 유상증자가 부당하다고 소송을 내도, 회장님 말씀
         대로 하면 법적으로 문제가 없다고 합니다.

장회장   (피식) 유상증자 목적이 경영권 방어 때문이면 안 되는데, 재
         무구조 개선 때문이라면 봐주거든. 우습지?

황학수   (신이 나서) 네, 역시..

장회장   (OL) 이실장, 검찰 조사는 얼마나 걸릴 것 같아?

이실장   차명지분은 한부사장이 떠안았고 주식 배당 쪽은 친족상도례
         로 면책이라 걱정하실 건 없는데...

장회장   (눈살을 찌푸리며) 그런데 뭐?

이실장   (조심스레) 담당이 강승우 검사인 게 걸립니다. 워낙 독종이
         라...

장회장   그놈은 내가 여기저기 알아보고 있어. 근데, 서경이가 했다는
         일이 뭔데 시끄러워?

황학수   물류센터 직원 하나를 이유도 없이 갑자기 해고했습니다.

장회장   (찡그리는)

S#23   노동위원회 앞 (낮)

지수와 선희, 건물 안에서 나온다.

선희   혼자 와도 되는데...

지수   나 때문에 생긴 일인데 어떻게 구경만 해요.

선희   꼭 자기 때문만은 아니야. 안 그래도 오늘내일이지 싶었어.

지수   왜요? 언니처럼 열심히 하는 사람이 어딨다구.

선희   캐셔 하던 사람이 물류 일을 뭘 알아.

지수   (안쓰러운)

선희   복직은 시켜야 되는데 어딜 봐도 이쁜 놈은 아니니까. 엉뚱한 자리에 집어넣은 거지.

지수   (착잡한)

선희   금방 때려 칠 줄 알았을 거야. 고래 힘줄보다 더 질긴 놈인 건 몰랐겠지.

지수   이런 경우는, 구제 명령이 나올 확률이 높다니까 너무 걱정 마세요.

선희   (끄덕이며) 그래야지. 그래야 밥도 먹고, 잠도 잘 텐데.

하며 애써 밝게 웃으면 지수, 마음이 아프다.

S#24   거리 (밤)

지수, 걷는데 혜정에게서 전화가 온다.

지수	응. 혜정아.
혜정(F)	어디니?
지수	집에 가는데.
혜정(F)	잠깐 와라. 동진 선배가 인센티브 받았다고 쏜대.
지수	(고민하는)
혜정(F)	그럴 기분 아닌 거 아는데 먹고 죽자 그런 거 아니야. 너 갑갑하고 그럴 것 같아서 기분 풀어 줄라구.
지수	(미소) 너 술 먹구 싶어서 그러는 건 아니구?
혜정(F)	티 나니?
지수	(피식)

S#25   영우의 바 (밤)

영우, 동진, 혜정, 지수 앉아 있고..
혜정, 가방에서 초코파이를 꺼내 동진 앞에 놓는다.

혜정	회사에서 누가 준 건데.
동진	(찡그리는)
혜정	(장난기 어린) 선배 생각나서 싸왔어요~ 이것만 보면 환장한다 길래~
동진	또 해보자는 거냐? 너도 초코파이에 트라우마 생기게 해줘?
혜정	(큭큭 웃는데)
영우	나도 그거 싫어한다~ 그날 이후로 한 번도 안 먹었어.

하면 지수, 기억난다는 듯 피식 웃는다.

S#26   농촌 외경 (낮) – 과거

<자막> 1994년 7월

작은 농촌 마을 전경이 보이고.

동진(E)   아이씨, 죽을 거 같아~~~~

S#27   마을회관 앞 (낮) – 과거

마을회관 앞에 평상이 놓여 있고 평상에 털썩 대자로 눕는 동진.
논에 갔다 와서인지 까만 장화를 신고 있고 목에는 수건을 두르고 있다.
비슷한 몰골의 영우도, 마루에 털썩 앉는데

동진   잡초가 무슨 대나무만 해, 대나무. 그 정도면 보리를 뽑고 잡
        초를 키워야 되는 거 아니냐?
영우   (피식) 어차피 형은 계속 농땡이 쳤잖아요.
동진   야, 됐고. 나 장화나 좀 벗겨줘.
영우   아 싫어요~
동진   아 쫌~~~

하며 발을 구르다가 문 열린 회관 안에서 뭔가를 발견한다.

벌떡 일어나 앉는 동진.

장화를 잽싸게 벗어 던지고 안으로 뛰어 들어간다.

잠시 후 나오는 동진, 초코파이 한 상자를 들고 나온다.

동진　　　(봉지 뜯으며) 야, 먹자.

영우　　　먹어도 돼요?

동진　　　왜 안 돼? 먹으라고 사둔 거 아냐?

하며 한 개를 입 안에 통째로 넣는다.

동진　　　(막 씹으며) 당 떨어져 죽을 뻔 했는데 인제 좀 살 것 같네.

　　　　　　(보고만 있는 영우 보며) 먹어, 임마!

하고는 하나 더 까서 입에 물고

영우도 조심스럽게 하나 까서 입에 무는 순간,

재현(E)　　뭐 하냐 니들?

동진과 영우, 멈추고 보는데 재현과 지수, 화진, 경호, 선배1이다.

동진은 계속 물고 있고 영우는 입에서 손바닥으로 툭 떨어뜨린다.

재현　　　(심각한) 뭘 먹고 있는 거야?

동진　　　(입에 문 채로)...초코케익.

재현　　　그걸 왜 먹냐고.

동진   (씹으며) 먹고 싶으니까.

재현   너만 먹고 싶어?

하는 순간, 지수.. 풋 웃고 만다.

재현   (지수를 날카롭게 보는)

지수   (입 틀어막고 얼굴 하얘지는)...!!!

재현   (다시 동진에게, 살짝 이 악물고) 그냥 초코케잌도 아니고... 어
       르신들이 학생들 나눠 먹으라고 주신 거, 몰라?

동진   그니까 너두 먹어! 왜 먹는 거 갖구 지랄이야.

재현   (버럭) 아무 거나 맘대로 먹는 게 무슨 농활이야, 엠티지!!!

분위기 싸해지고. 영우는 사색이 돼서 서 있고
지수도 어쩔 줄 모르는 얼굴이다.

S#28   마을회관 안 (밤) ─ 과거

둥그렇게 앉아서 회의 중이다.

재현   오늘 평가는 여기까지 하고. 마지막으로 (심각한 얼굴로) 낮에
       있었던 일. (하며 동진을 보는)

동진   (손가락으로 자기 가리키며) 나? 야, 작작 좀 해라.

재현   누가 회의 시간에 말 놓습니까?

동진   작작 좀 하라니까...요! 배고파서 그거 하나 먹은 게 이럴 일

입니까?

화진   규칙, 규율 없으면.. 농활 개판되는 거 순식간입니다. (벽 가리키면 대자보 보이고) 저건 장식으로 써놓은 줄 아십니까? 간식 아무 때나 막 먹고, 아무 때나 막 자고, 아무 때나 막 썻고. 놀러 왔습니까?

영우   (고개를 못 들며) 잘못 했습니다. 다시는 이런 일 없도록 하겠습니다..

지수   (무서워 죽겠는)

동진   아니~~ 맨날 먹은 것도 아니고 딱 한 번이잖아...요!! 그리고 딱 한 개 밖에 안 먹었다구...요!

화진   세 봉지 나왔습니다.

동진   (하) 아니.. 진짜 오늘은 너무 힘들어 가지구..

재현   (OL) 안 힘든 사람이 어딨습니까? 오늘 작업은, 어르신들도 힘들어 할 정도로 힘든 작업이었습니다. 게다가 반장들은, 어제 회의하느라 세 시간도 못 잤습니다.

동진   (미치겠는)

재현   그리고 이동진 학형. 아까 잡초 뽑을 때 허리 몇 번 폈습니까?

동진   (악물고) 적당히 폈습니다, 왜요?

재현   옆에 어르신들은, 몇 번이나 폈는지 아십니까?

동진   (부아가 나는) 그걸 알면 더 이상한 거 아닙니까?? 너는 일 안 하고 그거 보고 있었습니까?

재현   한 번도 안 펴십니다. 그분들은.

동진   (후—)

재현   대학생들이 잠깐 생색내려고 왔다, 오히려 방해만 된다, 지들끼리 웃고 떠들고 먹고 마시다 갔다!! 이런 소리 들을 거면, 지금 당장 짐 싸서 올라가는 게 낫습니다.

선배1   (타이르듯) 그리구... 그렇게 아무 때나 막 먹으면, 못 먹는 사
         람, 분명히 나옵니다. 눈물 난다고.

지수   (입술 깨물며 웃음 참는데)

동진   그래서 뭐, 어쩌라는 겁니까?

재현   내일 아침저녁 식사, 두 사람이 만들고. 잡초뽑기 1회 추가.

동진   야.. 이 삼복더위에..

재현   (노려보는)

동진   (머리 쥐어뜯다가) 토해 내면 안 됩니까?

영우   (울고 싶다)

재현   원형 그대로 토해내면 인정해드립니다.

그 말에 살짝 풀어지는 일동, 새어나오는 웃음을 참는다.

S#29   회관 앞 평상 (아침) — 과거

재현, 지수, 화진, 영우, 선배1.... 머리를 맞대고 뭔가를 보고 있다.
평상에서 입 벌린 채 자고 있는 동진이다!
그리고 평상 옆 바닥에는 수북이 잡초가 쌓여있다!!
보고 있던 일동, 못 말린다는 듯 웃는다.
웃음기를 머금은 재현, 벌려진 동진의 입을 닫아준다.
동진, 움찔하면서도 계속 잔다. 피식 웃는 재현.

S#30   밭 (낮) ㅡ 과거

밭고랑 사이에 쭈그리고 앉아 호미질 하는 지수가 보인다.
화진, 영우, 동진 군데군데 앉아서 일하고 있는데
연신 구시렁대는 동진의 목소리가 들린다.
지수, 얼굴이 하얗다. 연신 손등으로 땀을 닦는데 쉬지는 않는다.
뒤에서 그런 지수를 보고 있는 재현. 안타까워 죽을 것 같은데
안 되겠다는 듯 지수를 툭 밀어버린다. 지수, 힘없이 툭 쓰러지는데

재현   어, 지수야. 얘 왜 이래!!

하면서 다짜고짜 지수를 업는 재현. 지수, 눈이 동그래지는데.

재현   (업고 뛰어 나가며) 얘 졸도해서.. 갖다 놓고 올게!!!

하고 정신없이 뛰어가면 동진, 영우, 화진 어이없다는 얼굴.

S#31   시골길 (낮) ㅡ 과거

지수를 업고 뛰는 재현.

지수   (발을 구르며) 내려줘요, 선배!! 내려주세요!!!!
재현   아, 힘들어~ 가만 좀 있어.
지수   안 돼요~~~ 내려줘요~~~

하며 발을 구르면 재현, 결국 멈추고 지수를 내려놓는다.

재현   왜 이러는 건데?

지수   선배야말로 왜 이래요?

재현   너 졸도 한 거야.

지수   나 졸도 안 했는데?

재현   그냥 그렇다고 치고, 숙소 가서 쉬어.

지수   왜요?? 이러면 안 되잖아요. 나만 어떻게 쉬어요.

재현   너 정상 아냐, 지금.

지수   (고개를 세차게 저으며) 다들 쉬고 싶잖아요. 근데 어떻게 나만
         쉬어요. 그리고, 엠티 온 것도 아닌데 쉬고 싶을 때 쉬고, 자고
         싶을 때 자는 게 무슨 농활이에요?!

재현   (헐)

지수   다시 갈래요.

하고는 돌아서 뚜벅뚜벅 가는 지수, 더운지 손으로 쓱 땀을 닦는다.
재현, 어이없다는 듯 보다가 귀엽고 예쁜지 웃는다.

S#32   영우의 바 (밤)

지수, 미소 짓고 있는데

동진   선무당이 사람 잡는다고. 윤지수, 그담부터 애들이 좀 풀어지
         기만 하면 와가지고 이게 무슨 농활이냐고 잔소리하는데 진

짜...

혜정   (웃는) 그니까. 얘, 갔다 와서 맨날 농활 얘기만 하는데 난 뭐
        해병대 갔다 온 줄.

지수   (피식)

영우   근데 난 좀 억울했어. 제대로 먹지도 않았는데.

바 끝에 앉은 웬 남자, 고개를 숙이고 듣고 있다.

S#33   서경의 사무실 (밤)

위의 대화들이 전화기를 통화서 흘러나오고 있다.
화장기 없이 초췌한 모습의 서경, 듣고 있고 그 앞에 김비서가 서 있다.

지수(F)   맞아. 영우는 입에 물고 있다가 그대로 뱉었는데.

동진(F)   바보 같은 놈. 빨리 먹으래니까.

일동(F)   (웃는)

서경, 전화기 꺼버리며

서경   (쓸쓸한 얼굴) 농활이 뭐야...?

김비서 농촌봉사활동...을 말하는 것 같습니다.

서경   자긴, 가봤니?

김비서 아니요. 저희 과엔 없었습니다.

서경   (조금 서글픈) 캠핑 같은 건가.. 캠핑도 재미없던데. (하다가 화

가 치밀고) 이제 그만 하자.

김비서   ...어떤 것 말씀이십니까?

서경   도청이고 도촬이고 다 그만 할래. 지겹다.

하는데 전화벨이 울린다. 보면 '이세훈'이다.

S#34   영우의 바 입구 (밤)

비가 오고 있고 재현, 우산을 쓰고 한쪽에 서 있다.
가게에서 나오던 영우, 그런 재현을 본다.

영우   형~

재현   (어색하게 손 흔드는)

Cut to.
가게 입구에 서서 비를 피하고 있는 재현과 영우.

재현   연락 줘서 고맙다.

영우   애가 아직도 좀 힘들어 보여서요.

재현   (끄덕이며) 지수 혼자 두지 말라고 얘기해준 것도, 고맙고.

영우   (애써 미소) 고마우면 자주 와요. 요새 손님도 없는데.

재현   그래. 근데 내가 술을 잘 못해서.

영우   지수 있잖아요. 걔가 일당백이니까.

재현   (미소 짓다가) 근데 넌... 괜찮니?

영우	당연히 괜찮지... 않지.
재현	(걱정스럽게 보는데)
영우	그래도 내가 선택한 거니까. 내가 책임져야죠.
재현	(미안한 얼굴)
영우	뭐 그래도, 다 끝났다고 생각은 안 해요.
재현	(피식) 그래?
영우	형이 언제 헛발질할 지도 모르고. 지수 눈의 콩깍지도 언제 벗겨질지 모르니까.
재현	(천천히 끄덕이며 미소 짓는)

S#35   일식집 (밤)

서경과 세훈, 마주 앉아 있다.

세훈	오랜만인데 우린 여전하네요.
서경	(열 받는) 나랑 친구 먹자는 거 아니면, 본론이나 말해요.
세훈	(피식 웃고는) 확인하고 싶은 게 있습니다.
서경	...?
세훈	이혼소송 중이라고 들었는데...
서경	그런데요?
세훈	정말... 이혼을 하고 싶으신 겁니까?
서경	(쿵) 내가 그걸, 왜 그쪽한테 말해야 되지?
세훈	한 때 공조를 했던 사람에 대한 예의라고 해둡시다.
서경	(찡그리는데)

세훈	아직 한재현씨에 대한 미련이 남은 건가요?
서경	그쪽은요? 아직 윤지수씨 포기 안 했나요? 양육권은요?
세훈	양육권이든 재결합이든 난 이제 그런 거엔 관심 없습니다.
서경	...?!
세훈	(서늘하게) 난 그저 한재현, 윤지수... 이 두 사람이 불행해지길 바랄 뿐입니다.
서경	(쿵)...!!!

S#36   거리 (밤)

큰 우산, 부감으로 보이고 빗방울, 떨어져 내리는데
우산 아래 있는 사람, 지수와 재현이다.
재현이 우산을 들고 있고, 지수는 그 옆에 나란히 서서 걷고 있는데
비가 우산에 떨어져 토닥토닥 소리가 난다.

지수	뭘 또 데리러 와요.
재현	(살짝 어색하게) 비도 오고 기분도 그렇고 해서.
지수	(피식) 옛날 사람.
재현	(웃는) 그 노래 아는 거 보니까, 너두 옛날 사람이다.
지수	(미소) 안 그래도 옛날 얘기 나와서 선배 보고 싶었는데.
재현	어쩐지 귀가 간지럽더라.
지수	(피식 웃고는 가만히 빗소리 듣다가) 빗소리는 늘 위로가 되더라. 토닥토닥 이라서...
재현	(가만히 듣다가 미소) 그래도 비 맞으면 안 되니까, 바싹 붙어.

지수	(재현 쪽을 보며) 선배두 붙어요. 어깨 다 젖는다.
재현	어떻게 해도 젖게 돼있어. 어깨가.. 깡패라.
지수	(웃는) 근데 선배가 우산 씌워주니까 되게 아늑하다.
재현	천장이 높으니까.
지수	(피식)

걸어가는 두 사람의 뒷모습이 보이는데
재현은 지수 쪽으로 우산을 다 씌워 주느라, 반은 다 젖어있다.
지수, 그런 재현을 보고는 재현의 품 안으로 살짝 들어간다.

지수	(괜히 민망해서) 감기 걸리면 나까지 괜히 피곤하니까.
재현	(히죽. 좋아 죽는)

두 사람의 뒷모습이 다시 보이면
이제 거의, 재현의 몸이 우산 안으로 들어가 있다.

S#37   형성그룹 본사 외경 (아침)
S#38   서경의 사무실 (아침)

서경 앞에 김비서가 서 있다. 서경은, 예민하고 신경질적인 얼굴이다.

김비서	어제 노동위원회에서 부당해고에 대한 구제명령이 왔습니다. 최선희씨 해고 건으로요.
서경	뭐 어쩌라고.

김비서	명령을 안 따르면, 이행강제금이 부과됩니다. 아니면 재심을
	신청하는데 워낙 해고 사유가... 저희한테 불리하구요.
서경	(귀찮은 듯) 돈 내면 되잖아.
김비서	노조나 주주들의 반발이 있을 수 있습니다.
서경	상관없어.

S#39   재현의 사무실 (낮)

재현 앞에 강비서 서 있고

강비서	대표님께서는, 최선희를 복직시킬 의사가 전혀 없으시다고 합
	니다.
재현	문제가 될 텐데?
강비서	노동위원회에서 구제명령이 왔는데도 그냥 이행강제금을 내
	시겠다고...
재현	(착잡한)

S#40   본사 앞 (낮)

권노인, 다시 1인 시위를 시작하고 있다.
피켓은 예전과 같은 '살인기업 형성의 만행을 고발한다!
노조파괴 인격살인 한재현을 즉각 구속하라!'
아무도 주목하지 않는 쓸쓸하고 초라한 모습인데

차를 타고 지나던 세훈, 창문을 내리고 그 모습을 본다.

S#41   초록대문집 외경 (낮)

S#42   지수의 집 거실 (낮)

지수, 영민과 함께 〈피아노 놀이학교 학생모집〉 전단지를
만들고 있다. 이때, 지수의 전화벨이 울리고 받으면

지수   네, 언니~

아줌마1(F) 영민아.. 선희씨 병원에 있어.

지수   병원이에요? 왜요?

아줌마1(F) 회사에서 쓰러져가지구...

S#43   고깃집 (밤)

고기를 뒤집던 세훈, 소주병을 들고 권노인의 잔을 채운다.
권노인, 침울한 안색으로 말없이 잔을 받는다.

세훈   (권노인이 주는 잔을 받으며) 다시 시위를 하시는 줄 몰랐습니
              다. 제가.. 면목이 없네요.

권노인   평생 집사람한테 해 준 게 없는데, 마지막 약속도 못 지켜서요.

세훈   돌아가신 아드님... 한 풀어드리겠다는 약속 말씀이시죠?

권노인   (소주잔을 털어 넣듯 마시고) 남은 날에 이제 뭘 해야 하나 싶었

는데... 할 수 있는 게 이거밖에 없습니다.

세훈   (다시 한 잔 따르며) 한재현은, 소송 끝나고도 사과 한마디 없었죠?

권노인   (끄덕이는)

세훈   (한숨) 외도할 시간은 있으면서, 사과할 시간은 없나 보네요.

권노인   외도요?

세훈   네. 그래놓고 처가의 재산에는 욕심을 낸 모양입니다. 형성이 곧 그 사람 회사가 될 거라는 소문이 있어요.

권노인   (묵묵히 듣고만 있다)

세훈   아드님 억울하게 돌아가신 것도, 다 그 사람이 저지른 일인데 소송하면서 조사해보니까 그런 일이 한두 건이 아니더군요. 욕심이 끝이 없고, 그걸 이루기 위해선 물불을 안 가리고. (쓸쓸한 표정) 하늘이 참 무심하다 싶습니다.

권노인   (혼잣말 하듯이) 벌을 받을 겁니다.

세훈   (몸을 기울이며)...네?

권노인   (스스로 잔을 채워 마시는)

세훈   (가만히 그런 권노인을 보는)

S#44   병원 일각 벤치 (밤)

지수, 아줌마1과 만나고 있다.

지수   (놀라는) 뇌수술이요?

아줌마1 응.. 뭐 큰 수술은 아니고 수술도 잘 끝났대.

지수	근데 왜 갑자기...
아줌마1	갑자기는 아니구. 회사 다닐 때도 한번 쓰러졌었어.
지수	...!!!
아줌마1	캐셔하던 사람이 물류센터 일을, 뭘 제대로 했겠어. 일은 더딘데 눈치는 자꾸 주니까 무리하면서 밤늦게까지 일하다가 이리 된 거지.
지수	(마음 아픈)...
아줌마1	병원 진단서 끊어서 산재신청도 하고, 부당해고 시위도 해야 되는데..
지수	(안타까운)
아줌마1	분위기가 안 좋아서 그른가 나서겠다는 사람이 없어. 노조에서도 꺼리는 분위기고.
지수	(걱정스러운)
아줌마1	요새 짤리면 진짜 어디 갈 데가 없그든.
지수	언니.. 식구가 어떻게 되죠?
아줌마1	노모 한 분에 중학생 아들. 돈 벌 사람이 없어.
지수	(착잡한)

S#45   병실 (밤)

6인실 병실. 창가 끝에, 머리에 붕대를 두른 선희가 앉아 있다.
망연한 눈길로 창밖을 보는데 이때 다가오는 지수와 아줌마1.

아줌마1	선희씨~

선희   (돌아보면)

지수   (애써 환하게 웃는) 언니...

선희   (힘없이 미소) 어서와..

지수   (글썽이며 다가가는) 근데 왜 앉아 있어요... 누워 있지..

선희   그냥. 좀 무서워서.

지수   ...?!!

선희   영영 누워있게 될까봐.

지수   (눈시울 붉어지는) 그런 게 어딨어요..

선희   (아프게 미소) 너랑.. 술 마시면 재밌었는데.

지수   더 재밌게 해줄 테니까. 빨리 나아요.

선희   (고개 떨구며) 그럴 수 있을까... 내가.. 내가 이런데...

하며 붕대를 감은 머리를 문지르는데...

지수   (눈물 삼키며) 언니가 어때서요.. 금방 나을 텐데. 그리구 나랑
         약속 했잖아요. 쉽게 지지 않을 거라고.

선희   (덤덤하게) 질 수 있으면 좋겠다.

지수   ...?!!

선희   어쩌면... 더는 싸울 기회도 없을 것 같아서.

하며 물기가 어린 눈으로 다시 창밖을 본다.
그 모습에 마음이 무너지는 지수, 애써 눈물을 참는다.
아줌마1도 눈물이 나는지 딴 데를 본다.

지수   (마음을 추스르고) 근데 언니, 구제명령은 나왔어요?

선희	회사에서 거부했단다.
지수	(쿵)...!!

S#46   재현의 사무실 (밤)

책상 앞의 소파에 재현이 앉아 있고 양 옆으로 이유신, 송인수가 보인다.

송인수	경영권 방어를 위해서 자기 편에게만 주식을 발행하는 걸 우리나라 법원은 허용을 안 하더군요.
이유신	(채근하듯) 그럼 우리도 소송을 내야 하는 거 아닌가?
재현	제3자 배정 유상증자가 허용되는 경우가 있습니다.
이유신/송인수	...??
재현	재무구조 개선. 장회장은 재무구조 개선을 위해 그런 결정을 했다고 할 겁니다.
이유신	그럼 우린 어떡해야 하는 건가?
재현	우리가 원하는 판결이 안 나와도 일단 소송을 해야죠.
이유신	...?!
재현	(차분하게) 그리고 결과와 상관없이 경영권을 놓고 지분경쟁을 하고 있다는 소문도 내야 됩니다.
송인수	왜죠?
재현	소송이든 소문이든.. 경영권 분쟁이 이슈가 돼야 합니다. 소문이 나서 주가가 오르면 지분을 계속 늘려가야 되구요.
이유신	지금 주가로도 더 사기가 어려운데, 더 오르면 어찌 감당하나?
재현	(담담히) 많이 살 필요 없습니다. 계속 지분을 사 모으는 것처

럼 보이기만 하면 됩니다.

송인수   유상증자가 되면 저쪽 지분이 50퍼센트를 넘는데, 지분 경쟁
이 무슨 의미가 있습니까?

재현   (미소) 이 게임은, 처음에 지는 것이 나중에 이기는 게임이 될
겁니다.

이때 톡이 오고
눈짓으로 양해를 구한 재현, 핸드폰을 꺼낸다.

지수(E)   잠깐... 만나요, 선배.

재현, 핸드폰을 내려놓으며

재현   오늘 미팅은 여기까지 하시죠.

이유신   (일어서며) 아, 그리고 여기 직원 부당해고 건으로 시끄럽던데..

송인수   복직에 산재 요구까지 하는 것 같던데요.

이유신   이런 거 하나씩 들어주면, 다음에 둘이 되고 열이 될 걸세.

재현   (얼굴이 굳어진다)

S#47   **공원길 (밤)**

지수, 예의 발청소를 하고 있다.

재현(E)   지수야..!

지수, 고개 들어 재현을 보고는 미소.

Cut to.

지수와 재현, 같이 걷고 있다.

지수　　선희 언니 경우는 명백한 부당해고예요. 뇌수술은, 회사에서의 과로가 원인이었다고 병원에서도 확인해줬구요.

재현　　(끄덕이며) 잘 알고 있는데.. 쉽지가 않다, 지수야.

지수　　(안타깝게 보면)

재현　　인사권은 대표한테 있으니까.. 대표를 바꾸라는 말이 계속 나오는데도 장회장은 꿈쩍도 안 해. 우리 쪽 투자자들은 산재 인정이나 노조활동에 민감하고.

지수　　왜요?

재현　　그 사람들은 결국 회사의 주인이 되고 싶은 거라서 직원들 편을 들려고 하지 않아. 그런데 그 사람들이 없으면... 나는 몇 년을 준비해온 장회장과의 싸움을 이길 수가 없고.

지수　　(착잡한)...장회장을 벌주는 거 말고, 선배가 원하는 것도 회사의 주인이에요?

재현　　(천천히 끄덕이는)

지수　　왜요? 그건 처음부터 선배 게 아닌데...

재현　　(잠시 있다가) 복수이기도 하고 보상이기도 해.

지수　　(걸음을 멈춘다. 눈빛 흔들리는데)

재현　　이해하기.. 어려운가?

지수　　그 목표를 위해서 힘없는 사람들 몇 명쯤은, 희생돼도 괜찮은 건가요?

재현　　(쉽게 답을 못하는데)

지수   (힐난하듯) 주인공을 위해서 맨 앞줄의 이름 없는 병사들이 쓰
      러지는 건.. 어쩔 수 없는 거니까..?

그 말에 재현, 마음이 덜컥 내려앉으며 떠오르는.
F/B) 4부 #15.

재현   장군이든, 장교든 주인공은 늘 중간쯤에 서서 명령을 내려. 맨
      앞에서는 이름도 없는 병사들이 총알받이를 하고. 운 좋게 살
      아남아도 적장의 칼이든 총에 소리도 없이 쓰러지지.

지수   (가만히 듣는)

재현   거기 있는 누구도 총칼에 쓰러지는 게 당연한 사람은 없어. 그
      렇게 쓰러지기 전까진 모두 자기 인생의 주인공이었고.

재현, 눈빛이 흔들리는데

지수   (재현을 안타깝게 보다가) 장서경씨도, 영민 아빠도, 아이들도
      아니고...

재현   (보면)

지수   선배하고 나 사이에 가장 큰 장애물은 이거였네요.

재현   (착잡한)

지수   (깊어진 눈으로) 여전히, 그리고 앞으로도 계속 사랑하겠지만...

재현   (안타깝게 보면)

지수   나는 내가 옳다고 믿는 일을 할 거고, 아무도 편들어주지 않는
      사람들... 편들어줄 거예요.

재현   (무거운)

지수   (눈시울 붉어진) 우리가 다시 사랑하게 된 것처럼, 선배도 다시

그때로.. 돌아왔으면 좋겠어요.

재현, 폐부를 찔린 듯 한데 지수, 돌아선다.
굳은 듯 서 있는 재현을 스쳐 지나 오던 방향과 반대 방향으로 걷는데
재현을 남겨두고 계속 뚜벅뚜벅 걷는 지수.
지수도 재현도 슬픔이 가득한 눈빛이다.

S#48   지수의 집 거실 (밤)

지수, 무릎을 끌어안고 생각에 잠겨 있다. 그 위로 떠오르는
F/B) #44

아줌마1   분위기가 안 좋아서 그른가 나서겠다는 사람이 없어. 노조에서도
　　　　　꺼리는 분위기고. 요새 짤리면 진짜 어디 갈 데가 없그든.

F/B) #45

선희   어쩌면 더는 싸울 기회도 없을 것 같아서.

F/B) #47

재현   그 사람들은 결국 회사의 주인이 되고 싶은 거라서 직원들 편
　　　　　을 들려고 하지 않아. 그런데 그 사람들이 없으면 나는 몇 년
　　　　　을 준비해온 장회장과의 싸움을.. 이길 수가 없고.

눈빛이 흔들리는 지수 그러다 뭔가 결심한 듯 일어선다.
손목에 있던 고무줄로 머리를 묶는데

헐렁하게 묶는 게 아니라 단단히 묶는다.

깊게 심호흡을 하는 지수, 거실을 둘러보다가

구석에 있던 종이 박스를 끌고 와서는 안에 있던 걸 다 쏟는다.

Cut to.

컴퓨터 앞에 앉아서 뭔가를 열심히 타이핑하는 지수.

S#49   허름한 연립주택 외경 (아침)

S#50   선희의 집 부엌 (아침)

지수의 마루에서 비웠던 상자가 보이고

그 안에 각종 식재료와 생필품들이 들어 있다.

앞치마를 두르고 아침을 준비하는 사람.. 지수다.

그 옆으로 허리가 많이 굽은 노모가 다가오는

노모   아이구.. 진짜 괜찮은데..

지수   저두 진짜~ 괜찮아요. 맛은 그냥저냥이라는데, 제가 손은 엄
              청 빠르거든요. 울 아들 아침도 벌써 해주고 나왔어요.

노모   아니 그래도 이런 걸 받아도 되나..

지수   선희 언니가 해준 거에 비하면 한참 모자라요. 저도 나름 빚
              갚는 거니까 진짜 부담 갖지 마세요.

하는데 방에서 중학생 아들이 나온다.

지수   (손 번쩍 들고) 어, 아들!

화양연화   348

선희아들   ...??

지수   당분간, 아줌마 아들하자~~

하면, 쑥스러운지 고개 숙이고 후다닥 화장실로 들어간다.
지수, 씨익 미소 짓는.

S#51   몽타주 (낮)

#커피숍 통유리 창으로 보이는 지수와 아줌마1의 모습.
지수, 인쇄물을 건네면 아줌마1, 고개 끄덕이는데
#노무사 사무실 간판 보이고 들어가는 지수.
#다시 아줌마1을 만난 지수, 종이 뭉치를 건네받는다.

S#52   재현의 집 외경 (아침)

S#53   서경의 차 안 (아침)

서경, 상석에 앉아 폰을 보고 있는데 끽!!! 급정거 소리.
서경, 비명을 지르고 보는데 차 앞에 지수가 서 있다!
기가 막힌 얼굴로 보다가 차에서 내리는데
지수, 당당하게 그런 서경을 보고 서 있다.

서경   무슨 짓이에요?!!

지수   만나자고 해도 안 나오실 거 같아서요. 최선희씨 문제로는, 만나지 않겠다고 하셨으니까.

서경 (찡그리는데)

지수 (종이뭉치를 건네며) 같이 일하시던 분들, 탄원서예요.

서경 (기가막힌)

지수 복사본이니까 가지셔도 돼요. 저는, 원본 가지고 법원으로 갈 거니까.

서경 (어이없는) 그래서 뭐, 어쩌자구요?

지수 부당해고확인소송 할 겁니다. 정당한 사유도 없었고, 30일 전에 통보도 안 하셨으니까요. 부당해고 인정되면, 해고 기간 임금 강제집행 가능하구요. 구제명령 불복종에 대해 노동위원회를 통한 형사처벌도 가능합니다.

서경 (어이없다는 듯 보는데)

지수 그리고 저는 방송국으로 갈 생각이에요.

서경 뭐라구요?

지수 장서경씨 덕분에 이미 얼굴도 다 팔렸고, 스토리도 있어서 방송국에선 언제든 환영이라네요.

서경 (미워 죽겠는) 그쪽이나 재현씨나.. 나나.. 다 같이 죽자는 건가?

지수 말했잖아요. 힘껏 싸울 거라고. 정당하고 바른 방법으로. 3일.. 드릴게요.

하며 탄원서 뭉치를 서경 손에 쥐어주고 돌아서는 지수.
열 받은 서경, 뭉치를 확 던져버리면
가는 지수 뒤로 후광처럼 날리는 탄원서들.
지수, 흔들림 없이 뚜벅뚜벅 간다.

S#54   본사 외경 (아침)

S#55   로비 (아침)

다급하고 놀란 얼굴로 어딘가로 뛰어가는 강비서.

S#56   재현의 사무실 (아침)

재현, 생각에 잠긴 얼굴인데 벌컥 문이 열리고 강비서가 들어온다.

재현   (살짝 찌푸리는데)

강비서   (꾸벅 인사하고) 저기.. 장대표님 운전기사분한테 들었는데요.

재현   ...?

강비서   윤지수씨가 댁으로 찾아왔답니다. 오늘 아침에.

재현   무슨 일로?

강비서   최선희씨 일.. 소송도 하시고 방송에 나가서 직접 폭로도 하시
         겠다고...

재현   ...!!!

S#57   서경의 차 안 (낮)

상석에 앉아 손톱을 깨물고 있는 서경
한숨을 쉬다가 눈을 감아 버린다.

S#58   초록대문집 근처 / 재현의 차 안 (밤)

재현, 뒷좌석에 앉아 있고 어딘가로 전화를 하는데
'연결이 되지 않아...' 안내음만 들린다.

강비서   집에 안 계신 거 같은데요.

재현   (생각하다가) 혹시, 최선희씨 있다는 병원.. 어딘지 알 수 있을
             까?

강비서   네, 알아보겠습니다.

S#59   병원 외경 (밤)

S#60   병실 (밤)

병원 복도를 천천히 걸어오는 재현.
선희가 있는 6인실 앞에 선다. 창문으로 안을 보는데
머리에 붕대를 두른 선희와 지수가 따뜻하게 얘기를 나누고 있다.
지수를 보다가 역시 여기에 있었구나 싶고
붕대를 두른 선희의 모습에 마음이 무거운데
그 앞에서 팔을 주물러주는 지수의 모습에 눈빛이 흔들린다.

S#61   본사 외경 (낮)

S#62   재현의 사무실 (낮)

재현, 고민이 깊은 얼굴인데 노크와 함께 강비서가 들어온다.

강비서   부사장님. 저번에 말씀하신 그 검사님, 찾았습니다.

재현   그래? 어디에 계시지?

강비서   인천에서 변호사 사무실 하고 계시더라구요.

그 말에 재현, 서랍을 열어 형구의 수첩을 꺼내 일어선다.

S#63   변호사 사무실 안 (낮)

'변호사 최재혁' 명판에서 카메라 빠지면

낡고 허름한 변호사 사무실이다.

깐깐하고 고지식한 인상의 최재혁(65세),

소파에 앉아 형구의 수첩을 읽고 있고 맞은편에는 재현이 앉아 있다.

최재혁, 진지한 표정으로 탁자 위에 수첩을 내려놓는다.

그 옆으로 수북이 쌓인 자료들이 보이는데

최재혁   (짧은 한숨) 지검장님이 여기 남기신 내용들 모두 사실입니다.

재현   네..

최재혁   아버님 사건은 제가 검사 시절 맡았던 사건 중에서도 가장 아
         픈 기억 중에 하납니다.

재현   (마음 아픈)

최재혁   그때 아버님께서 가져오셨던 자료들은 형성 경영진의 잘못을
         명백하게 증명하고 있었습니다.

재현	(보면)
최재혁	그래서 수사의 시작은 순조로웠는데, 수사가 진행될수록 걸려오는 전화도, 부르는 사람도 많아졌습니다. 다 다른 곳들이었는데, 용건은 다 똑같았지요. 수사를 조기에 종결하고, 형성과 장산 회장의 이름을 지워달라는.
재현	(쓸쓸한)
최재혁	검사할 때 마음에 품고 살던 말 한 마디가 있어요. 정의는 못 지켜도 타협은 하지 말자. (허름한 사무실을 쓱 보고 쓴웃음) 그래서 지금도 이렇지만.
재현	(미소)
최재혁	하여튼 그때, 나한테 그런 지시와 청탁을 한 사람들부터 내사를 했어요. 이 사람들이 왜 이렇게 장회장을 싸고 도나 궁금했거든요. 막상 들여다보니까 장회장을 가운데 두고 굴비처럼 엮여 있는데, 캐도 캐도 끝이 없을 정도였지요.
재현	(착잡한 얼굴로 끄덕이는)
최재혁	(탁자 위의 자료를 가리키며) 그 내사의 결론이.. 이 자료들입니다. 이걸 윤형구 지검장에게 보고하자마자 내 검사 경력은 끝이 났어요.
재현	(자료들을 집으며) 조금 늦었지만, 이제 정의도 지키실 수 있으실 겁니다.
최재혁	...!!

S#64 재현의 사무실 (밤)

스탠드 불빛만 있는 어둑한 사무실.

재현, 컴퓨터 앞에서 열심히 일을 하고 있다.

그러는 와중에도 문득문득 어두운 기색이 스치고.

손을 멈추는 재현. 그 위로 떠오르는

F/B) #60.

붕대를 두른 선희의 모습과

그 앞에서 팔을 주물러주는 지수의 모습.

F/B) #47.

지수   (눈시울 붉어진) 우리가 다시 사랑하게 된 것처럼... 선배도 다
        시 그때로.. 돌아왔으면 좋겠어요.

착잡해진 재현, 의자를 뒤로 젖히며 몸을 눕힌다.

S#65 포장마차 (밤)

재현, 동진과 나란히 앉아 있다. 또 안주로 진수성찬인데

동진   왜 또 여기냐..? 사람 불안하게. (안주 훑어보고) 근데 닭똥집
        안 보인다?

재현   (피식)

동진   뭔 얘기 하려고 또 피식피식 웃어? 놀랄 얘기야?

재현   (끄덕이는)

동진	그럼 나 청심환 좀. (하고 일어서는데)
재현	(OL) 돌아가 보려고.
동진	(앉으며) 어디로?
재현	(눈빛 떨리며) 오래 전에, 내가 있던 자리로.

S#66   초록대문집 앞 (아침)

S#67   지수의 집 거실 (아침)

영민은 밥먹고 있고 지수는 옷을 다 입고 나가려고 하고 있다.

지수	밥 잘 먹구, 공부 하고 있어.
영민	안 힘들어? 요새 맨날 그 집 가서 밥해주고.
지수	(따뜻하게) 영민이.. 학교에서 왕따 당했을 때 한 명이라도 니 편 들어주고, 도와주는 사람 있었으면... 덜 힘들고 덜 외롭지 않았을까?
영민	(울컥해져서 고개 끄덕이는)

이때, 톡 오는 소리 들리고 보면

재현(E)	할 말이 있어. 꼭 나와 줬으면 좋겠다. 중요한 얘기라서. 우리 갔던 그 포장마차에서 9시.

지수, 눈빛 흔들리는데...

S#68   재현의 사무실 (낮)

재현, 강비서한테 USB 하나를 건넨다.

재현   이거 정윤기 이사한테 전달하고, 오늘은 바로 퇴근해.

강비서   네, 근데 뭐라고 전해드릴까요?

재현   제2의 판도라의 상자라고 하면 알 거야.

S#69   꽃집 (낮)

꽃들을 보는 재현.

꽃집주인   어떤 꽃으로 드릴까요?

재현   (꽃들을 보며) 장미로 하려고 하는데...

S#70   지수의 방 (밤) − 과거

\<자막\> 1994년 8월

앞머리에 구르프 하나 씩 말고 있는 지수와 혜정,
침대에 같이 앉아서 영화 잡지 『키노』(혹은 스크린)를 보고 있다.

혜정   (잡지 보며) 니네가 싸우는 날도 있구나.

지수	(시무룩)
혜정	근데 왜 싸웠어?
지수	농활 갔다 와서부터 싸웠는데 자꾸 나를 애 취급해. 힘든 건 죽어도 못하게 하고.. 나만 엄청 챙겨주고.. 눈치 보이게.
혜정	아, 짜증나.

하며 뒤로 벌렁 눕는데 이때, 삐삐 울리는 소리 들리고.

지수	어, 삐삐 왔다!

하고, 메시지를 듣는데

재현(E)	집 앞이야. 나올 때까지 기다린다.

S#71   지수의 집 앞 (밤) ― 과거

지수, 대문을 열고 나오는데 대문 아래, 빨간 장미 한 송이가 놓여있다.
의아한 얼굴로 주워들고 보는데 재현은 보이지 않는다.
조금 더 걸어 나와서 보는데 이번엔 흰 장미 한 송이.
주워 들고 보면 또 그 앞에 빨간 장미. 그 다음엔 또 흰 장미.
하나씩 천천히 주워 들고 가다 보면 어느새 한 다발이 되어 있다.
지수, 먹먹해지는데... 마지막 빨간 장미 끝에 낯익은 발이 보인다.
천천히 일어서며 보는데 재현이다.
지수, 글썽거리는 눈으로 보는데 재현, 자기 얼굴에 꽃받침 한다.

피식 웃는 지수.

재현　　어, 울다 웃었다.

지수　　(훌쩍) 이게 다 뭐예요...?

재현　　빨간 장미랑 흰장미를 같이 주면, 화해하자는 뜻이라고.. 그러
　　　　　더라.

지수　　누가..요?

재현　　동진이가.

지수　　(피식)

재현　　(따뜻하게 보며) 싸우니까.. 너무 힘들다.

지수　　(고개 끄덕이며) 나두...

재현　　우리, 싸우지 말자. 싸우고 싶을 땐 오른손 들기.

지수　　(가만히 보면)

재현　　상대방이 오른손을 들면, 아, 뭔가 화가 났구나.. 싸울 수 있겠
　　　　　구나. 멈춰야겠다! 하는 거지.

지수　　(오른손을 살짝 들어보며) 이렇게...?

하는 순간, 지수를 폭 안아주는 재현.
지수, 심쿵! 하다가 이내 그렁한 눈으로 미소 짓는다.
노란 가로등 아래 한동안 그렇게 안고 있는 두 사람.

S#72　　꽃집 앞 (낮)

빨간 장미와 흰 장미가 가득 섞인 꽃다발을 보는 재현.

회한에 어린 얼굴로 미소 짓는다.

S#73   선희의 병실 (밤)

지수, 선희 앞에 앉아 있는데 시계를 보면 9시가 다 되간다.

선희	일 있으면 가봐.
지수	아, 아니에요.
선희	나 드라마 볼 거야. 누구 있음 방해돼.
지수	진짜.. 괜찮아요.
선희	(옅게 미소) 니가 내 신랑이니, 자식이니 왜 맨날 와 있어~ 귀찮게.
지수	언니가 이러고 있는 게 나 때문이잖아요.
선희	아픈 게 왜 너 때문이야.
지수	(그래도 미안하게 보는데)
선희	암튼 가봐. 오늘은 진짜 괜찮아.
지수	(고민하는데)

S#74   포장마차 앞 (밤)

재현, 꽃다발을 들고 서 있다.
긴장한 얼굴인데, 시계를 보면 9시가 넘었다.

S#75 **포장마차 근처 거리 (밤)**

지수, 포장마차 쪽으로 걸어가고 있다.
가다가 멈칫, 망설여지는지 바닥을 툭툭 차다가
이내 결심한 듯 다시 간다.
멀리서 포장마차 앞에 서 있는 재현이 보인다.
꽃다발을 들고 있는 모습에 괜히 민망해지는데...

S#76 **포장마차 앞 (밤)**

재현, 건널목 앞에 서 있는 지수를 발견한다.
미소 짓는 순간, 누군가 퍽! 하고 재현에게 와서 부딪친다.
재현, 놀라서 보는데 권노인이다.

권노인 안녕하세요....
재현 (미간을 찌푸리는)
권노인 (덜덜 떨며) 당신 땜에 억울하게 죽은.. 권혁수 애빕니다.

하면 재현, 안타까운 눈빛으로 권노인을 보는데
순간, 재현의 꽃다발이 바닥에 툭! 떨어지고
떨어진 흰 꽃잎 위로 빨간 피가 뚝뚝 떨어진다.
재현, 살짝 일그러지고 배에 손을 댔다가 떼면.. 피가 흥건하다.
순간 권노인, 칼을 떨어뜨리고 털썩 주저앉는다.
이때, 건널목을 건너 재현 쪽으로 오던 지수.. 재현을 본다.

재현은 지수와 눈이 마주치고 미소 짓는데

지수, 이상하게 보다가 놀라서 재현에게 달려간다.

재현, 무릎이 털썩 꺾이면

소리를 지르며 달려와 재현을 안는 지수!

재현, 지수를 보며 미소 짓다가 정신을 잃고

그런 재현의 상처를 손으로 막으며 울부짖는 지수에서.

― 14부 엔딩 ―

15부

선배가 살아야 할 이유가
백 가지도 넘으니까

S#1   도로 (밤)

요란한 소리를 내며 달리는 구급차.

S#2   구급차 안 (밤)

산소호흡기를 한 채 의식을 잃고 누워있는 재현이 보이고
그 앞에 앉은 지수, 재현의 손을 꼭 잡고 있다.
지수의 옷에는 피가 묻어 있고
붉어진 눈시울에서 눈물이 뚝뚝 떨어진다.

S#3   경찰서 (밤)

권노인, 수갑을 찬 채 형사 앞에 앉아 덜덜 떨고 있다.

형사	(책상 탁! 치고) 영감님, 정신 차리세요!
권노인	(불안한 듯 눈동자만 이리저리 굴리는데)
형사	현장에서 흉기까지 들고 체포되셔서 영장 바로 나오시구요. 피해자가 사망이라도 하면, 바로 살인죄로 기소되십니다. 아는 변호사 있으면 얼른 부르세요.
권노인	(덜덜 떨기만 하는)

S#4   수술실 앞 (밤)

스트레처에 실려 오는 재현, 다급히 수술실로 들어가고
울면서 따라오던 지수, 그 앞에 멈춰 선다.
전광판에 '수술 중' 불이 들어오고 이때, 간호사 지수에게 다가온다.

간호사	보호자 분 되시나요?
지수	(넋이 나간) 네?
간호사	환자분, 배우자 아니세요?
지수	(붉어진 눈시울로) 아, 아니.. 아니에요. 저는..

Cut to.
지수, 망연자실하게 앉아 있는데
복도 끝에서 강비서가 울면서 뛰어온다.
지수, 그런 강비서를 보며 또 눈시울이 붉어진다.

S#5   병원 앞 (밤)

서경의 차가 서고 서경, 차에서 내린다.

서경, 눈시울 붉어져서 황급히 안으로 들어가는데.

S#6   수술실 앞 (밤)

지수와 강비서, 둘 다 눈이 빨개져서 초조하게 있는데

뛰어오는 서경, 지수를 발견하고는 멈칫한다.

지수도 서경을 보고 당혹스러운 얼굴.

서경, 지수를 보는데 옷에 여기저기 핏자국이 보인다.

같이 있었구나... 이를 악물고는 지수를 외면하고 강비서에게 간다.

강비서, 꾸벅 인사하는데

서경   어떻게 된 거야?

강비서   (눈이 빨간) 예전에.. 자살한 직원 분 아버지신데 얼마 전에 부
              사장님 상대로 소송을 냈다가 패소하셨거든요. 그 일로 앙심
              을 품고 그러신 것 같습니다.

서경   그 사람은?

강비서   현장에서 바로 체포됐답니다.

서경   강비서는 재현씨랑 같이 안 있었어?

강비서   (고개 떨구며) 죄송합니다.

서경   그럼, 혼자 있다가 이렇게 된 거야?

강비서   (고개 떨구고 말 못하는)

옆에 있던 지수, 마음이 무겁고 서글프다.

지수   제가... 같이 있었어요.

서경   (지수를 보지도 않고) 강비서. 여기 가족 아닌 사람, 못 들어오
        게 해.

강비서   (난처한 얼굴로 지수를 보는데)

지수, 강비서한테 인사하고는 천천히 돌아서 간다.
서경, 붉어진 눈시울로 이를 악무는데 돌아서 가는 지수, 눈물을 쏟는다.

S#7   장회장 서재 (밤)

장회장, 서경과 통화하고 있다.

장회장   내가 간다고 뭐, 죽을 놈이 살고 살 놈이 죽어?

서경(F) (한숨) 그래. 알았어.

장회장   너도 들어와. 거기 있는다고 뭐가 달라지냐?

하는데 뚝 끊는 서경.
장회장, 쯧쯧 혀를 차고는 뭔가 생각하는 듯, 눈빛을 번득인다.

S#8   병원 건물 앞 (밤)

동진과 혜정, 초조한 얼굴로 건물로 들어간다.
가다가 뭘 봤는지 멈추는 혜정.

혜정   선배, 먼저 들어가 계세요.
동진   그래.

S#9   병원 앞 일각 (밤)

지수, 벤치에 멍하니 앉아 있다.
옷에 묻은 핏자국 보는데 옷깃 사이에 흰장미 꽃잎이 붙어 있다.
떼어 내는데 흰 꽃잎에 붉은 피가 묻어있다.
왈칵.. 눈물이 쏟아지는데

혜정(E)   지수야...

지수, 고개 드는데 혜정이다.
옆에 앉는 혜정, 울고 있는 지수 모습에 안타까운데

지수   어떡하지, 혜정아... 선배 못 일어나면 어떡해...
혜정   (글썽) 안에 들어가지도 못하고 왜 여기서 울구 있어..
지수   (떨며) 괜찮겠지? 바로 구급차 불렀는데....
혜정   (끄덕이며) 괜찮아..

지수	(눈물 뚝뚝 흘리며) 전화기 찾느라.. 좀 늦었는데.. 그것 땜에
	잘못됐으면 어떡하지?
혜정	(같이 우는) 아니라니까..
지수	(혜정 붙잡으며) 혜정아.. 어떡해.. 선배.. 선배 좀 살려줘...

하며 혜정의 품에 무너지며 우는데
혜정도 눈이 시뻘개져서 지수를 토닥인다.

S#10   수술실 (밤)

재현 얼굴 위로 수술실 라이트가 팡!! 들어오고.
의료진들, 수술 준비가 한창인데 눈감은 재현의 얼굴 위로
노래 소리(어떤 날, 「그런 날에는」 원곡)가 들려온다.

S#11   학교 일각 (밤) ─ 과거

<자막> 1994년 11월

노래 이어지고
벤치에 나란히 앉아 있는 지수와 재현.
재현, 이어폰을 꽂고 음악을 듣고 있고
지수, 눈을 반짝이며 그런 재현을 보고 있다.
재현, 덤덤한 얼굴로 듣는데

지수   다 들었어요?? 어때요? 완전 좋죠?!!

하는데 재현의 눈시울이 붉어진다.
그러다 눈물 한 방울 뚝 떨어지면
옆에 있던 지수, 눈이 동그래지며 입을 막는다.

S#12   학교 일각 (낮) — 과거

두 사람 천천히 걷는데

지수   근데.. 왜 울었어요?
재현   (흠칫) 누가 울어?
지수   누구겠어요.
재현   내가 왜 울어?
지수   (미소) 괜찮아요~~ 나두 뭐 맨날 우는데.
재현   (얼굴 붉어지는)
지수   (히죽) 난 선배 이런 거 너무 좋더라. 투쟁! 피의 불벼락! 막 이
          런 엄청 과격한 말 쓰다가 달달한 노래나 영화 보고 감성 터지
          는 거, 너무 귀여워서.. (하며 재현 엉덩이를 툭툭)

재현, 놀라서 눈이 동그래지고 막 뛰어 간다.

지수   (쫓아가며) 같이 가요~ 귀염둥이~~~!!!

S#13 지수 집 앞 (다른 날 밤) — 과거

지수, 대문 열고 뛰어 나오는데 그 위로 들리는

영우(E) 재현이형이 다쳤어. 현저동에서 경찰들 막다가.

S#14 응급실 (저녁) — 과거

응급실 안으로 지수가 뛰어 들어온다.
두리번거리며 누군가를 찾는데
한쪽 침대에서 재현, 다리에 기브스를 감고 있다.
지수, 그 앞으로 달려가 멈추고 숨을 고르는데
재현의 옷에는 잔뜩 먼지가 묻어 있고 머리도 헝클어져 있다.
지수, 기가 막힌 얼굴로 보면
눈물이 그렁그렁한 재현, 이를 악물고 참고 있다.

지수 (글썽)...선배, 많이 아파요???

하는데 재현, 입을 굳게 닫고 있다.
지수, 걱정돼서 미칠 것 같은데 영우가 그런 지수를 끌고 간다.

S#15   응급실 밖 (밤) ─ 과거

지수와 영우, 얘기하고 있다. 영우의 꼴도 만만치는 않다.

영우   현저동.. 다 끝났어.

지수   무슨 소리야?

영우   결국 다 쫓겨났다구. 오늘 완전히 작정하고 온 것 같더라니까.

지수   선배, 그러다 다친 거야?

영우   (끄덕이고는 울먹이는) 우리가... 할 수 있는 게 없더라.

지수   (마음 아픈)

S#16   병실 (밤) ─ 과거

어둑한 병실. 6인실인데 재현 말고 사람이 없다.
재현, 오른쪽 발에 기브스를 한 채 눈을 감고 있다.
잠든 건지 알 수 없는데
지수, 그런 재현을 물끄러미 보다가

지수   그래두... 선배 같은 사람들 많으면 좋은 세상 올 거예요.

재현, 자고 있는 지 미동이 없는데 가만히 그런 재현을 보던 지수,
가방에서 펜을 꺼내더니 재현의 기브스에 조심스럽게 뭔가 적는다.
정성스럽게 적으면서 천천히 나지막하게 노래를 불러준다.

'햇살이 아프도록... 따가운 날에는...'

노래 이어지고, 지수가 쓴 글귀 보이는데
'빨리 나아서 나랑 손잡고 가요. 좋은 세상...'
글귀 아래 기도하는 그림도 그려놓은...
노래하는 지수의 눈에 반짝 물기가 비치는데
눈감은 재현, 울음을 참으려는 듯 이를 악물어보지만
이내 눈물이 뺨을 타고 흘러내린다.

S#17   수술실 (밤)

산소 호흡기를 한 재현의 얼굴 보이고
작은 지수의 노래 이어지는데
누워 있는 재현의 눈가에도 물기가 맺히는 듯 하다.

S#18   병원 일각 (밤 — 새벽)

벤치에 앉아 있는 지수와 혜정.

지수   (그렁그렁한 눈으로) 꼭.. 일어날 거야.
혜정   그래.. 그렇다니까.
지수   나한테만 해도 선배가 살아야 할 이유가... 백 가지도 넘으니까.
혜정   (따뜻하게 끄덕이며) 나도 대여섯 개 있어.

지수   (피식 웃는데 눈물 뚝 떨어진다)

S#19   수술실 앞 (새벽)

서경, 팔짱 끼고 앉아 있고
동진과 강비서, 앉지 못하고 걱정스러운 얼굴로 왔다 갔다 하는데
이때 수술실 문이 열리며 의사가 나온다. 일동, 일어서는데

의사   수술은 잘 끝났습니다.
일동   (안도하는)
의사   그래도 의식이 돌아오는 건 좀 지켜봐야 될 것 같습니다.
동진   무슨 문제가 있습니까?
의사   그건 아니고. 사람마다 회복에 걸리는 시간이 다르니까요.

S#20   병원 외경 (아침)
S#21   병실 (아침)

1인실의 재현. 여전히 산소 호흡기를 하고 있다.
서경, 그런 재현을 물끄러미 보다가 떠올리는.
F/B)14부 #6.
서경(E)   (악물고) 자기가 차라리… 사라져버렸으면 좋겠어.

서경, 눈시울이 붉어진다.

서경   언제 이렇게.. 내말을 잘 들었다구...

하며 눈물을 참으려는지 고개를 돌린다.

S#22   병원 일각 (아침)

지수, 계속 앉아 있는데 동진과 혜정이 다가온다.

혜정   수술 끝났어.

지수   (벌떡 일어서는) 어떻게 됐어?

동진   병실로 옮겼는데 아직 깨진 않았어.

지수   왜요?

동진   회복 시간이 사람마다 달라서 그런 거래.

지수   (떨리는) 그럼 아직 모르는 거네..

혜정   일단 들어가자. 이러다 재현 선배 전에 니가 죽겠다.

지수   깨는 거 보고 갈게.

동진   며칠이 걸릴 지도 몰라. 들어가.

혜정   (지수를 잡는데) 얘 몸 차가운 것 좀 봐.

지수   (버티며) 조금만 더 있다 갈게.

혜정   (무서운 얼굴로 끌고 가며) 아예 여기다 관을 짤래?

지수, 어쩔 수 없이 끌려가면서도 자꾸 뒤를 돌아다본다.

S#23 세훈의 집 거실 (아침)

세훈, 폰으로 기사를 보고 있다.
'형성유통 한재현 부사장, 괴한에 피습. 현재 중태'
이때 전화벨 울리고

경찰(F) 혹시 이세훈씨 되시나요?

세훈 네, 맞습니다만.

경찰(F) 혹시 권필호씨 아십니까?

세훈 (잠시 머뭇하다가) 네. 무슨 일이시죠?

경찰(F) 권필호씨가 이세훈씨가 본인 변호사라고 하시는데 맞나요?

세훈 (눈빛 흔들리다가) 아닙니다.

하고 전화 끊는 세훈. 표정이 어두워진다.

S#24 지수의 집 (아침)

지수, 여전히 걱정이 많은 얼굴로 터벅터벅 걷는데
순간 떠오르는.
F/B) 14부 #76. 재현을 찌르고는 털썩 주저 않는 권노인.

지수, 뭔가 떠오른 듯 걸음이 빨라진다.

S#25   병실 (낮)

서경, 재현 앞에 앉아 있는데 재현모가 들어온다.
재현 앞으로 달려가 재현의 손을 잡으며

재현모   (글썽이는) 재현아.. 이게 다 무슨 일이야..

서경   (착잡한)

재현모   (서경을 보며) 수술은..?

서경   잘 됐대요. 의식만 회복하면 된다니까 걱정마세요.

재현모, 그 말에도 안심이 안 되는지
재현의 손을 잡으며 눈을 훔치는데
이때 문이 열리고 장회장이 들어온다.
서경도 놀라고, 돌아본 재현모도 놀라고
장회장도 당황한 기색인데

장회장   (살짝 목례하고) 안녕하셨습니까.

재현모   (고개를 다시 재현 쪽으로 돌리며 냉랭하게) 안녕할 수가 있겠습
니까?

장회장   (쓴 웃음) 재현이가 충성심이 과했던 건데... 시키지도 않은 일
들을 해가면서 사방에 적을 만들었나 봅니다.

재현모   (돌아보지도 않는)

장회장   불편해하시는 거 같으니 저는 나중에 다시 오겠습니다.

재현모   (이를 악무는)

장회장, 다시 나가면 서경, 살짝 목례하고 그 뒤를 따른다.

S#26   경찰서 유치장 (낮)

권노인, 유치장 안에 앉아 있다.

다 내려놓은 듯 망연자실한 얼굴인데

입구에 서서 그런 권노인을 보는 지수.

어리숙하기도 하고 순한 눈빛의 권노인을 보면서

이해할 수 없다는 얼굴인데

F/B) 9부 #64. TV에서 인터뷰하는 권노인

권필호   우리 아들은 자살한 게 아니에요. 회사랑 한재현 부사장이 죽
          게 만든 겁니다. 그래서 너무 억울하고 원통..

F/B) 8부 #67. TV에서 인터뷰하는 세훈

세훈   권혁수 씨의 죽음이 개인적인 이유로 일어난 우발적 사고가
          아니라 회사 측의 부당 노동행위에 의한 비극적인 희생이었음
          을 밝히고자 합니다.

지수, 뭔가 짚이는 게 있는 지 돌아선다.

S#27   병원 복도 (낮)

장회장과 서경, 걷고 있다.

장회장	우리한텐 아주 좋은 기회야.
서경	(보면)
장회장	저 녀석 저러고 있는 동안 준비할 거 다 하고 손 쓸 거 다 쓰고.
서경	(OL) 아빠.
장회장	(보면)
서경	아빠말대로 진짜 사냥개래도... 이러면 안 되는 거 아냐?
장회장	(피식) 그럼 뭐 어째야 되는데?
서경	다른 것도 아니고, 그 사냥개 노릇하다가 저렇게 된 거야.
장회장	(코웃음) 그래서, 지극정성으로 간호해주면... 저놈이 깨어나서 너랑 다시 잘해보겠다 그럴 거 같냐? 다시 열심히 사냥개 하겠습니다~ 이럴 거 같아?
서경	(눈빛 흔들리지만)
장회장	(미간을 찌푸리며) 정신 똑바로 차려. 총만 안 들었지 전쟁 중이니까.

하고 앞서서 가버리면

서경, 심란한 얼굴로 장회장의 뒷모습을 본다.

S#28   병실 (낮)

재현모, 재현 앞에 앉아 있다. 안쓰러운지 볼을 쓰다듬는다.

서경, 조심스럽게 들어오는데

재현모	(눈시울 붉어지며) 아버지처럼 외롭고 서럽게 살까 봐. (회한이

어린) 니가 다른 사람처럼 살아도 모른 척 했는데... 그게 너한
테 이리 돌아왔나 보다..

하며 재현의 손을 주무르며 마음 아프게 본다.
서경, 쓸쓸한 표정으로 조용히 다시 나가는.

S#29   세훈의 사무실 (밤)

지수, 세훈 앞에 서 있다.

지수   1인 시위하던 어르신 소송을... 당신이 맡았던 걸로 아는데.

세훈   그건 왜?

지수   그 어르신이 재현선배를 찔렀어.

세훈   알고 있어. 뉴스에 나와서.

지수   (싸늘하게) 뉴스에, 범인이 누구라고 나오진 않았는데.

세훈   (흠칫)...!!!

지수   그냥 아무 일 없이 지나가진 않을 거야.

세훈   내가, 뭐라도 했다는 건가?

지수   경비들이 피켓을 부수고 망가뜨려도 그냥 돌아서서 한숨 쉬는
       게 전부였던 분이었어. 누군가를 계획적으로 쫓고 해칠 사람
       이 아니야.

세훈   당신이, 그 사람 가족인가? 몇 번 본 걸로 어떻게 그렇게 확신
       하지?

지수   두고 보면 알겠지.

세훈	협박을 하러 온 건가?
지수	아니. 확인을 하러 온 거야.
세훈	...!!!

지수, 돌아서 나간다.
세훈, 살짝 일그러지며 눈빛이 흔들리는데.

S#30 포장마차 근처 도로 (밤) ― 세훈의 회상

포장마차 앞 길가에 차를 세운 세훈, 차 안에서 뭔가를 보고 있다.
세훈의 시선 따라가면
꽃을 들고 포장마차 앞에 서 있는 재현이 보인다!
세훈, 전화기를 든다.

| 세훈 | 네, 어르신. 술 한잔 하러 나왔다가 전화 드리는 겁니다. 반갑지 않은 얼굴을 봐서요. (씁쓸한 투로) 한재현은... 여전히 잘 먹고 잘 놀고 있는 것 같습니다. (듣다가) 여기.. 형성본사 앞에 있는 포장마차예요. |

S#31 세훈의 사무실 (밤)

눈빛 떨리는 세훈, 자리에서 일어선다.

S#32   병원 외경 (다음날 낮)

S#33   병실 (낮)

눈을 감고 누워있는 재현과 침대 옆에 앉은 서경이 보인다.

카메라가 누워있는 재현에게 천천히 다가가서 멈추면

굳어있던 재현의 손이 반짝 움직이고 이내 조금씩 움찔거린다.

재현의 손을 본 서경, 놀라서 벨을 누르는데

Cut to.

의사들, 왔다가 돌아가면

재현, 힘없이 보는데 그 앞에 서경과 강비서가 서 있다.

서경   괜찮아...?

재현   (힘없이 눈만 깜빡이는)

서경   수술한 데 아프진 않고..?

하면 힘없이 고개를 끄덕이는데 누군가를 찾는 눈빛이다.

서경   누구 찾아?

재현   ....

서경   (앙다물며) 찾아도 할 수 없어. 그 여자 여기 못 와. 내가 아직
           까지 당신 와이프고, 난 간호해야 될 의무가 있고. 이 몸으로
           호텔에서 지내게 할 수도 없어.

재현   (보면)

서경   정 걱정되면.. 내가 전해주고 올게. 당신 깨어났다고.

재현   (눈을 감는)

S#34   병실 앞 (낮)

서경과 강비서, 병실을 나오며

강비서   제가.. 말씀드리고 올까요?

서경   아니.

강비서   (민망한) 네.

서경   준서 데리고 올 테니까 재현씨 옆에 있어줘.

강비서   알겠습니다.

S#35   경찰서 (낮)

지수, 형사 앞에 앉아 있다.

지수   권필호씨 통화목록에 이세훈 변호사가 있을 겁니다.

형사   통화목록이야, 저희도 당연히 조사하는 건데.. 그걸 제보하러
        오셨다구요?

지수   이세훈씨가... 이 사건의 당사자들하고 어떤 연관이 있는 지
        말씀드리려고 온 겁니다.

형사   (궁금하다는 듯 보는데)

S#36　　병실 (낮)

재현, 침대에 앉아 있다. 창밖을 보다가
붕대가 감긴 상처를 보며 떠올리는.
F/B) 14부 #76.

권노인　　(덜덜 떨며) 당신 땜에 억울하게 죽은.. 권혁수 애빕니다.

재현, 회한에 어린 얼굴로 일어나서 창밖을 본다.
이때 강비서가 들어온다. 물 같은 걸 내려놓는데

재현　　이제 그만 들어가.

강비서　　괜찮습니다.

재현　　내가 안 괜찮아.

강비서　　(슬픈 표정으로) 사랑이.. 변하나요?

재현　　(귀엽다는 듯 보며) 뭐?

강비서　　왜 자꾸 저한테 철벽 치세요...

재현　　(피식 웃는)

강비서　　제가 못 지켜 드린 거 같아서 저, 너무 괴롭습니다. 그러니까
　　　　　　　밀어내지 마세요.

재현　　(옅은 미소) 이제 니가... 나를 이해할 수 있겠구나.

강비서　　(천천히 끄덕이는)

S#37   병원 일각 (낮)

지수, 벤치에 앉는다. 얕은 한숨을 쉬며 먼 데를 보는데
멀리서 서경과 준서가 오는 모습이 보인다.
놀라는 지수, 몸을 돌렸다가 서경과 준서가 건물로 들어가면
다시 몸을 돌려 두 사람을 물끄러미 본다.

S#38   병실 (낮)

문을 열고 들어오는 서경과 준서.
강비서, 일어서며 인사하고

강비서   그럼 저는 잠시 나갔다 오겠습니다.

재현   (끄덕이는)

강비서   저, 다시 올 겁니다.

재현   (피식 웃으며 끄덕)

강비서, 나가면 준서, 쭈뼛쭈뼛 재현 앞으로 간다.

재현   (양팔을 벌리며) 이리 와, 준서야.

준서   (삐죽거리다가 안기는데... 훌쩍거린다)

재현   (토닥이는) 왜 울어..

준서   (울먹) 아빠.. 죽는 줄 알고.

재현   (웃는) 안 죽었으니까 울지 마.

하면 준서, 고개 끄덕이면서도 울컥하는 얼굴인데

재현, 그런 준서의 머리를 쓰다듬어주고...

서경은 생각이 많은 얼굴이다.

S#39 병원 복도 (낮)

지수, 재현의 병실 앞에 선다.

유리창으로 보이는 세 가족. 재현은 준서를 보며 환하게 웃고 있다.

지수, 다행이다 싶기도 하고 쓸쓸하기도 하고

이내 천천히 돌아선다.

S#40 경찰서 (밤)

세훈, 형사(#35와 동일인) 앞에 앉는다. 명함을 건네며

세훈	한재현씨 피습 사건 피의자, 권필호씨 변호인 자격으로 왔습니다.
형사	(명함을 보며) 이세훈씨?
세훈	네.
형사	(고개 저으며) 이세훈씨는... 권필호씨 변호를 하실 수가 없으십니다.
세훈	(놀라는) 무슨 말씀이시죠?
형사	이 사건 참고인으로 안 그래도 소환할 예정이었습니다.

세훈	…!!
형사	사건 발생 2시간 전에 권필호씨랑 전화통화 하셨죠?
세훈	(애써 침착하게) 안부 전화였는데 문제가 되나요?
형사	(날카롭게 보며) 사건 직전 마지막 통화라면 문제가 되겠죠. 피해자하고 불화도 있으셨고.

하며 뭔가를 알고 있는 듯 세훈을 살피는데
세훈, 낭패감을 숨기려 애써 태연하게 본다.

S#41   도로 / 영우의 차 안 (다음 날 낮)

영우의 차가 달리고 있고 (PPL)
영우, 운전하면서 블루투스로 통화 중이다.

영우	너희 집 근처로 가고 있으니까 10분만 있다가 나와.

S#42   집 근처 (낮)

지수, 발로 바닥을 툭툭 차는데 영우의 차가 와서 선다.
영우가 내리고

영우	정말 안 가볼래?
지수	(끄덕이는) 일어났다는데 뭐 하러 가. 내가 의사도 아니고.

영우	나는 뭐 의사냐?
지수	(힘없이 피식)
영우	자책하면서 머리 뜯을 거면 같이 가고. 대머리 되니까.
지수	(힘없이 피식) 안 그래.. 내 머린, 소중하거든.
영우	(피식) 정말 안 가 봐도 되겠어?
지수	응..
영우	(짠하게 보다가) 그럼, 걱정하지 말고 있어. 내가 보기엔 저 형... 또 금방 일어나서 날라 다닌다.
지수	(웃으며 씩씩하게 끄덕이는)

S#43   병원 외경 (낮)
S#44   병실 (낮)

재현 앉아 있는데 동진, 영우, 혜정 들어온다.

재현	어서 와.
영우	지수는 못 왔어요. 일이 있다고.
재현	(아쉽지만) 응.
동진	배는 안 아프냐?
재현	괜찮아.
동진	이것두 뭐 가스 나와야 되고 그런 거 아니야?
혜정	아오 선배, 쫌!
재현	(희미하게 웃는)
동진	야, 그게 얼마나 중요한 건데... 암튼 배를 쨌다 꼬매면 그게

나오는 게 젤 중요하다니깐.

혜정   아, 됐고. 선배 나은 기념으로 사진 한 장만 찍어요.

동진   뭔 소리야? 갑자기 사진은 왜 찍어?

혜정   나 요새 SNS 중독 돼 가지구... 암튼 빨리 모여봐요.

하면서 셀카를 찍는다.

S#45   지수의 집 거실 (낮)

지수, 집안일 하는데 혜정한테 톡이 온다. 사진과 함께

혜정(E)   선배, 괜찮아 보이지?

하면, 같이 찍은 사진이 보이고
지수, 그렁한 얼굴로 미소 짓는데
전화벨 울리고 보면, '장서경'이다.

지수   네..

서경(F)   집 앞인데 잠깐 나올 수 있어요?

S#46   초록대문집 앞 (낮)

서경, 아직 그대로 있는 벽의 낙서를 보고 있다.

이때 지수가 나오는데

서경, 지수를 본다. 핼쑥해진 모습에 얕은 한숨을 쉬는

지수	무슨 일이세요?
서경	(가만히 보다가) 재현씨... 깨어났어요.
지수	...!!!!
서경	그렇게 걱정돼 죽겠으면서... 그동안 어떻게 떠나 있었어요?

S#47　카페 (낮)

지수, 서경 마주 앉아서 얘기하고 있다.

서경	재현씨하고 같이 있었는데 그런 일이 생긴 건가요?
지수	(눈시울 붉어지는) 저, 원망하셔도 돼요.
서경	(보면)
지수	제가 더 빨리 갔으면.. 막을 수도 있었을 거예요. (눈물 뚝)
서경	살았잖아요. 그만 울어요.
지수	...!!!
서경	(얕은 한숨) 당신 같은 사람이 있는 줄 알았으면 재현씨 처음부터 쫓아다니지도 않았을 텐데.
지수	(마음 아픈) 미안해요..
서경	(보면)
지수	한 번도 제대로.. 서경씨한테 사과한 적이 없었네요, 내가.
서경	(눈빛 흔들리는)

지수	정말... 미안합니다.
서경	(빤히 보다가) 미안하면, 포기해주세요. 이런 말, 나도 지겹지만.
지수	(눈빛 흔들리는)
서경	악다구니도 안 부리고 주변 사람 괴롭히지도 않을게요. 그냥 절박하게 부탁만 할게요. 나도.. 무릎 꿇을 수 있어요. 무릎 꿇으면 포기해줄래요?
지수	(착잡한) 선배하고 약속한 게 있어요..
서경	(보면)
지수	절대로... 말없이 사라지지 않겠다고. 운명이든, 사람에든... 떠밀려서 헤어지지는 않겠다고.
서경	(이 악무는) 그래요. 그럼 계속 이렇게 살아요. 나도 포기 못 하니까.

하고 일어서서 나가면 지수, 착잡한 얼굴로 본다.

S#48   병원 외경 (아침)

S#49   병실 (아침)

재현, 사복차림이다. 강비서, 짐정리 하고 있는데
그 앞에 팔짱끼고 서 있는 서경.

서경	다 나을 때까지만이라도, 집에 와 있어.
재현	어머니 집에 가 있으려고.
서경	거기까지 왔다갔다 힘들잖아.

재현	그래도 그게... 편할 것 같아.
서경	윤지수씨 때문에 그래?
재현	(보면)
서경	(앙다물며) 당신, 포기하겠대. 윤지수씨가.
재현	...!!!
서경	만났었어. 당신 깨어났다고 알려주려고.
재현	(믿을 수 없다는 듯 보는데)
서경	당신이 칼 맞고, 가정도 엉망된 거 다 자기 때문인 것 같다고... (지푸라기라도 잡는 심정) 정말이야.. 떠나겠다고 했어.

재현, 그런 서경을 담담한 눈빛으로 가만히 바라보다가

재현	(차분하게) 어머니 댁으로 갈게. 어머니도... 내가 같이 있었으면 하시고.
서경	(견고한 벽이 느껴져서 절망감이 드는)

S#50　　병원 앞 (낮)

재현과 강비서, 건물에서 나온다. 강비서가 재현의 짐가방을 들고 있고 두 사람, (차가 있는 곳으로) 걷는다.

강비서	(조심스럽게) 연락.. 안 드리세요? 윤지수씨한테.
재현	(착잡한)
강비서	많이 놀라신 거 같았어요. 현장에도 같이 계셨고 구급차도 같

이 타고 오셨는데.. 엄청... 우셨거든요.

재현   (마음 아픈 얼굴로 천천히 끄덕이는)

강비서   근데... 진짜 떠난다고 하셨을까요?

재현   아니. 그럴 리가 없는데... 마음의 짐부터 좀 내려놓고 천천히
보고 싶어.

강비서   (끄덕이는)

재현   어머니, 어르신, 그리고 장회장... 이분들 먼저 뵈려고.

강비서   역시 장유유서...

재현   (힘없이 피식) 너 진짜.. 많이 컸구나.

강비서   (히죽)

S#51   다른 병원 앞 (낮)

선희, 퇴원하는 길이고 지수, 선희의 가방을 들어주고 있다.

선희   오늘은 또 뭐 하러 와.

지수   난 언니 껌딱지잖아요.

선희   (애틋하게 보다가) 고마웠다, 지수야.

지수   ...?

선희   우리 집에 계속 온 것도 알고, 탄원서 모으고 했던 것도 알아.

지수   근데 요 며칠 정신이 없어서 소송을... 못 챙겼어요. 다시 진행
하려구요. 준비는 다 해놨으니까.

선희   이제 진짜 내가 하면 돼. 그건 그렇고.. 그날 만나러 간 거지?

지수   ...??

선희	병실에서.. 니가 계속 시계 봤던 날.
지수	아, 네...
선희	두 사람... 진짜고?
지수	(답을 못하는데)
선희	난 것두 모르고 악랄하고 나쁜 놈이라고 욕을 해댔으니.. 속으로 나 되게 미웠겠다.
지수	아니에요~ 언니 말, 다 맞았는데요 뭘. 악랄하고 나쁜 놈.
선희	(피식 웃다가 짠하게 보며) 그동안 어떻게 그렇게 싸웠니.. 사랑하는 사람 상대로.
지수	(미소) 그렇게 싸우라고 배웠거든요. 어릴 때 배운 거라 더 안 잊혀지나 봐요.
선희	선생이 누군지 아주 독하게 가르쳤나보네.

지수, 재현 생각에 피식 웃는데 동진으로부터 톡이 온다.

동진(E)	재현이 퇴원했다.

지수, 먹먹한 얼굴로 톡을 보는.

S#52　　재현모의 집 마루 (낮)

재현, 예전처럼 재현모와 나란히 마루에 앉아 있다.

재현모	우리 준서가 마음이 많이 안 다쳐야 될 텐데...

재현	(마음 아픈)
재현모	아빠도 없으니까 또 못된 짓 하고 다니는 건 아닐까 걱정이다.
재현	예전처럼 일에 미쳐 살진 않을 거니까.. 같이 살 때보다 더 많이 다니고 더 많이 놀아주려고.
재현모	아무리 해줘도 마음에 늘 바람이 불 텐데.
재현	(마음 아프지만) 여기 자주 올까 봐. 준서 데리고.
재현모	그럴래?
재현	이러고 있으면... 바람도 잔잔해지고 마음도 편해지거든.

하며 멀리 보는데, 편안하지만 조금 안쓰러운 얼굴이다.

S#53   서울구치소 외경 (다음날 낮)

S#54   서울구치소 면회실 (낮)

재현, 면회실 유리 앞에 앉아 있다.

이때 권노인이 나오는데 그새 더 초췌하고 지친 모습이다.

재현을 본 권노인, 금세 눈물을 흘리며 털썩 의자에 앉는다.

권노인	(떨리는 목소리) 자식놈이랑 마누라 생각에 눈이 뒤집혀서...

재현, 가만히 권노인을 바라본다. 깊은 눈빛.

재현	(잔잔하게) 어르신. 제 아버지가 아드님처럼 돌아가셨습니다.
권노인	(놀라서 보면)

재현	제 아버지도 형성에서 일하셨구요.
권노인	(의외라는 듯 보는)
재현	사람들을 좋아하셨고, 그 사람들을 매일 볼 수 있는 회사도 아 끼셨습니다. 좋아하는 사람들과 아끼는 회사 때문에 애를 참 많이 쓰셨는데... 혁수씨하고 똑같은 일을 겪으셨고... (사이) 혁수씨처럼 떠나셨습니다.

F/B) 10부 #37. 아버지의 장례식장에서의 재현.

10부 #42. 아버지가 사준 파카 버리고 다시 찾는 재현.

재현(E)	그렇게 아버지를 잃고 나서 지금까지 마음에 칼을 품고 살았 습니다. 세상에서 어르신을 가장 잘 이해할 수 있는 사람이 있 다면, 아마... 저일 겁니다.

권노인, 눈물을 흘리는데

재현	그 칼을 품고 있는 동안 상처는 낫지도 않았고 잘라낼 수도 없 었습니다. 잡을 수도, 놓을 수도 없는 칼을 품고 지금까지 살 아온 거구요.
권노인	(울먹이며) 그런 건 몰랐습니다... 미안합니다...
재현	아닙니다. 어르신. 오히려 저는 어르신께 감사드려요.
권노인	(보면)
재현	그 오랜 세월동안 놓지 못했던 칼을... 어르신이... 놓게 해주 셨습니다.

유리창 너머 권노인이 흐느끼고, 재현의 눈에도 눈물이 고인다.

S#55   장회장 집 외경 (낮)
S#56   장회장 집 서재 (낮)

소파에 앉아 여러 개의 신문을 들고 있는 장회장.
양쪽에 황학수와 이실장, 조아린 채 서있다.
장회장, 신문들을 거칠게 테이블에 던지면, 헤드라인들 보이는데
"형성그룹 본격적인 경영권 분쟁 돌입",
"사위의 난—형성그룹 주인의 향방은?"
"한재현 부사장, 지분확대를 위한 공개 매수 선언"
"고래 싸움에 주가는 훨훨, 형성그룹 지분 전쟁" 등등...

장회장	(짜증스레) 주가는 또 얼마나 올랐어?
황학수	어제보다 30퍼센트 올랐습니다. 연일 상한가입니다.
장회장	(누르며) 이유가 뭐야?
황학수	주식시장에서 저희 유상증자를 경영권 분쟁으로 보고 있고, 저쪽에서 유상증자 중지 가처분 소송에 주식도 계속 매입하겠다고 공개 매수 선언까지 해서...
장회장	(OL) 그럼, 유상증자에 돈은 얼마나 더 들 것 같아?
황학수	이대로라면 최소... 3배 이상...
장회장	(OL) 3배가 얼만지 알아??!! 1조가 넘어!! 내가 그 돈이 어딨어!! 지분 때문에 시작한 건데, 지분을 팔 수도 없고!!
황학수	(고개를 숙이며)...죄송합니다.

장회장	저쪽은 얼마나 사고 있어?
이실장	매일 1000주씩 사고 있다고 공시를 하고 있습니다.
장회장	(이를 갈며) 유상증자를 계속 할 돈이 있냐...이거구만. (일어나 서성이며) 애초에 그놈은 유상증자를 막을 생각이 없었던 거야.
이실장	그리고 저쪽에서... 임시 주주총회를 신청할 것 같습니다.
장회장	아주 담판을 짓자는 거구만 (악물며) 그 놈, 불러와.
황학수	(머뭇거리며) 퇴원하고 아직 병가중입니다만..
장회장	(OL) 병가같은 소리 하고 있네. 명줄이 동아줄이라 칼도 피해 가는 놈이야!
황학수	죄송합니다.
장회장	(두 사람에게) 그 노인네가 한 일, 진작에 니들이 했어야 할 일 아냐??!!
황학수/이실장	...!!
장회장	(혀를 차며) 이건 뭐 개들이 배가 부르니 주인이 바쁠 수밖에.

S#57   경찰서 (낮)

세훈, 조사를 받고 있다.

경찰	권필호씨가 드디어 입을 열었습니다. 이세훈씨가 그날 전화로 무슨 얘기를 했는지 다 말씀하셨어요.
세훈	(눈빛 흔들리지만, 피식) 누굴 봤다, 어디서 뭐하고 있더라... 이 런 얘길 한 게 죄가 된다구요?
경찰	죄가 되는지 안 되는지는 법원에 가서 따지시구요.

세훈	(누르며) 그런데 왜 갑자기... 권필호씨가 마음을 바꿨나요?
경찰	그거야 모르기도 하고 말씀드릴 수도 없고.
세훈	(입술을 깨무는)

S#58   시외버스 안 (낮)

지수, 시외버스 타고 어디론가 가고 있다. 그 위로

동진(E)	어머니 집에서 지내고 있어. 양평.

지수, 생각이 많은 얼굴이다.

S#59   장회장의 집 외경 (밤)
S#60   장회장 집 서재 (밤)

장회장, 소파에 앉아있는데 재현, 문을 열고 들어와 목례한다.
소파에 앉아있던 장회장, 일어나 두 손으로 재현을 안으며

장회장	힘들었지? 이제 좀 어때? 괜찮나?
재현	(건조하게) 네.
장회장	내가 병원에도 갔었는데... 사부인한테 말씀 들었지?
재현	네. 감사합니다. (장회장의 팔을 빼며) 앉아서 말씀하시지요.

하고 재현, 먼저 자리에 앉으면

장회장, 머쓱한 얼굴로 재현을 내려다보다가

심기가 불편한 표정으로 자리에 앉는다.

장회장   이제는 사냥개니 뭐니 하는 말도 잘 안 나오는 걸 보면... 너도 참 많이 컸다. (빤히 보며) 니가 뭐라도 된 것 같겠구나.

재현   (담담하게) 회장님이 저한테 말씀을 가려하시는 걸 보면, 제가 뭐가 되긴 됐나 봅니다.

장회장   (코웃음) 여기까지 온 것도 니 재주니까 인정할 건 해야겠지. (정색하며) 그래, 병원에 누워서 생각은 많이 했어?

재현   생각밖에 할 게 없었으니까요.

장회장   서로 패는 다 나왔으니까 바로 물어보자. 너 어쩔 생각이냐?

재현   (가만히 보다가 차분하게) 이제 그만... 내려오십시오.

장회장   (울컥해서) 이 놈이 오냐오냐 했더니..

재현   (OL) 유상증자... 끝까지 못 미시는 거 알고 있습니다.

장회장   못 미는 게 아니라 안 미는 거야. 왠지 알아? 형성이 원래 내 건데 왜 그 애를 써가면서 내 거라고 확인을 해야 돼?

재현   (건조하게) 1대 주주 자격으로 임시 주주총회를 신청할 겁니다.

장회장   왜? 회장 바꾸자고? 지금 붙으면 니가 이길 것 같아서?

재현   제가 못 이기더라도 (잠깐 끊고) 지지는 않을 겁니다.

장회장   (기가 찬 듯) 여기까지 와서 선문답하자는 거냐?

재현   (차분하게) 저는... 최선을 다할 겁니다. 그리고...

장회장   (보면)

재현   이게 제 마지막 최선이 될 겁니다.

재현, 일어서서 목례하고 나간다.
장회장, 인상을 찌푸리며 재현의 뒷모습을 본다.

S#61   재현모의 집 앞 (낮)

지수, 재현모의 집 문 앞에 서 있다.
들어가지는 못하고 서성이는데

재현모(E)   혹시...

지수, 놀라서 보는데 재현모, 지수를 살펴보다가

재현모   맞지요? 재현이가 좋아하던..
지수   (그렁한 눈으로 보는)

S#62   재현모의 집 마루 (낮)

지수, 민망한 얼굴로 마루에 앉아 있는데
재현모, 차하고 과일을 가지고 나온다.

지수   (받아서 놓으며) 감사합니다.
재현모   하나도 안 변했네. 어릴 때처럼 참 곱고.
지수   아니에요...

재현모	재현이한테 얼핏 얘기는 들었어요.
지수	(고개 숙이는)
재현모	힘든 일이 그리 많았는데 삐뚤어지지도 않고.
지수	아니에요~ 저 엄청 삐뚤어지고 반항하고 그랬어요.
재현모	(온화하게 보며) 그런 사람들이 있어요. 믿을 수 없이 착한 사람들. 꼭 지수씨처럼.
지수	(울컥해지는)
재현모	세상이.. 악하고 드센 사람들 때문에 움직이는 거 같아도, 실은 그런 착한 사람들이 계속 밀고 있는 거예요. 나는.. 그렇게 생각해요.
지수	(위로가 되는)

Cut to.

지수, 마루에 혼자 앉아 있는데 어둠이 내려앉는다.

발을 툭툭 차는데

재현(E)	지수야.

지수, 쿵.. 하는 얼굴로 일어서는데 재현이 서 있다.

금세 눈물이 차오르는 지수.

지수	괜찮아요?
재현	(괜찮다는 듯 두 팔을 벌려 보이는)
지수	(먹먹하게 보는데)
재현	진짜.. 죽는 줄 알았네.

지수	(글썽이는) 나두요.. 수술 잘못될까.
재현	(OL) 다시는 못 보는 줄 알고.
지수	(쿵)...!!
재현	(미소)
지수	(다행이라는 듯 끄덕이다가) 아, 근데 여기 온 건... 저번에 할 말 있다고 만나자고 했잖아요. 그거.. 궁금해서. 궁금하면 못 참는 성격이라.
재현	안 물어봤는데. (미소)
지수	아.. 그래요? 난 또 물어본 줄 알고..
재현	(환하게 미소 짓는)

S#63   시골길 (밤)

재현과 지수, 나란히 걷는다.

재현	옛날에... 너랑 밤새 걸어 다닐 땐... 그렇게 계속 같이 걸을 줄 알았는데...
지수	(끄덕이는)
재현	다시 오기까지 참 오래도 걸렸다.
지수	(멈추고, 보며) 정말... 다시 돌아올 건가요?
재현	(천천히 끄덕이며) 이미 거의 다 왔어. 누구 덕분에.
지수	(먹먹하게 보는)
재현	아마... 혼자서는 못 왔을 거야.
지수	(환하게 웃는)

재현　　　(환하게 웃는)

S#64　　　시외버스 터미널 (밤)

막차에 오르는 지수. 재현, 밖에서 손을 흔든다.
지수도 버스 안에서 손을 흔드는데.
이내 버스가 출발하고 가는 모습을 보고 있던 재현,
안 되겠다는 듯 달려가며 버스를 두드린다.

S#65　　　버스 안 (밤)

창밖을 보는 지수 옆에 털썩 앉는 사람, 재현이다!
지수, 놀라서 보는데

재현　　　(숨이 찬지 숨을 고르며) 나도.. 서울 가고 싶어서.
지수　　　(기가 막히다는 듯 보면)
재현　　　내가 은근.. 차도남 이거든. 도시 남자.. (미소)
지수　　　(풋 웃는)

S#66　　　초록대문집 앞 (밤)

지수와 재현, 문 앞에 서 있다.

지수	어디에서 자려구요?
재현	호텔가면 되지.
지수	괜찮겠어요?
재현	(끄덕이며) 어서 들어가.
지수	네.

하고 들어가면 재현, 손 흔들어준다.
지수, 문을 닫지 못하고 계속 보는데
재현, 얼른 들어가라는 손짓.

지수	먼저 가요.
재현	너 먼저 들어가.
지수	난 다 들어왔으니까 선배 가는 거 보고 갈게요.
재현	그럼 동시에 가. 셋 세면 돌아서는 거야.
지수	(피식)
재현	하나... 둘....
지수	(미소)
재현	셋.

하는데 두 사람 모두 돌아서지 않고 보고 있다.
두 사람, 못 말린다는 얼굴로 환하게 웃는.

S#67   장회장의 집 외경 (아침)
S#68   장회장의 서재 (아침)

검은 양복 차림의 장회장, 책상 앞에 앉아 있다.
그 옆으로 황학수와 이실장, 변호사, 법무팀장 등
임원진들 손을 모으고 서 있다.
서경, 착잡한 얼굴로 소파에 앉아 있는데
장회장, 마지막으로 안경을 끼고는 천천히 일어서면
일동, 고개를 숙인다.
서경, 소파에서 일어나 장회장을 따라 가는데

장회장   (서경을 보며) 저녁 먹지 말고 있어. 좋은 거 먹으러 가게.

서경   (애써 씩씩하게) 나 저녁, 늦게는 안 먹어. 알지?

장회장   (끄덕이며) 빨리 올 거다.

하며 나가는데 서경, 어두워진다.
Cut to.
혼자 남은 서경, 멍하니 앉아 있다가
두 손으로 얼굴을 가리고 운다.

S#69   재현의 사무실 (아침)

재현, 자리에 앉아 있고
정윤기, 그 앞에서 보고를 하고 있다.

정윤기   주주명부 폐쇄 공지했습니다. 6월 5일까지고, 임시주총 20일
           전입니다.

재현   (끄덕이고) 그 사람들하고의 미팅은?

정윤기	오늘 3시입니다.
재현	(끄덕이는)

S#70   서울중앙지검 지하 주차장 외경 (아침)

지하주차장 입구에 장회장의 차가 들어오면 기자들이 몰려든다.
장회장의 차가 인의 장막에 막혀 멈춰 섰다가
청원경찰들이 주차장 입구 주변을 막는 사이
주차장 안으로 황급히 들어간다.

S#71   서울중앙지검 지하 주차장 (아침)

출입구 앞에 차가 서면
황학수와 이실장, 변호사, 법무팀장 등이 내리고
마지막으로 장회장이 내린다.
장회장과 수행원들, 건물 안으로 걸어 들어가는

장회장	기자 놈들이 왜 저리 많이 나와 있어?
황학수	포토라인이 없어져서 사진이나 몇 장 찍으려고 온 것 같습니다.
장회장	기사 이상하게 내면 우리 광고 다 뺀다고 얘기 돌려.
황학수	네. 알겠습니다.

하는데, 강승우와 검찰수사관들이 다가온다.

강승우, 꾸벅 절하고 오른손을 내밀며

강승우   회장님, 안녕하십니까. 서울중앙지검 특수2부 강승우 검삽니다.

장회장   (환하게 악수하며) 아이고, 강 검사님. 유명하신 분을 이제야
              뵙네요. 오늘 자~알 부탁합니다. 저녁에 다른 일도 좀 있고...
              (껄껄 웃는)

강승우   (같이 웃으며) 제가 자~알 부탁드립니다. 여쭤볼 것들도 좀 많
              고.. (웃는) 오늘, 참 바쁜 하루가 되겠습니다.

하며 웃는데... 강승우의 얼굴이 서서히 굳어지고
마주 보던 장회장의 표정도 서서히 굳어지는데.

S#72   서경의 차 안 (낮)

뒷좌석에 앉은 서경, 어두운 얼굴로 떠올리는.
F/B) 13부 #28.

재현   지수를 만나기 전부터 우리 결혼은 끝나 있었어. 나는 무심했
              고, 당신은 다른 사람을 만났고.

서경   (앙다무는)

재현   나와 아버님과의 싸움이 끝나면 둘 중 하나는 죗값을 치르게
              될 거야. 그게 나든 아버님이든... 당신은 견디기 힘들 거고.

F/B) 15부 #27.

장회장   (코웃음) 그래서, 지극정성으로 간호해주면 저놈이 깨어나서

너랑 다시 잘해보겠다, 그럴 거 같냐? 다시 열심히 사냥개 하
겠습니다~ 이럴 거 같아?

F/B) 15부 #47.

지수　　(착잡한) 선배하고.. 약속한 게 있어요.

서경　　(보면)

지수　　절대로 말없이 사라지지 않겠다고. 운명이든, 사람에든... 떠
　　　　밀려서 헤어지지는 않겠다고.

서경, 괴로운 얼굴로 한숨을 내뱉다가
뭔가 결심한 듯 입을 굳게 닫는다.

S#73　　초록대문집 앞 (낮)

지수와 영민, 밀대가 담긴 양동이를 들고 나온다.
팔을 걷어붙이는 두 사람.
밀대로 벽의 빨간 글씨들을 지우기 시작한다.
Cut to.
말끔해진 벽이 보이고
대문에는 〈피아노의 집〉 모집 포스터가 붙어 있는데
별이가 대문 앞에 서서 포스터를 보고 있다.
이때, 지수가 골목에서 올라오다가 별이를 본다.

지수　　별아!!!!

별이	(고개 돌려 보고는 인사) 안녕하세요.
지수	(다가와 쓰담쓰담) 잘 있었어?
별이	네. 여기.. 혹시 선생님 학원이에요?
지수	(미소) 아니. 별이 학원. 맨날 맨날 아무 때나 와도 돼.
별이	(환해지는) 선생님도 여기 맨날 있어요?
지수	그럼. 나는 여기서 살기도 해.
별이	(환하게 웃는)
지수	(손 내밀며) 들어가자. 맛있는 거 해줄게.
별이	(손잡으며 들어가다가)...근데 선생님.
지수	응?
별이	(돌아보며) 저기...

하고 가리키는데 서경이 서 있다.

S#74   서울중앙지검 조사실 (낮)

넓찍한 책상 한 편에 강승우와 검찰수사관1, 2가 앉아있고
맞은편에 장회장과 황학수, 이실장, 변호사1, 2가 앉아있다.
강승우와 수사관들 앞에 문서자료들이 가득 쌓여있는데
장회장은 시계를 보고, 일행들 모두 여유로운 표정이다.

강승우	지금까지 여쭤본 것들은 공소시효가 완성됐거나 친족상도례 처럼 범죄사실은 있으나 기소할 수 없는 사안들인데... 저희 가 내부에서 검토한 결론하고 동일하게 확인해주셨습니다.

장회장   (밝은 얼굴로) 수고 많으셨습니다. 강검사님. (몸을 일으키며) 자, 그러면 이제..

강승우   (OL) 장회장님, 잠깐만요.

장회장   ...??

강승우가 눈짓하면 수사관들이 새 자료들을 강승우 앞에 올린다.
자료들 중에 10부 #46에서 재현이 김준기 검사에게 준 자료,
14부 #63에서 최재혁 검사가 재현에게 준 자료들이 보인다.

강승우   (사무적으로) 지금 이 시간부터 형성그룹 장산 회장님, 황학수 전무님, 이명근 경영지원실장님을 뇌물수수, 횡령, 배임, 국세 징수법, 자본시장법, 근로기준법, 노동조합법 위반 혐의에 의해 피의자 신분으로 전환합니다.

장회장   (뭔가로 얻어맞은 듯한)...!!!!

S#75   초록대문집 앞 (낮)

지수, 서경과 마주 보고 얘기하고 있다.

서경   알고 있는지 모르겠지만, 재현씨가 회사를 빼앗으려고 하고 있어요.

지수   (가만히 보는)

서경   쉽게 말해서 도둑질이고... 원래 있던 주인 몰아내고 그 자리에 앉아서 부와 권력을 얻겠다는 건데.. 당신 같은 정의로운

사람이 싫어하는 일 아닌가요?

지수   ...!!!

서경   당신, 그리고 당신 동료들하고 정확히 반대편에 서는 건데.

지수, 눈빛 흔들리며 떠올리는.

F/B) 15부 #63.

지수   (멈추고, 보며) 정말... 다시 돌아올 건가요?

재현   (천천히 끄덕이며) 이미.. 거의 다 왔어. 누구 덕분에.

S#76   조사실 (낮)

검사들 나가 있고 장회장 외 측근들, 낭패감이 어린 얼굴들인데.

전화를 끊는 황학수, 장회장 옆으로 와서 난처한 목소리로

황학수   회장님.

장회장   왜?

황학수   한재현 부사장이 지금 노사협의회 대표들하고 노조간부들을
            다 불러 모았답니다.

장회장   (쿵!!) 이놈이 기어이...

황학수   무슨 생각일까요?

장회장   (이 악물고) 우리 쪽 지분을 움직이겠다는 거잖아!!! 하필 내가
            없는 사이에!!!

S#77   회의실 (낮)

노사협의회 사람들(15명 정도),
노조 간부들(15명 정도) 양쪽으로 앉아 있다.
이때 문에서부터 들어오는 재현,
카리스마 있으면서도 온화한 모습으로 걸어오는데..

S#78   초록대문집 앞 (낮)

지수, 서경을 보며

지수   (마음을 추스르고) 그래서, 하고 싶은 얘기가 뭔가요?
서경   지수씨 신념이란 게 사랑하는 사람의 잘못은 눈감아 주는 게
        아니라면, 재현씨 막아주세요.
지수   ...!!!
서경   그럴 수 있는 사람, 윤지수씨밖에 없어요.

하며 가방에서 반으로 접은 종이를 꺼내 건넨다.
지수, 의아한 얼굴로 펴보면 '합의이혼신청서'다!
서경이 서명만 하면 끝나는 상태.
지수, 기가 막힌 얼굴로 서경을 보는데

서경   지수씨가 재현씨를 막아주면... 내가 떠나겠어요. 깨끗이.
지수   (쿵)...!!!!

INS) 회의실의 재현, 직원들을 향해 천천히 90도로 인사하고는

고개 드는데

격하게 눈빛이 흔들리는 지수,

단호하면서도 온화한 카리스마가 느껴지는 재현,

두 사람 나란히 보여지며.

— 15부 엔딩 —

16부

누구에게나
저마다의 화양연화가 있다

S#1   초록대문집 앞 (낮)

지수, 이내 차분하게 말하는

지수   미안하지만... 선배를 막지 않을 겁니다.

서경   (악물며) 좋아요. 그럼 계속 불륜녀로 살아요. 평생!

지수   (안타깝게 보는)

서경   (가려다가 멈추고) 그런데, 당신들 정의가... 왜 나하고 아빠는
           피해 가지? 돈이 많으면, 자기 걸 뺏겨도 괜찮은 건가?

지수   빼앗지 않을 겁니다.

서경   (살짝 찡그리는데)

지수   제자리로 돌아온 선배라면 절대 남의 걸 뺏진 않을 거예요.

서경   (눈빛 떨리는데 앙다물며) 내가 우습겠네.

지수   (보면)

서경   돈 뺏길 생각에 사랑이고 뭐고 다 내던진다고 했으니.

지수   다르지 않았을 거예요, 나도.

서경   (보면)

지수	아빠.. 그리고 엄마, 동생... (잠시) 가족들 위해서라면, 나도 뭐든 했을 거예요.
서경	(울컥하지만, 일부러 더 독하게) 그러니까.
지수	(보면)
서경	나도 뭐든 하려구요. 끝까지. (하며 휙 돌아서 가는데)
지수	(착잡하게 보는)

S#2   회의실 (낮)

좌우로 갈린 형성의 노사협의회(사무직) 직원들과 노조원들
테이블을 마주 보며 앉아 있는데.
노사협 대표는 어색한 표정을 하고 있고
노조위원장은 내심 못마땅한 표정을 짓고 있다.
가운데 자리에 앉은 재현, 그런 양쪽을 천천히 돌아보고는

재현	저는 여러분들의 지지가 필요합니다.
직원들	...?!!
재현	먼저 (끊고) 저 사람이 무슨 자격으로 저런 말을 하나... 하실 겁니다.

F/B) 그간 보여진 재현의 악행들, 몽타주처럼 그림으로.

1부. 계란 맞는 씬 / 3부. 마트 시위 아줌마들 보는 씬.
9부. 권혁수한테 차갑게 구는 씬/ 14부. 권노인한테 칼 맞는 씬.

그 위로

재현(E)   (차분히) 오너 일가, 차명지분, 가위손, 그리고 요 몇 달 동안의
            개인사까지. 저를 바라보는 차가운 시선들이 많은 것을 알고
            있고, 그 모든 것들은 제 스스로가 감당해야 할 몫이라고 생각
            합니다. 하지만 제가 오늘 말씀드리고 싶은 건, 제 신변에 대
            한 얘기가 아니라...

재현   (진중한 눈으로 둘러보며) 저와 여러분의 일터인 형성에 대한
            것입니다.

직원들   (술렁이는)

재현   여러분도 아시다시피 다음 주에 형성 홀딩스의 임시 주주총회
            가 열립니다. 바로 그날, 새로운 형성을 만들기 위한 여러분의
            지지가 필요합니다.

사람들의 술렁임으로 소란한 가운데

노조위원장 (책상을 치고 재현을 향해) 이것 보세요. 형성에서 무단으로 해
            고되고 거리에 나와 있는 사람들이 몇 명인지 알고 나서 새
            로운 형성이니 뭐니 해야 되는 거...

재현   (OL) 547명입니다.

노조위원장 ..!!

재현   형성마트에서 137명, 형성철강 292명, 형성제강 83명, 형성물
            산 35명.

노조위원장, 민망한 얼굴인데...

재현	그 숫자를 알고 있다는 것만으로 어떤 변명이 될 수 없고 그런 것을 변화라고 할 수도 없습니다. 그렇지만.
직원들	...
재현	(노사협대표와 노조위원장 보며) 경영자가 누가 되든 믿을 수 없다는 쪽과 경영자가 누가 되든 우리와 상관없다는 쪽 모두에게... 어떤 시작은 될 수 있습니다.

그 위로 피아노 소리...「첫날처럼」이다.

S#3　초록대문집 거실 (낮)

「첫날처럼」을 더듬더듬 치는 사람, 영민이다.
의아한 표정으로 들어오던 지수, 놀라는데

지수	영민아, 너 이거 어떻게 쳐?
영민	서당개 3년이잖아... (씨익)
지수	(웃는)
영민	근데 아까 그 아줌마, 준서 엄마 맞지?
지수	응.
영민	무슨 일... 있어?
지수	준서 할아버지가 검찰수사 중이잖아. 그것 땜에.
영민	(끄덕이는데)
지수	영민아... 엄마 한번 안아주라.
영민	(무슨 일이냐는 듯 보면)

지수	바닥났어.
영민	뭐가?
지수	(귀엽게) 사랑의 밧데리. (두 팔 벌리며) 충전 좀.
영민	엄마... 이런 거, 아재개그야~~
지수	난 아재가 아닌데?
영민	아~~~

하는데 지수, 그런 영민을 폭 안고
영민도 웃으며 지수를 토닥토닥 해준다.

S#4   서경의 차 안 (낮)

서경, '아빠'한테 전화하는데 받지 않는다.

서경	(기사에게) 황전무님이랑 이실장님한테 전화 좀 해보세요.
기사	네.

하면 스피커폰으로 들리는데 신호가 가도 받지 않는다.
서경, 표정이 어두워지고

서경	김변호사님한테두요.

하면 기사, 어디론가 전화하는데

변호사(F)	여보세요..
서경	장서경이에요.
변호사(F)	네, 대표님.
서경	아빠는요?
변호사(F)	저희가 청구한 구속적부심이 내일 열립니다.
서경	분위기는 어떤데요?
변호사(F)	좋지는... 않습니다.

S#5   회의실 (낮)

연설을 이어가는 재현.

재현	새로운 형성은 소유와 경영을 완전히 분리할 것입니다. 저는 임시 주총에서 장산 회장과 장서경 사장의 해임을 요구할 것입니다. 그리고 저 또한 임시 주총에서 사임할 것입니다.
직원들	(술렁이는)...!!

INS) 몽타주.
#강승우 앞에 있는데, 수사관들에 의해 수갑이 채워지는 장회장.
#압수수색 되는 장회장의 사무실.

재현(E)	형성의 모든 계열사들은 이사회와 전문경영인 체제로 전환될 것이고 외부의 독립된 준법감시위원회로부터 상시 감사를 받게 될 것입니다. 임시주총에서 이 모든 것들을 항구적으로 제

도화할 것입니다.

다시, 진중하고 진심어린 얼굴의 재현

재현   (차분히) 그 새로운 시작을 위해 여러분이 가진 8.97퍼센트의
                지지가 필요합니다.
직원들   ...!!
재현   (노조위원장을 보며) 불신과 투쟁만으로는 아무 것도 바뀌지
                않습니다. (노사협대표를 보며) 타협과 순응만으로는 아무 것
                도 지킬 수 없습니다. 여러분 모두에게 회사가 단지 주 52시간
                의 밥벌이만은 아닐 겁니다. 우리가 바꾼 오늘이 새로운 내일
                을 만들 겁니다.

S#6   **지수의 집 거실 (저녁)**

핸드폰을 보고 있는 지수, 재현의 연설 내용이 기사로 나와 있다.
'속보) 한재현 부사장, 형성그룹 경영권 포기 선언'
지수, 떨리는 얼굴로 보는데 선희한테 전화가 온다.

S#7   **재현 사무실 (저녁)**

재현, 창밖을 내려다보고 있다.
벌컥 문이 열리고 격앙된 표정의 이유신과 송인수가 급히 들어온다.

송인수	부사장님. 대체 어떻게 된 겁니까?
이유신	경영권을 포기한다니요?
재현	(자리를 권하며) 앉으세요.
송인수	(앉으며) 기사가 잘못 나온 거죠?
재현	아닙니다. 보신 그대로 입니다.
이유신	(노기를 띤) 상의 한 번 안 하고 어떻게 이럴 수가 있나?
재현	(담담하게) 새로운 형성을 반대하신다는 거... 알고 있습니다.
송인수	준법경영에 경제정의 실현하자고 그 돈을 넣은 게 아니니까요.
재현	두 분에게도 선택지가 있습니다.

이유신/송인수　　(보면)

재현	새로운 형성을 만드는 투자자로서 계속 도와주시거나 주가가 한창 올라있는 지금, 그동안 모아오신 형성지분들을 매각하시거나.
이유신	(목소리를 가다듬고) 갑자기 왜 이러시나? 온갖 고생을 다 해서... 이제 겨우 빛을 볼 시간인데.
재현	(잠시 있다 담담하게) 저도, 두 분하고 같은 생각이었습니다. 장산 회장의 자리에 올라서고 싶었고 그 자리의 힘과 안락함을 누리고 싶었습니다.

이유신/송인수　　....

재현	그런데 누군가가 묻더군요. 그 자리에 당신이 오르는 건 정당한 거냐고.

S#8   한강 둔치 (밤)

나란히 앉아서 커피 마시는 지수와 선희.

선희   한재현 부사장 폭탄선언 땜에 난리 났더라.

지수   (끄덕이는)

선희   장회장 기소된 거랑 타이밍도 절묘하게 크로스 되면서 이게
       다 한재현 부사장 빅픽처 아니냐고.

지수   (피식)

선희   피도 눈물도 없는 가위손, 장산의 충직한 사냥개가 어떻게 하
       루아침에 개과천선을 했냐고 궁금해 하는데...

지수   (보면)

선희   나는, 답을 알 것 같아.

지수   답이.. 뭔데요?

선희   답은 윤지수.

지수   ...!!

선희   두 사람 사이에 무슨 일이 있었는지 잘 모르지만, 내가 아는
       지수라면 충분히 그런 역할을 하고도 남지.

지수   (장난) 언니, 커피 한 잔 더 드실래요? 아님 뭐 치맥?

하는데 선희, 웃으며 지수의 어깨를 감싸며 안아준다.
지수, 마음이 따뜻해진다.

S#9 할머니 가게 앞 (밤)

평상 앞에서 서성이는 재현.
이때 할머니가 나온다.

할머니   거기.. 어깨 넓은 양반, 뭐 찾는 거 있어요?

재현   (인사) 아, 죄송합니다. 누굴 좀 기다리느라.

할머니   (가만히 보다가) 우리 딸래미 기다리나?

재현   아, 따님은 아니고...

할머니   (OL) 맞는데. 저번에 우리 지수랑 같이 온...

재현   (환해지는) 우리 지수요? (피식) 저도.. 우리 지순데..

할머니   (올려다보다가) 일단 쪼매 앉았음 싶은데. 목이 아파가.

재현   아, 네. (하고 앉는)

할머니   (살짝 노려보며) 우리 지수랑 무슨 사이고?

재현   (씨익) 우리 지수, 우리 선배... 하는 사입니다.

할머니   그럼믄 보통 사이가 아인데?

재현   (웃는)

지수(E)   선배...?

재현, 고개 드는데 지수다.
재현과 할머니, 동시에 지수를 보며 미소 짓는다.
Cut to.
지수와 재현만 평상에 앉아 있다.

재현	할머니... 되게 좋으시다.
지수	그래서 내가 엄마 해 달랬는데 안 해주신대요.
재현	우리 딸래미라고 하시던데?
지수	(놀라는) 진짜요?
재현	(끄덕)
지수	(좋아서 삐죽) 누가 경상도 할매 아니랄까봐. (피식)
재현	(미소 짓고는) 내가 왜.. 여기서 기다렸는지 알아?
지수	알아요. 낮에 무슨 일이 있었는지.
재현	(끄덕) 오늘 일의 시작이 여기였거든.
지수	(보면)
재현	거기에 아직... 사람들이 있다.
지수	(뭉클)...!!
재현	칭찬.. 안 해주나?
지수	(피식 웃으며) 이리 와 봐요.

하면 재현, 다가가는데

| 지수 | (볼을 꼬집는) 이게.. 칭찬이라던데.. |

하며 웃으면 재현, 아프다면서도 웃는다.

S#10   서울지방법원 외경 (다음날 아침)
S#11   서울지방법원 앞 (아침)

입구에 호송차가 와서 멈추면,

검찰수사관들과 함께 장회장이 내리고

뒤이어 황학수와 이실장이 내린다.

카메라 플래시가 여기저기서 터지고 기자들, 질문을 퍼붓는다.

기자1   한재현 부사장 경영권 포기선언, 들으셨습니까?

기자2   구속적부심 어떻게 예상하십니까?

기자3   탈세, 횡령, 뇌물공여도 사실입니까? 한 말씀 해주시죠!

장회장, 잔뜩 불편한 얼굴로 대답 하나 없이

수사관들과 건물 안으로 들어간다.

맞은편에 서경의 차가 서 있고

서경, 걱정과 불안이 가득한 눈으로 지켜보고 있다.

S#12   지수의 집 (아침)

지수, 영민과 아침을 먹으며 TV뉴스를 보고 있다.

위의 장회장 화면 위로

"형성그룹 장산 회장, 서울구치소行" 자막이 흐르고

기자(E)   형성그룹 장산 회장이, 검찰의 구속기소 하루 만에 냈던 구속
적부심청구가 오늘 법원에서 기각됐습니다.

지수, 집중해서 보는데

기자(E)   법원은 청구인이 도주할 우려와 함께 증거인멸의 우려가 있으며, 위법사항이 중대하여 계속 구금해야 할 필요가 있다고 밝혔습니다. 어젯밤, 장산 회장은 서울구치소에 전격 수감됐습니다.

영민   (지수를 보며) 준서.. 할아버지?
지수   (침중하게) 응..
영민   준서.. 쫌 힘들겠네.

지수, 그런 영민의 머리를 쓰다듬어주며 계속 TV를 본다.

기자(E)   법원은, 장산 회장과 함께 구속기소 된 황학수 전무와 이명근 경영지원실장의 구속적부심 역시 기각했으며...

S#13   형성 외경 (낮)
S#14   회의실 앞 (낮)

'형성홀딩스 임시주주총회' 현수막이 걸려 있는데
재현, 강비서, 정윤기 등 기타 임원들 뚜벅뚜벅 걸어온다.
회의실로 들어가는 모습에서.

S#15   서경의 사무실 (낮 − 저녁)

서경, 손톱을 물어뜯으며 초조하게 앉아 있다.

그 위로 시간의 흐름(CG)

책상 위의 폰이 울리는데, 보면 '김비서'다.

김비서(F)   대표님.

서경   말해.

김비서(F)   임시 주총 결과... 나왔습니다.

서경   (눈빛 떨리는)

김비서(F)   회장님과 대표님 해임안.. 가결됐습니다. 한 부사장님은 사임
하셨구요.

손이 떨리는 서경, 폰을 툭 떨구는데

김비서(F)   우리사주조합이랑 소액주주들이 한 부사장님 쪽을 지지했습
니다..

S#16   **서울지방법원 외경 (낮)**

S#17   **법정 안 (낮)**

장회장의 1심 공판 최종일.

피고인석에 미결수 복장을 한 장회장과 황학수, 이실장이

앉아 있고, 그 옆으로 장회장의 변호인들이 보인다.

맞은편에 강승우와 그 옆으로 검찰수사관들 보이고

일반인과 기자들로 꽉 찬 방청석에 서경, 불안한 얼굴로 앉아있다.

강승우, 자리에서 일어나 구형의견을 말하고 있다.

강승우   지금까지의 재판과정을 통하여 피고인 장산과 황학수, 이명근 3인의 주장은 객관적인 증거들에 반한다는 점이 명백히 확인 되었습니다.

장회장, 얼굴을 찌푸린 채 강승우를 보고 있고
황학수와 이실장, 서로 마주 보며 초조한 기색을 감추지 못한다.
불안한 표정의 서경, 두 손을 맞잡는다.

강승우   피고인들의 범행은 정경유착과 재벌비리가 합작한 부패범죄 의 오랜 역사를 보는 것처럼, 회사의 편법 경영과 총수 일가의 사적 이익을 위해 국가사법질서를 정면으로 부정하는 조직적 불법행위들을 수십 년에 걸쳐 반복적으로 해왔습니다. 본 사 건 외에도 이미 공소시효를 완성하여 본 재판에서 다루지 않 은 범죄사실들만 42건에 달하고 있습니다. 그중에는 (잠깐 끊 고 장회장을 바라보며) 노조파괴자, 뇌물수수, 어용 프락치라는 오명을 견디지 못해 2명의 노동자가 스스로 목숨을 끊게 만든 반노동, 반인권적 범행까지 있습니다.

순간 방청석이 술렁이고 장회장과 일행들 얼굴이 굳어진다.
방청석의 서경, 눈빛 흔들리는..!!

강승우   (고조되며) 그럼에도 불구하고 피고인들은 재판 내내 범행을 전면적으로 부인하고 변명으로 일관했으며, 심지어 허위 진 술과 함께 본 재판을 비난하는 태도까지 보임으로써 본 사건 의 수사와 재판을 지켜본 국민들에게 다시 한 번 큰 상처를 주었습니다.

장회장   (이를 악무는데)

강승우   재판부께서는, 본 사건이 법치주의와 정의를 바로 세울 수 있
          는 소중한 계기가 되고, 대다수 선량한 기업인들의 노고를 지
          지하는 모범이 될 수 있도록 피고인 장산과 황학수, 이명근의
          범행에 대하여 공정한 평가와 함께 엄중한 처벌을 해주시기
          바랍니다.

장내가 크게 술렁이는 가운데, 장회장, 강승우를 노려보고
황학수와 이실장, 크게 낙담한 기색으로 고개를 떨군다.
방청석의 서경, 가만히 눈을 감는다.

S#18   재현의 집 외경 (밤)

S#19   거실 (밤)

덩그라니 혼자 앉아 있는 서경, 의외로 덤덤한 표정인데
이때 재현이 다가와 맞은편에 앉는다.

서경   (재현을 물끄러미 보다가) 오늘 같은 날, 우리가 술을 마셔야 되
         는데. 서로 전혀 다른 의미에서.

재현   회사를 경영하지 않는다는 것 말고 당신한테 달라지는 건 없
         어. 최대주주는 여전히 회장님하고 당신이니까.

서경   …!!

재현   내 지분은 전부 내가 만들 비영리재단에 귀속될 거야. 어떤 경

우에도 당신이 가진 소유권에 도전할 수 없게 의결권 행사를
제한하는 정관을 만들 거고.

서경   (눈빛 흔들리는)

재현   형성은 곧게 나아가면 지금보다 훨씬 더 좋아질 수 있어.

눈빛 흔들리던 서경, 테이블에 놓인 반으로 접힌 종이를 건넨다.
재현, 펼쳐 보는데 서경의 날인이 들어간 '합의이혼신청서'다.

서경   자기 얘기에 감동받아서 주는 거 아니야.

재현   (보면)

서경   당신이 직원들 만나기 전에 윤지수씨 만났어. 난 아직도 자길
       모르겠는데... 그 여잔 자기에 대해 확신이 있더라.

재현   (가만히 보는)

서경   그리고 오늘 아빠 1심 보면서 생각이 많았어. 당신하고 당신
       아버님 생각도 났고.

재현   (무겁게 보는)

서경   당연한 얘기지만, 준서는 내가 데려 갈 거야. 준서도 그러고
       싶다고 했고.

재현   (천천히 끄덕이는) 나도 계속... 준서랑 얘기를 할 게.

서경   (끄덕이며) 근데, 마지막으로 하나만 묻자.

재현   (보면)

서경   왜 나랑 결혼했어? 내가 죽는다고 협박해서? 아님 안쓰러워서?

재현   (회한에 어린) 안쓰러움 만은 아니었어.

서경   (보면)

재현   사랑도 잃고 신념도 잃고... 스스로를 지옥에 밀어 넣고는 행

복하면 안 되는 사람처럼 살았는데... 당신이 위안이 됐어. 조
금 웃을 수도 있었고.

서경	(눈시울이 붉다)
재현	사랑도... 노력하면 될 거라고 생각했고.
서경	(쓸쓸하게 피식) 그건 나도 그랬어. 조금만 노력하면 금방 내꺼 될 줄 알았는데. 다른 놈들처럼.
재현	(안쓰럽게 보는)
서경	하긴. 그놈들하고 달라서 결혼까지 하겠다고 한 거지만.
재현	(깊은 눈으로) 당신이 행복했으면 좋겠다.
서경	(애써 꿋꿋하게) 걱정 마. 당연히, 그럴 거니까.
재현	(천천히 끄덕인다)

S#20   경찰서 외경 (다음날 낮)
S#21   경찰서 조사실 (낮)

긴장된 모습으로 앉아있는 세훈이 보이는데
형사(15부에 등장한 형사)가 문을 열고 들어온다.

형사	(자리에 앉으며) 이세훈 변호사님이시죠?
변호사	(긴장한) 네.

형사, 말없이 파일을 뒤적이다가 짧게 한숨 내쉬며 파일을 덮는다.

형사	돌아가시죠. 오늘 번거롭게 오시라고 해서 죄송합니다.

세훈	네??
형사	피의자, 그러니까 권필호씨가 진술을 철회했어요.
세훈	(의아한) 그게 무슨 말씀인가요?
형사	(답답하다는 듯) 범행을 저지른 이유가, 변호사님의 조언 때문이었고 범행 당일 한재현씨의 동선을 알려준 것도 변호사님이었다고 진술했었는데, 이제는 본인의 단독 범행이었다고... 진술을 바꿨다는 겁니다.
세훈	(놀라는)...!!!
형사	이런 사건은 다른 증거를 찾을 수 없기 때문에 사건 당사자의 진술이 최우선인 건 변호사님도 잘 아시죠? (빤히 보며) 이 사건에 대해서 권필호씨와 다르게 진술하실 것 있으세요?
세훈	(머리가 복잡한)...
형사	물론 저희도 피의자 진술만으로 사건을 덮지는 않습니다. 변호사님에 대한 제보도 있었고, 사건 정황에 대한 파악도 이미 다 했고. 그런데도 저희는 이 사건을 여기서 종결하려고 합니다. (물끄러미 보다가) 거기엔 제일 큰 이유가 있습니다.
세훈	(보면)
형사	피해자인 한재현씨가 권필호씨의 선처를 구하는 탄원서를 냈어요. 저는 지금까지 형사 생활하면서 사건 피해자가 가해자 선처해달라고 그렇게 긴 탄원서 내는 건 처음 봤습니다.
세훈	...!!
형사	게다가 묻지도 않았는데, 이세훈 변호사는 이 사건과 무관하다고 몇 번이나 얘기하고 가셨구요.
세훈	...!!!
형사	저희는 보고 듣기만 해도 실제 정황이 뭔지 감이 옵니다.

세훈	....
형사	하지만, 두 당사자의 의견을 존중하기로 했습니다. 아시다시피 법에도 눈이 있으니까요. (일어서며) 여기까지 하시죠. 오늘, 번거롭게 해드려 죄송합니다.
세훈	(눈빛이 흔들린다)

S#22   경찰서 앞 (낮)

세훈 나오는데, 지수가 서 있다.
세훈, 쿵..!! 놀라는.

S#23   카페 (낮)

지수와 세훈, 마주 앉아 있다.

지수	당신을 용서할 수 없었어.
세훈	...!!
지수	만약, 그날 선배가 목숨을 잃었더라면 당신은 선배와 어르신... 두 명의 삶을 빼앗는 거였을 테니까. 그리고 영민이한테도 씻을 수 없는 상처를 남겼을 테고.
세훈	(눈빛 떨리는)
지수	그래도 죽지는 않았으니까 덮고 가면 되는 걸까. 그냥 아무도 모르게 세상이 모르게... 나만 모른 척하면 되는 걸까. 죽을 만

큼 고민이 됐는데.

세훈   (입술을 깨무는)

지수   그럴 수가 없더라.

세훈   (보면)

지수   당신은 영민이 친아빠니까. 영민이는 계속 당신을 만나게 될
       테니까.

세훈   (눈빛 격하게 흔들리는)...!!

지수   당신이 죗값을 치르지도 않고 반성도 후회도 하지 않은 채로
       계속 영민이를 본다고 생각하니까... 무서웠어.

세훈   (애써 감정의 동요를 참는)

지수   당신이 오늘 경찰서에서 어떻게 나왔는지 알아. 선배가 당신
       의 무고를 주장했다는 것도 알고.

세훈   (쿵)...!!!

지수   내가 원하는 건 한 가지야. 당신이 영민이 친아빠라는 사실은
       바뀔 수 없으니까... 당신이 바뀌는 거.

세훈   (눈가가 붉어지는)

지수   바뀔 수 있을 거라고 생각해.

세훈   ...!!!

지수   내가 늘... 벼랑 끝에 서 있는 사람 같다고 떨어지지만 않게 해
       주고 싶다고... 그 말을 했을 때의 당신은... 좋은 사람이었으
       니까.

세훈   (눈시울 붉어지고, 눈빛 떨리는)

지수   당신이 다시 그때로 돌아간다면... 나도, 용서를 생각해볼게.

하고 지수, 일어선다. 뒤돌아 나가면

화양연화   436

세훈, 참았던 눈물이 뚝 떨어진다.

S#24　　세훈의 집 앞 (낮)

영민, 발로 바닥을 툭툭 차고 있다.

세훈(E)　　영민아..

영민, 고개 들고 보는데 세훈, 눈시울이 붉다.

세훈　　(다가오는데 눈가가 붉은) 오늘.. 영민이 오는 날이었구나.
영민　　네. (하다가 세훈 얼굴 보고) 무슨 일 있으세요?
세훈　　(그렁한 눈으로) 미안하다, 영민아. 아빠가.. 너무 못나서.
영민　　(어리둥절한)

세훈, 영민을 가만히 안아주는데 또 눈시울이 붉어진다.

S#25　　공원 (낮)

세훈과 영민, 벤치에 앉아 있다.

세훈　　아빠하고 살고 싶다는 건 마음에 없는 말이었지?
영민　　(고개 떨구는)

세훈	근데 아빠도 자신이 좀 없어졌어.
영민	왜요?
세훈	너 갈수록 엄마랑 닮아가는 건 아니?
영민	(보면)
세훈	너희 엄마 같은 사람은... 한 사람이면 된 것 같다. 내 인생에.
영민	안 좋았다는 거예요?
세훈	(고개 젓는) 좋았다는 거야. 쉽게 포기가 안 될 만큼.
영민	그런데 엄마하고 왜 헤어지셨어요?
세훈	(회한에 어린) 자신이 없었어. 날 좋아하는 건지 아닌지. 그걸 확인하고 싶어서... 삐뚤어지고 못된 짓을 많이 했어.
영민	(끄덕이는데)
세훈	엄마 옆에 있어라, 영민아.
영민	(울컥하는)
세훈	니가 있어야 엄마가 웃지.
영민	(그렁그렁한 눈으로 끄덕이는)
세훈	아빠도.. 계속 만나줄 수 있니?
영민	(보면)
세훈	너한테 절대로 부끄럽지 않은 아빠가 될게.
영민	(끄덕이며)... 네.

세훈, 그런 영민을 보며 미소 짓는다.
영민도 그런 세훈에게 미소 짓는.

S#26   재현의 집 앞 (낮)

재현, 재현의 차 앞에 서 있다.
핸드폰을 보는데 재현이 준서에게 보낸 톡이 보인다.

재현(E)   준서야. 나올 때까지 기다릴게.

메시지의 '1' 표시가 사라지는데 답이 없다.
재현, 착잡한 얼굴로 보다가 계속 기다리는.
시간의 흐름 보여지고 어느새 어둑해진다.
Cut to.
다음날 아침에 다시 온 재현.
전화를 해보지만 받지 않는다.
다시 (시간의 흐름) 어둑해지는데...
문이 열리고 준서가 나온다. (놀러가는 복장으로)
재현, 환하게 웃는.

S#27   낚시터 (밤)

두 개의 찌가 강 위에 둥둥 떠 있다.
각각의 낚싯대 앞에 앉아 있는 재현과 준서.
준서, 하품을 하는데

재현   (미소) 재미없어?

준서	어.
재현	다른 데 갈걸 그랬나? 여기 접고, 캠핑 갈까?
준서	됐어.
재현	(가만히 보다가) 아빠가 많이 밉지?
준서	(바닥만 보며) 응.
재현	(피식) 솔직해서 좋다.
준서	근데... 쫌.. 알 것 같긴 해.
재현	(보면)
준서	아빠 힘들었던 거. 할아버지도 아빠한테 막 뭐라 그러고. 엄마랑은 잘 안 맞고.
재현	(따뜻하게) 준서야...
준서	(보면)
재현	아빠는 니가 어디에 있든 뭘 하든... 준서 아빠고. 늘 준서 편할 거야.
준서	(바닥만 보는데)
재현	(그런 준서를 보다가) 준서가, 엄마 잘 지켜주고. 좋은 일이 생겨도, 나쁜 일이 생겨도 아빠한테 다 말해주면 좋겠다. 매주 만나러 갈 거니까.
준서	(보일 듯 말 듯 끄덕이는)
재현	근데.. 나쁜 짓은 하면 안 돼. 난 무조건 니편 한다고 했으니까. 니가 나쁜 짓 하면 아빠 또 감옥 가야돼.
준서	(고개 숙인 채로 피식)
재현	(어깨를 두르며) 앞으로도 계속... 이렇게 낚시도 오고 캠핑도 가고 농구도 하고...
준서	(OL) 낚시는 됐어.

재현	(피식) 그렇게 노잼이야?
준서	(끄덕끄덕)
재현	(따뜻하게 웃는)

S#28   거리 / 재현의 차 안 (다른 날 낮)

지수, 통화하고 있다. 차 안에 있는 재현과 교차.

지수	영우 가게요?
재현	응.
지수	갑자기 왜요?
재현	동진이가 인센티브 받았다고 다들 오래.
지수	(끄덕이며) 알았어요. 갈게요.
재현	그래. 이따 보자.

하고 전화 끊는 재현. 의자에 머리를 기대고 떠올리는.

S#29   동아리방 (낮) — 과거

<자막> 1994년 6월

재현, 동진과 함께 동아리방에 앉아 있다.
동진, 만화책 보고 있는데

재현	생일에는.. 뭐 해줘야 되냐?
동진	나 아직 생일 멀었는데.
재현	너 말고.
동진	(재현 보며)...지수?
재현	(끄덕)
동진	뷔페를 가.
재현	(당황) 뷔페.. 비싸잖아.
동진	1500원두 없냐?
재현	1500원짜리 뷔페도 있어?
동진	요기 학관. 고를샘.
재현	(후—)
동진	약간 서양식으로 럭셔리하게 먹구 싶으면, 어학당 가서 돈까스를 먹든가.
재현	(멱살 잡고 흔들며) 이~~ 미친놈아!
동진	아씨, 나두 몰라! 안 해봐서!
재현	(멱살 놓고 옷 바로 잡아주며) 미안. (손들며) 사과!
동진	씨, 생일이 언젠데?
재현	29일.
동진	얼마 안 남았네?
재현	응.
동진	돈두 없는데 그냥 말로 때워. 노래나 한곡 해주든가. (기타 치는 시늉)..너~~의~~~
재현	(입을 막는)

S#30 레스토랑 (낮) — 과거

꽃무늬 벽지 등이 보이는 90년대 스타일 경양식집.
재현과 지수, 어색하게 앉아 있다.
이때 크림스프가 먼저 서빙 되는데

재현 먹어. 뜨거울 때.

지수 돈이 어딨다고 이런 델 와요. 난 학교식당이 좋은데.

재현 나 돈 많아.

지수 (걱정스러운)

재현 안 먹으면 내가 다 먹는다.

하면서 스프를 국 떠먹듯이 씩씩하게 먹는다.
서양식으로 스푼을 안에서 바깥으로 해서 먹던 지수,
재현이 그냥 국 먹듯이 먹는 걸 보고는
슬그머니 숟가락 방향을 바꾼다. 바깥에서 안으로.
Cut to.
함박스테이크 먹는 두 사람.
재현, 그냥 한 번에 다 조각조각 썰어 버리면, 보고 있던 지수도
한꺼번에 다 썰어버린다.

재현 맛은 괜찮아?

지수 (환하게 웃으며) 완전 맛있어요. 이래서 생일~ 생일~ 하나봐요
　　　　 ~

하며 씩씩하게 먹으면, 재현 흐뭇하게 본다.

자기 것까지 덜어서 지수 접시에 담아준다.

Cut to.

재현, 선물 상자를 건넨다.

지수, 받지도 못하고 눈시울이 붉어지는데

재현   울면 안 돼. 진짜 별 거 아니니까. 나중에 훨씬 더 좋은 거 줄게.

지수   (그렁그렁) 아니.. 선물 없어도 되는데... 선배가 선물인데 또
         무슨 선물을 줘요...

하는데 재현, 지수의 손에 상자를 쥐어준다.

지수, 포장을 뜯지도 않고 먹먹하게 보는데.

지수   (글썽) 고마워요. 진짜 상상도 못했는데.. 내가 이런 거 받아도
         되는지 모르겠는데...

재현   니 가치만큼 선물을 해주는 거면 나는 몇백 억 정도 있어야
         돼. (미소)

지수, 미소 지으며 포장을 뜯으면, 책들이랑 공테이프 하나다.

라벨지에는 손으로 쓴 노래 곡목들이 보인다.

지수   (그렁그렁한 눈으로) 바쁜데 이건 언제 또 녹음을 했어요...

재현   내 노래 듣는 거 좋다 그랬잖아.

지수   (울다가 웃는) 말도 못하지.

재현   (피식 웃고는) 잠깐 화장실 갔다 올게. 듣고 있어.

하면 지수, 고개 끄덕이고 테잎을 꺼내 워크맨에 넣고
이어폰을 꽂는다. 재현의 목소리가 들리는 지
그렁한 눈으로 미소 짓는데 갑자기 식당에 불이 꺼진다.
지수, 놀라서 이어폰을 빼고 둘러보는데
멀리서부터 들려오는 노래 소리.

      '오늘 이렇게 우리 모두가~ 한 자리에 모여
      당신의 앞길을 축복합니다.'

지수, 소리 나는 쪽을 보는데
재현이 케익을 들고 다가오고 있고
동진, 영우, 혜정, 화진 빠른 템포로 노래 부르며 따라 오고 있다.
패밀리 레스토랑 직원들처럼, 고깔도 쓰고, 탬버린도 치면서 신나게
노래를 부르며 마침내 지수 앞에 선다.
지수, 울먹울먹 하는데
재현, 지수 앞에 촛불이 켜진 케이크를 내민다.

재현   생일.. 축하한다, 지수야.

동진, 영우, 혜정 저마다의 말로 생일축하 인사를 하는데
지수, 눈물을 펑펑 쏟는다.
그런 지수를 재촉하는 동진.
지수, 눈물범벅인 얼굴로 촛불을 끄는데
동진, 초를 빼고는 케이크를 지수 얼굴에 퍽!
다들 소리 지르고 아수라장..

Cut to.

카메라를 어딘가에 세워놓고 타이머 맞추는 동진.

버튼 누르고 재빨리 뛰어와서 선다.

하나 둘 셋! 하면 찰칵! 단체 사진 찍힌다.

S#31   영우의 바 (밤)

지수, 까딱까딱 손장난하며 기다리는데

바 안에 아무도 없다.

지수   (둘러보다가) 주인은 왜 또 안와.

이때 벽시계가 12시를 지나고, 갑자기 불이 꺼진다.

순간 지수의 얼굴이 굳어지고 눈빛이 흔들린다.

예의 트라우마 증상이 나타나는지

떨리는 손을 불안하게 쥐었다 폈다 하는데

어디선가 들려오는 노랫소리...

        '오늘 이렇게~ 우리 모두가~~ 한 자리에 모여...'

지수, 놀라서 둘러보는데 재현, 케이크를 들고 다가온다.

그 뒤로, 강비서, 동진, 혜정, 영우...

「축복합니다」 노래를 부르며 따라온다.

옛날처럼, 고깔에 탬버린까지.. 요란한. 옛날과 비슷한 모습이다.

무슨 상황인지 알겠는 지수, 얼른 고개를 떨군다.

그런 지수 앞에 서는 재현,

따뜻한 얼굴로 생일 케이크를 지수 앞에 놓는다.

지수, 더욱 고개를 들지 못하는데...

재현   (지수 옆에 앉으며) 생일.. 축하한다, 지수야.

하면 일동, 가만히 지켜보는데

용기를 내는 지수, 심호흡을 하고 천천히 고개를 든다.

재현이 올려놓은 케이크가 보이기 시작하는데

케이크 위에 촛불과 함께 뭔가가 꽂혀 있다.

지수의 모습까지 모두 담긴 원본 그대로의 가족사진이다!!!

지수의 눈에 금세 눈물이 차오르고 왈칵 눈물을 쏟는다.

혜정   (눈물 닦아주며) 생일 축하해~ 이쁜아~~

영우   (짠하게 보며) 생일 축하한다, 윤지수!! 94년 이후로... 처음 하
             는 말이네.

동진   해피벌쓰데이, 윤지수! 내가 또, 노래 하나 뽑아줘?

지수   (고개를 떨구는)

재현   (그런 지수를 안쓰럽게 보는)

혜정   촛불 끄고 소원 빌어야지~~

지수   (울먹이는) 아니... 못해.. 나.. 생일 같은 거.. 없어.

재현   (지수 옆자리에 앉으며) 지수야.

지수   (보면)

재현   생일이 기일이라 오히려 더 많이 기억하고... 더 오래 잊지 못

	할 테니까...
지수	(쿵)...!!!
재현	엄마도, 지영이도... 어쩌면 더 고마워하실 거야.
지수	(먹먹한)
혜정	초 다 녹는다. 얼른 꺼.
영우	케잌도 부지런히 먹어. 그동안 안 먹은 거까지 다 먹어야지.
동진	생일 선물도, 이십년 치 팍팍 땡기고!
강비서	이거 안 끄시면, 저 또 힘들어집니다. 부사장님 땜에...

하면 울다 웃는 지수, 마침내 조심스럽게 촛불을 끄고
다들 박수치며 환호하는 분위기 이어진다.

S#32   공원길 (밤)

재현과 지수, 벤치에 앉아 있다.
지수 옆에는 생일선물 받은 쇼핑백이 한 가득이다.

지수	사진은 어떻게 한 거예요?
재현	영민이한테 도와달라고 했지.

INS) 사진 필름을 형광등 불에 대고 비춰보는 재현과 영민.

재현	옛날엔 다 필름이었잖아. 그 생각이 나서.. 영민이한테 필름을 좀 찾아보라고 했지.

지수	아빠가 버렸으면 어쩔 뻔 했어요.
재현	합성할라 그랬지.
지수	(피식)
재현	(깊어진 눈으로) 지수야.
지수	(보면)
재현	(손잡아 올리며) 아픈 손가락이라고 잘라낼 수는 없잖아. 오히려 더 자주 더 많이 살펴야지.

지수, 고개를 끄덕이더니 가방에서 가족사진을 꺼낸다.

지수	이렇게 날마다 들여다보면 ...다시 만날 수 있을까요?? 엄마랑 지영이랑...
재현	(끄덕이며) 만날 수 있을 거야. 맨날 늦잠 자겠네, 우리 지수.
지수	(피식)

S#33   초록대문집 외경 (밤)

S#34   지수의 방 (밤)

자고 있는 지수의 머리맡에 가족사진이 놓여 있다.

S#35   지수 집 식당 (아침) – 꿈

(10부 S#63)

지영	오늘 시계 고치러 엄마랑 백화점 갈 건데... 거기 딸기 케익 사 올까?
지수	(전 하나 집어서 입에 넣고) 맘대로 해.
지수모	빨리 들어와~ 아빠 또 화내신다.
지수	(찬합 들고 나가며 뒤도 안 돌아보고) 네~~

하며 서둘러 나가는데 등 뒤로 들리는

지수모(E)	기지배, 얼굴도 안 보여주고 가버리는 거 봐~
지영(E)	얼굴 까먹겠다, 언니야~~

나가는 지수, 피식 웃고 만다.
그러다 우뚝 멈추는 지수. 나갔다 다시 들어온다.

지수	(떨리는 목소리로) 엄마.. 지영아...

하는데 두 사람, 동시에 뒤를 돌아다본다.
지수, 눈물이 차오르고.
두 사람, 지수를 향해 미소 지으며 손을 흔드는데
지수도 미소 지으며 손을 흔든다.
작은 지수, 큰 지수로 바뀌고
역시 눈물은 흘리지만 따뜻하게 미소 짓는다.

S#36   피암터널 (낮)

<자막> 3개월 후

터널 길을 손잡고 걷는 재현과 지수.
천천히 낙서 앞에 선다.
'재현♡지수, 백만 년 동안 사랑할 것'
그리고 그 아래에 있는 '백만 년 동안 화양연화'

지수	이건 언제 썼어요?
재현	저번에 왔을 때.
지수	나도 쓸래요. (펜을 꺼내서 재현이 쓴 글씨를 보다가) 주어가 없잖아요, 주어가.
재현	(피식) 그런가.

하면 지수, '백만 년 동안 화양연화' 앞에 선다.
뭔가를 쓰는데…
재현, 옛날처럼 그런 지수를 보며 따뜻하게 미소 짓는다.
다 쓰고 나오는 지수, 재현의 손을 다시 잡고 간다.

S#37   감나무집 (밤)

별이 쏟아질 것 같은 하늘.

평상에 앉은 재현과 지수, 하늘을 보고 있다.
옛날처럼 담요를 같이 덮고 있다.

지수	여전히 별이 엄청 많다. 어디 가지도 않고 다들 제자리에 있었나 봐요. 기특하게.
재현	(미소) 반짝거리고 말도 안 되게 귀엽고... 꼭 우리 지수 같네.
지수	(피식)
재현	제자리 지키고 있느라 힘들었지? 쉽지 않았을 텐데.
지수	뭐 쫌.. 다리가 저리긴 했지.
재현	내가... 여기서 했던 말 기억나?
지수	(미소) 완전 다 기억나지. 순서대로.
재현	뭐라고 했는데?
지수	(괜히 하늘 보며) 미안해서... 사랑해서...
재현	그거 말고.
지수	어? 그게 젤 하이라이트였는데.
재현	(지수의 손가락을 잡으며) 아픈 손가락.
지수	아 그거...

하는데 재현, 지수의 손가락에 반지를 끼워준다.
지수, 쿵..!! 놀라는데.

재현	이제 아픈 손가락 아니고 그냥... 내 손가락.

하면 지수, 뭉클한 얼굴인데
그런 지수의 손을 잡고는 가슴으로 끌어당기는 재현, 입 맞춘다.

옛날처럼 예쁘게 키스하는 두 사람.

S#38　　감나무집 방 안 (아침)

옷, 가지런히 개켜져 머리맡에 놓여 있고.
꼭 옛날처럼, 재현의 팔을 베고 손을 잡고 자는 지수.

S#39-1　도로 (낮) — 과거

<자막> 1991년 3월

시위 중인 듯 대학생들 앞으로 전진 하는데
마스크를 하고 뒤에 서 있는 새내기 재현,
심장이 터질 것처럼 긴장되고 무서워서 넋이 나간 얼굴이다.
이때, 팡! 최루탄 터지고.
학생들 흩어지고, 백골단들 뛰어다니는데
당황하는 재현, 뒷걸음치다가 골목으로 뛰어 들어간다.

S#39　　골목길 (낮) — 과거

갈림길에 서 있는 교복 차림의 지수(18세),
가슴에는 '윤지수' 이름표 보이는데

반사경을 거울삼아 치약을 눈 밑에 바르고 있다.

지수   이게 진짜 효과가 있나...

하는데, 멀리서 펑! 펑!! 최루탄 터지는 소리 들린다.
놀라서 움찔하는 지수, 대충 치약을 가방에 넣고 가려는데
콜록콜록 하면서 허리를 숙인 채 지수 쪽으로 뛰어오는 재현.
지수, 당혹스러운 얼굴로 보는데
쫓기는지 뒤돌아보던 재현,
갈림길 오른쪽에 있는 집 대문 앞의 쓰레기통 뒤로 숨는다.
지수, 뭐지.. 하는 얼굴로 보는데
지수 쪽으로 뛰어오는 백골단 2명이 보인다.
상황을 알겠는 지수,
책가방(에코백처럼 열려 있는)을 바닥에 툭 던지면
가방에서 책들, 악보들이 떨어져 흩어지는데.
갑자기 아악! 소리를 지른다. 숨어 있던 재현, 눈이 동그래지고
백골단 2명, 지수 쪽으로 뛰어 오면
지수, 놀란 척 가슴께를 누르며 왼쪽 길을 가리킨다.

지수   (화가 난 듯 씩씩대며 손을 번쩍 들고) 저쪽으로 막 뛰어 갔어요.

하며 입이 댓발 나와서 책을 줍는데
백골단 2명, 상황을 이해했다는 듯 짧게 고개를 끄덕이고
지수가 가리키는 쪽으로 뛰어간다.
멀어져가는 백골단을 확인한 지수,

천천히 일어나 재현이 숨어 있는 곳으로 간다.

지수   괜찮으세요???

그 말에 쓰레기통 뒤에서 나와 고개를 드는 재현, 눈시울이 붉다.
처음으로 재현을 제대로 보는 지수.

지수   (놀라는) 어, 미안해요.. 난.. 구해드릴라고...

하는데 재현 갑자기 눈물 한 방울 뚝 떨군다.
지수, 눈이 동그래지고
재현, 스스로도 당황스러운지 손등으로 눈을 쓱 훔치며

재현   (들릴 듯 말 듯) 최루탄 땜에..

하면 지수, 아.. 하는 얼굴로 끄덕이다가...

지수   (양 손을 크게 움직이며 귀엽게) 저쪽으로 갔으니까.. (다시 반대
           쪽으로 크게)...이쪽으로 가세요.

하는데 재현, 그런 지수를 본다.
맑고 선한 눈빛, 예쁜 얼굴에 마음을 뺏긴다.
'윤지수' 이름표에 시선이 가는데
지수, 재현을 가만히 보면 재현, 얼른 고개 까닥하고 돌아서는데
뭔가를 탁 잡는 손.

재현, 보면... 지수, 재현의 백팩 끈을 잡고 있다.

지수   (치약 건네며) 이거 가져가세요.

재현   ...?!!

지수   눈 밑에 바르면 최루탄 맡아도 괜찮대요.

재현, 그 말에 다시 보이는 지수 눈 밑의 치약자국.

자기도 모르게 살짝 웃음이 나는데.

지수   (환해지며) 어, 웃었다!

하면 재현, 다시 표정 굳히며 돌아서 빠르게 간다.

지수, 그런 재현의 뒷모습을 보다가 미소 짓는.

한편, 걸어가며 손에 쥔 치약을 보는 재현, 마스크를 내리는데

긴장도 풀리고 마음도 따뜻한 지 조금씩 미소가 번진다.

S#40   학교 앞 (낮) ― 과거

1부 #6. 시위 하던 장면에서...

재현, 횡단보도에 서 있는 지수를 보고 쿵!! 놀라는..!!

화양연화   456

S#41 　호숫가 (아침)

아침 햇살에 물결이 반짝반짝 빛나는데
큰 지수와 재현, 아침 산책 중이다.

지수 　눈만 봐도 잘 생겼던, 그 애기애기한 대학생이 선배였구나.

재현 　그 뒤로도 그 골목에 가끔 갔는데, 못 찾겠더라 윤지수.

지수 　근데 왜, 그 얘기 여태 안 했어요?

재현 　창피해서.

지수 　(피식)

재현 　입학하자마자 거의 매일 집회였는데.. 매일 무섭더라. 그 날
　　　은 처음 가투 나간 날이라 훨씬 더 무서웠고.

지수 　(웃음 참고) 무서워서 운 거예요?

재현 　(시치미) 아니. 매워서.

지수 　(피식) 근데, 선배가 먼저 나 좋아한 거네요?

재현 　그건 아니지.

지수 　아니긴.

재현 　그냥 애가 좀 엉뚱하고 웃겨서 궁금했던 거지. 좋아했던 건 아냐.

지수 　뭐래요. 내가 얼마나 이뻤는데.

재현 　(피식) 이쁘긴 했지. 나는 어땠어?

지수 　언제요? 선배 1학년 때? 아님 나 1학년 때?

재현 　둘 다.

지수 　선배 1학년 때, 그 눈만 있던 대학생은 안쓰러운데 되게 귀여
　　　웠구. 나 1학년 때 선배는... 내 앞에서 막 쎈 척하니까 그게
　　　또 귀여웠구.

재현   (찹) 또 잊고 있었네. 우리 지수 아이디가 느와르였던 거.

지수, 웃으면 재현도 같이 웃으며 걷는다.

그러다 뭔가를 보고 멈추는데

작은 재현과 지수, 즐겁게 물장난을 치고 있다.

그 모습을 예쁘다는 듯 보는 큰 재현과 지수.

(판타지 같은 느낌으로 뽀샤시 하면서 반짝거리는 영상으로)

S#42   피암터널 (낮)

재현의 낙서 위에 지수가 덧쓴 낙서가 보이는데

'백만년 동안 **모두가** 화양연화'

그 위로 시간이 흐르는 느낌(CG).

그 위로 피아노 소리 「첫날처럼」

S#43   초록대문집 앞 (낮)

〈반짝반짝 피아노의 집〉 나무 간판 붙어 있고

피아노 소리 이어진다.

S#44   지수네 집 거실 (낮)

피아노 치는 별이가 보이고 그 위 벽에는 상장과 사진 보이는데
'대한민국 유소년 음악콩쿨 피아노 초등부 1위 강별' 보인다.
그 옆 선반장에도 여러가지 사진들이 놓여있다.
94년 생일 때 찍은 단체사진도 액자에 들어가 있고
온전한 지수네 가족사진도 액자에 들어가 있다.
비슷한 또래의 꼬마들, 순서 기다리면서 놀거나 공부하고 있는데
쿠키 가져와서 내려놓는 사람, 지수다!
아이들에게 쿠키 나눠주고 일어서면
보조 교사(여. 20대)가 방에서 나온다.

지수   김쌤, 갔다 올게. 수고해.
보조교사   네, 다녀 오세요~ 원장님.

S#45   재현의 재단 외경 (낮)

간판 「재단법인 우리 함께」 보이고.

S#46   재현의 재단 회의실 (낮)

재현과 강비서, 사무실 직원들(여2 남2)
화기애애한 분위기로 회의하고 있다.

탁자 여기저기에 노트북들과 함께 레고 블록들이 쌓여있고
중앙에는 프로그램 플로우차트가 펼쳐져 있다.

강비서   (자료를 읽으며) 다음주 월요일에는 수민동 계림초등학교에 가
        서 방과후 텃밭 만든 거 체크해야 되구요, 화요일부터 목요일
        까진 충북 두올리 중등 영어 스피치, 금요일에는 다시 서울에
        올라와서 …잠깐만요.. (서류 보고) 동성동 주민센터에서 신나
        는 코딩나라 다섯 번째 수업이 있습니다.

재현   안 그래도 그 얘기 하고 싶었는데… 코딩을 좀 더 재밌게 배우
        려면 아이들이 만든 코드로 움직이는 나무로봇 같은 게 있으
        면 좋을 것 같아.

여직원1   맞아요. 러브레터님 말씀대로 그런 게 있으면 코딩으로 뭘 할
        수 있는지 바로 보여줄 수 있으니까 설명도 너무 쉽구요.

재현   (환하게 웃으며) 역시 캔디님은 반응이 시원시원해. (강비서를
        보며) 그래서 말인데…

강비서   (어색하게 웃으며) 어디서 먹구름이 몰려오는 것 같은데..

재현   (씩 웃으며) 우리 런닝맨님이 그 로봇을 하면 어떨까?

강비서   (화들짝) 네?? 부사장..아니 러브레터님. (다른 직원들을 가리키
        며) 저기 저 캔디, 빨강머리앤, 존 스노우를 놔두고 왜 제가 로
        봇이 되야 되나요? 저도 이제는 늙어서 몸이 예전 같지가..

재현   (OL) 고맙다.

강비서   (자포자기) 알겠습니다. 정말 러브레터님의 "고맙다" 코드에는
        제 몸이 먼저 반응하네요.

하며 울상이 되면, 모두 환하게 웃는다.

S#47   연희대학 건물 외경 (낮)

S#48   강의실 (낮)

(둥그렇게 5−6명 정도 둘러앉아서 수업 듣는 대학원 수업)

칠판에 '음악심리치료 (Music Psychotherapy)' 라고 쓰여 있고

수업 듣고 있는 지수가 보인다.

S#49   학교 일각 (낮)

강의실에 있던 학생(여. 28세)과 함께 걷는 지수.

지수, 추억이 어린 얼굴로 주변을 둘러보며 가는데

여학생   근데 언니 진짜 대단하세요.

지수   뭐가?

여학생   그 짧은 기간 동안 학사 학위 다 따시고, 이렇게 대학원까지
           들어오신 거.

지수   꼭 오고 싶었던 데라 죽기 살기로 했지.

여학생   대단한 거 또 있어요.

지수   또 뭔데?

여학생   언니 인기짱인 거.

지수   (피식)

여학생   대학원 전체 3대 미녀라고 난리예요. 언니 나이, 상상도 못하고.

지수   (웃으며) 나머지 두 명은 어딨니? 얼굴 좀 봐야겠다.

여학생   종합관 뒤로 조용히 오라 그럴까요?

461

하면 지수와 여학생, 같이 웃으며 간다.

S#50   법원 일각 (낮)

동진, 선글라스에 모자 쓴 탑스타 분위기의 여자와 걷고 있다.
뒤로는 사무장 졸졸 따르는데

동진   저희가 아주 완벽하게 준비했기 때문에, 저쪽에서 반박할 게
       없을 겁니다.
탑스타   (고개만 끄덕)
동진   재산 분할도 아주 깔끔하게 정리했기 때문에~ 저쪽은 주머니
       도 탈탈, 멘탈도 탈탈...

하는데 주차장 입구다.

탑스타   쫌 조용히.. 해주셨음 하는데.
동진   아, 네.
탑스타   (주차장으로 들어가 버리면)
동진   (구십도로 인사하며) 살펴 가십시오!!

하고 일어서는데 그 앞에 세훈과 30대 여자가 서 있다.
동진, 세훈을 알아보고 왠지 부끄러운데
세훈, 그런 동진을 힐끗 보고는 그냥 간다.
동진, 그런 세훈을 보며 짜증이 나는.

사무장	이세훈 변호사네요. 잘나가던 로펌 때려 치고 무료로 이혼소
	송 해주고 있다더니..
동진	(쩝) 뭐지, 이 기분은? 왠지 진 거 같은 느낌적인 느낌...

하며 세훈과 여자의 뒷모습을 보는데.
세훈, 걸어가면서 여자와 얘기하는

세훈	양육비는 포기하지 마세요. 저쪽이 돈이 있든 없든 더러운 돈
	이든 깨끗한 돈이든... 양육권자의 권리니까요.
여자	감사합니다. 뭐라고 감사 인사를 드려야 될 지. 이혼소송도 무
	료로 해주시고..
세훈	(옛 생각에 씁쓸하게 웃는) 감사 인사 받기엔 제가 지은 죄가 많
	습니다.
여자	(의아하게 보는데)
세훈	(다시 담담하게 가는)

S#51 한강공원 다른 일각 (낮)

영우, 강아지 두 마리를 산책시키며 전화 중이다.
(실제 이태성님 강아지, 몬드랑 카오)

영우	아몬드랑 카카오, 산책시키는 중.
지수(F)	야, 나두 부르지~ 걔네들 엄청 귀엽던데~~
영우	우리 애들은 내가 잘 키울 꺼니까 신경 꺼. 할 일도 많으면서..

하며 보는데

웬 여자(카메오)가 한 손엔 초코아이스크림을 들고,

다른 한 손으로는 폰을 보면서 다가오고 있다.

영우, 피할 겨를도 없이 쿵! 부딪치는 두 사람.

여자, 놀라서 고개를 들고 영우는 굳어버리는..!!

영우의 옷에 초코 아이스크림 대참사.

여자   어머!! 너무 죄송해요.. 어떡하죠?

영우   (후ㅡ) 괜찮습.. (하다가 옷을 보는데 심각하다)

여자   안 괜찮은 거 같은데... 제가 변상해드릴게요..

하는데 영우, 두 강아지를 안아 올린다.

양 팔에 안으면 자연스럽게 얼룩이 가려지고

영우   이러면 되니까 그냥 가세요.

하고 가면 여자, 살짝 심쿵한 느낌.

여자, 영우를 따라 잡으며

여자   한 친구는.. 제가 안고 갈게요. 무거우실 거 같은데.

영우   괜찮습니다.

여자   얼룩은... 한 쪽만 있으시니까.

영우   괜찮다니까요.

여자   안 괜찮으신 거 같은데... 애기도 불편해 보이고.

영우   이러시는 게 더 불편합니다.

화양연화

여자	(멈추며) 그럼 댁이 어디세요?
영우	(놀라서) 네?
여자	댁까지 모셔다 드릴게요.
영우	(당황한) 왜요?
여자	손이 묶이셨잖아요.
영우	저도 차 있어요.
여자	(살짝 언성 높아지는) 그럼 전화번호라도 주세요!
영우	(벙 찐)…?!!!
여자	(아차 싶은지 머리를 콩 쥐어박는)
영우	(그런 여자가 귀엽다)…!!

S#52   **인천공항 앞 (낮)**

신랑의 팔짱을 낀 혜정, 캐리어를 끌고 어딘가로 가는.

혜정	언니 드디어 간다 지수야~~ 치덕치덕 오일 바르러~~
지수(F)	좋겠다~ 나두 데리구 가지~~
혜정	너 바쁘잖아~ 학교에, 학원에, 여기저기서 레슨해달라 난리고.
지수(F)	(웃는) 대신 사진 많이 찍어서 보내~~ 대리만족하게.
혜정	글쎄 사진 찍을 시간이 있을까 모르겠네~~~

하면 지수와 혜정, 웃는데 그런 혜정을 스치며 나오는 사람,
근사한 차림의 서경과 준서다. 서경, 전화 통화하고 있는

서경	나랑 준서 둘 다 방학이라 잠깐 들어왔어. (듣다가) 누구 만날

서경   나랑 준서 둘 다 방학이라 잠깐 들어왔어. (듣다가) 누구 만날
생각, 전혀 없는데? (사이) 바쁘기도 하고... 나 애인도 있어~
(준서 어깨 감싸 안으며) 엄청 잘 생기구 나밖에 모르는.

준서   (씨익 미소)

S#53   감옥 안 (낮)

욕실과 침대가 모두 한방에 있는 독방.
장회장(기결수 복장), 짜증이 가득한 얼굴로 양치질을 하고 있는데
그 위로 나 있는 좁은 창문 창살 사이로
벚꽃 잎 하나가 살랑~ 날아 들어온다.
양치질하는 장회장의 볼에 살포시 앉는데
"뭐야?" 하고는 신경질적으로 꽃잎을 떼어 휙 날려 버린다.
그 꽃잎, 다시 살랑살랑 날아다니다가
누군가의 손 위에 떨어지는데... 지수(40대)다.

S#54   학교 벚꽃 벤치 (낮)

손 위에 앉은 벚꽃 잎을 보다가 미소 짓는 지수.
그런 지수에서 카메라 빠지면
양쪽으로 꽃나무가 서 있고, 벚꽃이 흐드러지게 피어 있다.
눈부시고 아름다운 꽃길이 펼쳐져 있는데
벤치 위에... 큰 지수가 앉아 있다.

하늘을 올려다보며 추억에 잠기는 얼굴인데 그 위로

작재(E)   찾았다, 윤지수!

큰지(지수, 40대), 소리에 일어나면 작재(재현, 20대)가 미소 짓고 서 있다.
첫 만남처럼 벤치 앞에서 마주 선 두 사람.
큰지, 환하게 미소 지으며

큰지   이제 좀... 편해졌어?
작재   (고개 끄덕이며) 다시.. 만났으니까.

마주보고 미소 짓는 두 사람 보이다가
작재 얼굴 보이고

작재   (애틋하게 보며) 우리.. 잘 견뎌왔다. 그치?

하면 지수 쪽 보이는데 작지(지수, 20대)다.

작지   (미소) 말했잖아요. 꽃같이 예쁘던 순간들로... 견딜 수 있다고.

작재 작지, 나란히 서 있는 모습 보이다가
다시 작지로.

작지   그리구 난... 다시 만날 줄 알았어요.

하고 보면, 작재 자리에 서있는 큰재(재현, 40대) 보이고

큰재   고맙다. (미소) 변했는데도... 알아봐줘서.
작지   (미소) 어떻게 변했어도 알아봤을 거예요. 난 쭈욱— 선배만
         봤으니까.

하면, 작지와 큰재 마주 보고 웃는데
큰지와 작재가 다가온다.

큰지   (다가가 작지를 안아주며) 이렇게.. 꼭 한번 안아주고 싶었어.
작지   (그렇해지는)
큰지   (토닥토닥) 여기까지... 잘 왔다, 지수야.
작지   (미소)...!!
큰재   (작재의 어깨를 토닥이며) 더할 나위 없이 잘 했고.
작재   (먹먹하게 미소)
큰지   (작지에게서 떨어져 두 사람 모두를 보며) 잊지 못할 거야. 그때
         가 화양연화였고...
큰재   너희가 꽃이었으니까.

하며 따뜻한 눈으로 작재작지를 보는데

작지   (고개 저으며) 지금도 화양연화예요.
작재   (끄덕이며 작지에게 팔을 두르고)... 같이 있으니까.

하면 큰재도 큰지에게 팔을 두르고.

큰재큰지, 뭉클하고 따뜻한 미소를 보내는데
작재작지, 서로의 손을 꼭 잡고 앞서 간다.

작재   (먹먹한 얼굴로)...근데 지수야..

작지   (보면)

작재   우리, 새드엔딩인 줄 알았는데... 해피엔딩 같지 않아?

작지   완전~ 해피엔딩이죠! (큰재큰지를 돌아보며) 너무 좋아서 광대
             가 내려올 생각을 안 해요. (히죽)

하면, 큰재큰지도 웃는다.
작재작지, 큰재큰지 앞에서 귀엽게 애교도 부리고 춤도 추면서
큰재큰지 주위를 왔다갔다 하는데
그 위로 보이스 오버.

작지(N)   70억 명의 지구에는, 70억 개의 화양연화가 있다.
             누구에게나 저마다의 화양연화가 있다는 얘기.

작재(N)   화양연화, 삶이 꽃이 되는 순간이
             아직 오지 않았다고 슬퍼할 것도,
             이미 지나버렸다고 아쉬워할 것도 없다.

큰재(N)   어제는 오늘에 닿아 있고
             나는 너로, 너는 우리로 이어져 있으며

큰지(N)   삶은 언제나 흐르고 있고

꽃은 언제든 필 준비가 되어있으니까.

알콩달콩 걷는 네 사람에서 카메라 점점 멀어지고
아름다운 꽃길의 모습을 함께 비추면서.

— 전체 엔딩 —

지금까지 '화양연화—삶이 꽃이 되는 순간'을
시청해주셔서 감사합니다.
백만 년 동안, 모두가 화양연화이기를...

그동안 〈화양연화―삶이 꽃이 되는 순간〉을 위해서 사랑과 수고를 아끼지 않아 주셨던 감독님들 이하 모든 스태프분들께 진심으로 감사하다는 말씀을 올립니다. 그리고 대본에 생명을 불어 넣어주시고, 한층 더 아름다운 이야기로 만들어주신 너무나 환상적이었던 모든 배우분들께도 진심으로 감사드립니다. 매일매일 영광이었고 행복했습니다.

계절이 한 번이면 좋은데, 네 번이나 되니까
추운 겨울부터 더운 여름까지 너무나 고생 많으셨습니다.
여러분 모두의 날들이 날마다 화양연화이기를 온 마음으로 기원합니다!

작가 전희영 올림.

화양연화

삶이 꽃이 되는 순간 **2**

전희영 대본집

초판 1쇄 인쇄 2020년 9월 7일
초판 1쇄 발행 2020년 9월 16일

지은이   전희영
펴낸이   황윤정
펴낸곳   이은북
출판등록   2015년 12월 14일 제 2015-000363호
주소   서울 마포구 동교로12안길 16, 삼성빌딩B 4층
전화   02-338-1201
팩스   02-338-1401
이메일   book@eeuncontents.com
홈페이지   www.eeuncontents.com
인스타그램   @eeunbook

책임편집   황윤정
디자인   이은정
마케팅   황세정, 구경미
인쇄   스크린그래픽

© 전희영
ISBN 979-11-91053-00-5 (04680)
ISBN 979-11-964752-8-4 (세트)